# LAS MUÑECAS
# DE LA CORONA

Primera edición: **Noviembre 2017**
Miami, Estados Unidos
Copyright © 2017 Ibéyise Pacheco

Publicación
**MEL Projects | melprojectsllc@gmail.com**
Diseño de portada
**Begoña López**
Diseño interior
**Daniela Alcalá | MEL Projects**
Fotografía de la autora
**Manuel Hernández**
Corrección
**Alberto Márquez**

ISBN: 978-1979224154

Todos los derechos reservados.

Prohibida la reproducción total
o parcial de esta obra sin la
autorización escrita de la titular
del *copyright*.

# LAS MUÑECAS DE LA CORONA

*Los crímenes y la perversión
del chavismo en el poder*

Ibéyise Pacheco

{ CONTENIDO }

**INTRODUCCIÓN** 13
**I** 21
**II** 5
**III** 63
**IV** 81
**V** 97
**VI** 117
**VII** 133
**VIII** 165
**IX** 197
**X** 223
**XI** 245

*A Mariela Colmenares,
Tata De la Rosa y
Lizbeth Pacheco,
hermanas*

*La más tonta de las mujeres puede manejar a un hombre inteligente, pero es necesario que una mujer sea muy hábil para manejar a un imbécil.*

RUDYARD KIPLING

Mi agradecimiento para Celina Rivas, Guimar Parra, Carlos y Margarita Tablante, Leonardo Aranguibel y Moira Angulo, Fabiola Colmenárez, Carlos Vecchio, César Morillo, Luis Godoy, Ana Julia Jatar, Idania Chirinos, Thays Peñalver, María Eugenia Fuenmayor, Eduardo Semtei, Lastenis Chirinos, Casto Ocando, Manuel Ovalles, Luis Manzo y Martha Pabón, Ronald García, Bettina Grand, Magly Bello, Indira Leal, Jeannette Lehr, Mariela Romero, Valentina Párraga y Carolina Perpetuo. A Begoña López, por su exquisita portada. A decenas de compatriotas que me han tendido la mano para que este libro sea posible. A mis amigos estilistas, parte esencial de nuestras vidas. A las mujeres que transitaron un concurso de belleza y se atrevieron a contarme la verdad y a las muchas que con profesionalismo han dejado en alto el nombre de Venezuela. A los periodistas que han registrado con su trabajo la realidad de nuestro país. A los investigadores honestos que con decisión y coraje han denunciado la corrupción. A esos narradores de hechos fundamentales que han confiado en mí con sus confesiones.

    Y por sobre todo, gracias a mi mami, Mary de Pacheco. Por su respeto, nobleza, tesón y por parirme en Venezuela.

{ INTRODUCCIÓN }

El primero de mayo de 2014, en una concentración con trabajadores oficialistas, el presidente Nicolás Maduro aseguró que el homicidio del capitán Eliézer Otaiza había sido planificado. Anunció tener pruebas. Sobre los culpables informó que habían pertenecido al poder mediático y económico de Venezuela y que operaban desde Miami. «El asesinato de Otaiza fue ejecutado como un "falso positivo" para presentarlo ante la opinión pública como un hecho de violencia más», aseveró.

Maduro mintió, como lo hace todos los días desde que asumió el poder. El sucesor de Hugo Chávez copió la costumbre de arrojar teorías falsas sobre delitos, para involucrar al sector opositor. Eran días en los que Maduro transitaba circunstancias difíciles. Las protestas estudiantiles y el proceso llamado «La Salida» con el líder Leopoldo López a la cabeza, habían tomado las calles de Caracas y algunos estados del interior del país, destacando Táchira y Mérida.

Eliézer Otaiza no logró burlar la muerte en su tercer tropiezo. Sobre las dos anteriores ocasiones también se habían tejido falsedades. En una, procurando enaltecer su imagen, y en la otra, intentando ocultar su implicación en un delito.

Eliézer Reinaldo Otaiza Castillo había nacido en Valencia, estado Carabobo, en 1965. De la Academia Militar egresó con honores. Como subteniente fue enviado al curso básico de inteligencia. En el primer alzamiento del chavismo, el 4 de febrero de 1992, no participó, era jefe de escoltas del comandante del Ejército. Por hablar de más se hizo merecedor de una sanción disciplinaria, lo que facilitó su conexión con conspiradores. Se concentró en elaborar un plan para asesinar al presidente Carlos Andrés Pérez en el acto de transmisión de mando del ministro de la Defensa el 16 de junio de 1992. Chávez abortó la operación desde su lugar de reclusión. Ellos habían estrechado la comunicación en una visita que realizó a la cárcel de Yare, disfrazado de mujer. «¿Quién es esa negra grandota y fea que entró aquí?», preguntó el comandante. Era Eliézer Otaiza, teniente activo, con un plan para sacar de prisión a los golpistas. «¿Tú estás loco? No te pongas a inventar, que la cosa va bien. Aquí estamos tranquilos, sigan ustedes allá afuera», ordenó Chávez.

Otaiza reapareció en la segunda rebelión militar de ese año, el 27 de noviembre. En esa intentona resultó herido en Palacio y los detalles fueron sublimados tratando de convertir en heroica la circunstancia. La versión de Chávez era que había recibido cuatro tiros de fusil en el pecho. «Resucitó». Pasados veinte años, Otaiza tuvo que admitir que fueron dos disparos, uno en la pierna y otro en el coxis. Su narración la edulcoró al describir su tránsito por el túnel de la muerte, dejando atrás el infierno y siguiendo el camino hacia la paz, la luz blanca, el cielo. Pero sobrevivió. Lo que nunca aclaró el teniente fue el asesinato de tres efectivos de la Guardia Nacional encontrados ese día en Miraflores amarrados con alambres. Evidencias en su contra circularon.

Una vez recuperado, estuvo en prisión y fue dado de baja. La crisis económica lo llevó a participar como *stripper* en el club nocturno La Guacharaca. Clientes comentaban que mal no lo hacía. Tenía buen cuerpo, cultivado por su afición a la natación. Había destacado en diversas competencias. Con disciplina ejercitaba cinco kilómetros diarios.

Hizo un curso de paracaidismo en el que logró su salto más importante: caer en La Viñeta, la residencia designada al presidente electo Hugo Chávez. Impactó así al comandante paracaidista que apenas —y con la ayuda de sus compañeros— había alcanzado los saltos necesarios.

Otaiza hacía esfuerzos por leer y aprender inglés, francés e italiano en la escuela del Ejército y completó una maestría en Ciencias Políticas en la Universidad Simón Bolívar. En su afán por cultivarse, participó en un programa en el Instituto Internacional de Estudios Avanzados, donde conoció a Luis Castro Leiva, reconocido historiador y filósofo que fustigaba el culto a Simón Bolívar y quien marcó sus ideas. El profesor lo bautizó como «el espartano».

Otaiza había logrado relacionarse con el entorno del comandante, Alejandro Andrade, Carlos Aguilera y Diosdado Cabello, amigos que le allanaron el camino para acercarse más a Chávez. En 1999 fue elegido miembro de la Constituyente y en el 2000 es designado director de la Disip. Llegó a espiar sin piedad a quienes lo habían apoyado en su ascenso. El comandante valoró el gesto.

Como jefe de la policía política alimentó la especulación de estar protegiendo a Vladimiro Montesinos cuando se refugió en Venezuela huyendo de las autoridades de Perú.

En su gestión corrieron historias de fiestas *non sanctas* celebradas en el organismo policial, lo que molestó al jefe. La denuncia de una señora de que su hijo había sido abusado para un espectáculo íntimo en la sede del organismo, ayudó a derramar el vaso. Otaiza salió del cargo y fue trasladado al Instituto Nacional de Capacitación y Educación Socialista y luego al Instituto Nacional de Tierras (Inti). Él ejecutó las primeras ocupaciones ilegales de fincas.

Siendo presidente del Inti, el 23 de junio de 2005, se produjo su segundo entente con la muerte. Sufrió un aparatoso accidente manejando su moto, en el que falleció la abogada María Gabriela Tablante, de 26 años, quien iba de parrillera.

A Otaiza lo salvaron en la clínica Las Mercedes y de allí fue trasladado al Hospital Militar. El informe médico indicó: «traumatismo craneoencefálico severo, complicado con edema cerebral, traumatismo ocular tipo A, traumatismo tipo facial, heridas faciales, fractura del hueso cigomático (que forma el pómulo), quemaduras por fricción en la cara, rodillas y manos. Presentó síntoma de latigazo». Pasó cinco días en terapia intensiva. El 7 de septiembre de 2005, una vez que Otaiza fue dado de alta, la Fiscalía del área metropolitana de Caracas lo imputó por homicidio culposo. De pronto el caso fue reasignado y la hipótesis cambió. Se incluyó en la historia un auto fantasma que lo había embestido. Los nuevos representantes del Ministerio Público agregaron que la moto tenía un golpe en la parte trasera. El Instituto de Tránsito no dio fe de ello. Al expediente le sumaron peritajes toxicológicos con resultados negativos que borraban que había consumido gran cantidad de alcohol. La causa fue sobreseída el 17 de abril de 2006. «Estoy seguro de que fue un atentado contra mi persona. Un intento de homicidio. En su oportunidad daré nombres sobre quienes quieren liquidarme», prometió el teniente.

Otaiza jamás suministró pruebas al respecto. Evadió su responsabilidad en la muerte de la joven, contando con la complicidad del gobierno.

El expediente obvió al testigo clave, el jefe de sus escoltas, John Pastrán León, quien aseguró que Otaiza provocó el accidente mientras manejaba ebrio y a gran velocidad su moto 600cc sin placas.

Pastrán narró lo sucedido antes del accidente: «Otaiza estaba con dos amigos junto a sus respectivos escoltas. Llegaron primero a una discoteca llamada "Azúcar", en Las Mercedes, donde consumieron whisky. Después de un rato salimos todos de allí y nos dirigimos a otra tasca llamada "El Sarao" que queda en Bello Campo. Llegamos como a las 12 de la noche. A la mesa de mi jefe se acercó uno de los integrantes de la orquesta de salsa "Los Adolescentes" quien le presentó a una muchacha muy bella de nombre María Gabriela Tablante, vestida con unos jeans, franela blanca pegada y zapatillas rosadas».

Otaiza se ufanaba de su habilidad para bailar salsa. Estuvieron en la pista hasta las 4 de la madrugada, hora en que el grupo decidió irse. Otaiza manejó el carro de María Gabriela, quien iba con otras dos amigas a las que dejaron en Altamira.

«Después se dirigió a la sede del Inti, detalla el funcionario. Nosotros los seguimos en los dos vehículos y al llegar, Otaiza sacó una moto y pidió a los escoltas que también lo acompañáramos en moto. Sus amigos y un primo de María Gabriela se montaron en el carro y continuamos hacia La Vega. Ahí los dejamos con el vehículo. A las 5 a.m. llegamos a una discoteca llamada la "Belle Epoque" que estaba en Bello Monte, donde mi jefe entró con la dama. Nos pidió que nos quedáramos fuera. Al poco tiempo salieron con unos vasos en la mano. Otaiza siguió vía Las Mercedes y antes de ingresar a la avenida principal trató de tumbar con el pie, un cono colocado por la policía de Baruta. No lo logró. Iba como a unos 70 kilómetros por hora y volteó para darle un beso a la joven. Fue en ese momento que perdió control de la moto y derrapó. Cuando cayeron paré mi moto en el centro de la calle y me acerqué a Eliézer que se ahogaba con su sangre. Le metí la mano en la boca y le halé la lengua para que pudiera respirar. Luego cerró muy fuerte la boca y ya no pude hacer más. María Gabriela estaba muerta. Cuando me acerqué a ella no había nada que la salvara. Su cabeza había chocado contra una palmera».

Al recobrar la salud, Otaiza estuvo en el Servicio Nacional de Contrataciones, se desempeñó como coordinador del terminal La Bandera y después en la presidencia del Instituto Municipal de Deporte y Recreación de la Alcaldía de Caracas. Fue concejal y presidente de la Cámara Municipal en el 2013.

El 27 de abril de 2014 la muerte finalmente lo atrapó.

El cadáver de Eliézer Otaiza fue identificado en la morgue de Bello Monte por unos compañeros de trabajo que se extrañaron de su ausencia en una reunión. Había sido trasladado el fin de semana. Unos funcionarios policiales lo hallaron en un basurero. En la morgue estuvo apiñado junto a otros cuerpos de mendigos, o víctimas del hampa sin dolientes. Así permaneció cerca de sesenta horas. Nadie lo reconoció ni lo había denunciado como desaparecido.

Otaiza había disfrutado de una fiesta en el hotel Alba Caracas hasta las 2 de la madrugada del sábado 27 de abril. Salió junto a un asistente y en una arepera se detuvieron a comer. En Lomas de Prados del Este dejó en su residencia a su acompañante. Manejaba una camioneta Toyota Land Cruiser. Al regreso, por razones desconocidas, evadió la vía habitual y se perdió. Cayó en una calle estrecha en el barrio La Palomera, zona roja. Procurando una salida pasó cerca de una casa donde había una fiesta. Fue avistado por la banda «Los Menores», quienes para su desgracia lo asociaron con la policía y lo interceptaron. Rodearon el vehículo y lo bajaron. Ya lo habían desarmado. Se presume que opuso resistencia. Con la cacha de la pistola le golpearon la cabeza. Un primer tiro lo dejó herido. Lo metieron en la parte trasera del carro y lo llevaron a un sector en Turgua, estado Miranda. Lo lanzaron en un barranco. Antes, un segundo proyectil le quitó la vida.

Fue despojado de sus tres teléfonos móviles, el reloj y su cartera con 500 bolívares e identificación. Su cuerpo apareció boca arriba. Solo vestía interiores y medias. A su alrededor había latas y variedad de desperdicios.

Diecisiete sujetos participaron en el crimen. No fue una acción de sicariato, ni obra de la oposición en Venezuela o Estados Unidos. Otaiza fue víctima del hampa. La delincuencia que ha estimulado y protegido el gobierno.

Si una hipótesis política habría debido ser evaluada para esclarecer el homicidio, la misma víctima la había formulado meses antes: «tengo más enemigos dentro de la revolución que fuera». El capitán —ascendido arbitrariamente por Chávez— había manifestado diferencias con dirigentes oficialistas, entre ellos el gobernador de Carabobo, Francisco Ameliach. Sumaba a sus críticas el fracaso del plan económico y la descarada corrupción.

En el frenesí de la versión falsa, los voceros oficialistas llegaron a detallar supuestas torturas que los autores por motivos políticos habrían infligido a Otaiza. Mentira, mentira, mentira.

Lo anterior es el prototipo de una información que enerva al régimen de Maduro. Viene siendo cotidiano en mi país. Decir la verdad convierte a los periodistas en enemigos de la dictadura. Por eso los medios de comunicación son cerrados y sus propietarios amenazados. La censura es violenta. Ejercer el periodismo nos hace vulnerables de sanciones y persecución. En las protestas de calle, los reporteros son agredidos y sus materiales confiscados. En ocasiones terminan en prisión. El gobierno avanza pretendiendo bloquear internet e intervenir el contenido de las redes sociales. No solo presiona para que se oculte la verdad, además intenta convertir a medios y periodistas en parte de su aparato de propaganda que distorsiona y manipula.

*Las muñecas de la corona* es una historia inspirada en hechos reales. En ella han sido cambiados los nombres de muchos personajes, alterados algunos tiempos y modificadas determinadas circunstancias. La escribí sin alejarme de mi amor y respeto al periodismo de investigación. En todo caso, advierto: cualquier parecido con la realidad es pura coincidencia.

Ibéyise Pacheco,
desde el sur de la Florida,
agosto de 2017

# { I }

El comandante la miró desde su cama con nostalgia y sin deseo. Ya no poseía fuerzas ni valor para recibirla de pie. Quería evitar su imagen arrastrando la pierna izquierda con el rostro contraído por muecas de dolor. Aletargado por calmantes, era el retrato de la despedida. El efecto de Rita luminosa, con su pelo batido como una leona de largas piernas bronceadas, fue de tristeza. Se sentía despojado de su hombría y para él, eso significaba haber perdido la vida. Su exhalación pesaba en la habitación como un ventilador de techo, solo que sin ritmo, con una frecuencia fuera de control. Procuró mostrar una sonrisa, pero los músculos no le respondieron. Sintió que una gota de baba se asomaba por la comisura derecha de su labio. Carmen, dedicada enfermera, le limpió la boca y estiró solícita la sábana de la cama en un esfuerzo por mostrar profesionalidad. Pretendía ocultar a la visitante que se habían acostado con el mismo hombre. A Rita Blanco eso la tenía sin cuidado. Su objetivo en esta visita era blindar los negocios pendientes.

Hugo Chávez había sido sometido a tres operaciones y a un tratamiento intensivo de quimioterapia. La primera intervención quirúrgica fue de emergencia en Cuba. Lo que se asomó como un dolor en la rodilla se había bifurcado hacia su vientre con una intensidad que lo hacía retorcerse y gritar hasta la pérdida del conocimiento. El cáncer ubicado en las partes blandas se había extendido hasta órganos vitales y huesos. Los dolores lo llevaron a ansiar la muerte. Su deseo se acercaba. El pronóstico era de unas veinte semanas, quizás.

El gigante que se creía inmortal, que desde el subdesarrollo de un país con inconmensurables riquezas había retado a las potencias del mundo, se derrumbaba enfermo, vencido. Sobre él, respetados oncólogos polemizaban ante lo que consideraban la decisión errada del tratamiento supervisado por el dictador de Cuba y aceptado a ciegas por Hugo Chávez. Hasta sus hijas, que veían el sufrimiento de su padre desahuciado, le habían suplicado que procurara otras alternativas en centros de salud con desarrollo científico, recursos y medicina avanzada. Él se negó. Pagó, víctima la paranoia alimentada por Fidel Castro, uno de los hombres más siniestros del siglo XX.

Resignado, aun cuando asido a la esperanza de un milagro o bien de Dios, o de uno de esos brujos que había mandado a traer desde África, comenzó a llamar a antiguos afectos, varios alejados por él cuando alcanzó el trono de la soberbia de sentirse invencible.

Estaba en plena campaña electoral. La estrategia de Fidel coincidió con la conclusión médica de que era preferible adelantar los comicios presidenciales para reducir el desgaste de una jornada que iba a exigir a su cuerpo más de lo que podía resistir. Nadie había expresado en voz alta lo que en los cálculos era una certeza: fallecería antes de que finalizara el año y era necesario asegurar el poder desde el triunfo. Ya luego se resolvería la sucesión.

Hugo había intentado hablar con Carlos Manzano, su mentor político antes de Fidel, con quien no conversaba desde abril de 2002, cuando Manzano se alejó del gobierno con la sentencia de que no seguiría acompañando a quien se había manchado las manos con la sangre de personas inocentes, refiriéndose a los sucesos en los que ciudadanos desarmados habían sido atacados por grupos violentos financiados por el chavismo. Manzano rechazó el encuentro con el moribundo. Ni siquiera logró convencerlo Tomás Carpio, hijo putativo de Carlos, cuyo apoyo financiero a Chávez había sido fundamental en la campaña electoral del 98. A Tomás, el comandante también lo apartó apenas se sentó en la silla presidencial, ratificando su fama de malagradecido. Amigos desde la infancia —eran del mismo pueblo— hacia él había mostrado envidia al ordenar la expropiación de su hacienda un día que, sobrevolando en helicóptero, constató la extensión de la propiedad de quien tanto lo había apoyado. Sin embargo, un contacto tibio entre ellos se reanudó años después, cuando los padres de Tomás fueron secuestrados por la guerrilla colombiana y Chávez procuró mediar con los delincuentes. Fue una operación que dirigió personalmente Tomás, digna de una saga de James Bond, con la que logró salvar a su familia.

## Rita

Ella estaba en el grupo de los entrañables. Se conocían hacía algo más de nueve años. A Rita le había esculpido el alma. Como un diamante en bruto, la describía Hugo. Rita, igual que él, sabía envolver a los demás con afecto simulado. Era hábil manipulando a su favor. Cuando él enfermó tenían tiempo distanciados como amantes. Rita se las arreglaba para estar informada a través de servidores leales, a pesar de que los cubanos habían bloqueado cualquier contacto al margen de su control. Pocos amigos comunes lograron relativo acceso. Hasta las hijas de Hugo, con pesar, se quejaban del cerco impuesto por los Castro. Comentaban que eran informadas de muy poco y que su padre se mostraba incoherente como reacción al tratamiento.

Cuando regresaba a Venezuela, el comandante restablecía el control en los ratos que las drogas potentes no lo postraban en la semiinsconsciencia. Para reactivarlo, en sus venas inyectaban potentes químicos sobre los que se ignoraba su composición, valorados porque conseguían insuflar la energía necesaria para poder mantenerse en pie. Eran espacios en los que se engañaba soñando con la recuperación de la salud. Sueño efímero porque su cuerpo se resentía con esos batidos inoculados en su sangre. Cada vez más débil, respirar se volvió una proeza.

Apenas recibió el mensaje, Rita acudió a Palacio. Casi no lo reconoció. Era un residuo del hombre que había amado. Y aunque había recuperado peso —más bien estaba inflado— sus escasos movimientos eran torpes, lentos, y unas enormes ojeras descolgaban como un velo negro premonitorio.

Hugo estaba en una habitación diferente a la que ella conocía. Esta, en la planta baja de Palacio, era más grande y fría, una especie de sala de hospital con aparatos y un par de enfermeras que circulaban con pasos flotantes que transmitían nerviosismo. Antes de entrar y sin mediar palabra, a Rita le entregaron un tapabocas. Su cartera Louis Vuitton había quedado en manos de Mujiquita, fiel escolta del comandante. Desde la distancia, había escuchado a Hugo con voz queda ordenar que lo colocaran erecto con una almohada adicional para su espalda. Voces femeninas le hablaban con dulzura. Rita se acomodó con coquetería el tapabocas y esperó instrucciones del personal uniformado de salud. Respiró profundo. No quería revelar su estupor. Se acercó hasta el borde de la cama a sus pies, sin atreverse a tocarlo. Temía contagiarlo, transmitirle microbios, sentía que se podía desbaratar. El comandante la invitó a sentarse con el gesto débil de una de sus manos conectada a una sonda. Rita volteó buscando una imagen familiar. Encontró la poltrona que a él tanto le agradaba, donde ella solía posar para que desde su cama Hugo disfrutara la visión de su cuerpo desnudo. Ahora era un sillón sin olores, sin fantasías, sin libros. Al instante pensó: «Es mentira que los objetos guardan recuerdos. Esa poltrona luce fea». Rita arrimó una silla tan blanca como el resto del cuarto y rígida posó. Creyó que más nunca lo vería con vida. No fue así. Pasado el triunfo electoral logró visitarlo y se había arrepentido. *Business is business*, se dijo decidida antes de hablar. Para ella era fundamental salir de esa habitación con la seguridad de que nadie interferiría en sus inversiones financieras, que recibiría el dinero que le adeudaban y que sus empresas no se verían obstaculizadas por sus sucesores.

«Puede ser que ya esté en el cielo», musitó Hugo en un esfuerzo por seducirla con su usual sentido del humor.

Su mente voló hacia casi diez años atrás, cuando la conoció. Rita en su habitación jugando con la gorra militar, se la quitaba y se la ponía haciéndola girar en su cabeza mientras de pie, solo vestida con unos inmensos tacones, sacudía la cabellera que cubría parte de su cuerpo desnudo. Ella había internalizado uno de los consejos más repetidos por Romel Bustamante, mandamás en el concurso Señorita Venezuela: «no existe antídoto para una batida de pelo y una sonrisa bien administrada».

—Respeta, respeta los galones —repitió Hugo con un tono que pretendía ser severo, ahogándose en su propia excitación.

Rita se había sentado en la punta de un sillón con alto respaldar en el que el comandante solía leer, cavilar, pasar ratos imaginándose como jefe del universo. A ella también le gustaba arrumarse allí. La poltrona era mullida, estaba amansada por el uso y su ubicación en el primer piso permitía alcanzar con la vista los jardines de Palacio, en el que reinaban dos guacamayas, regalo del coronel Medina Olivares. La luz natural entraba en las tardes y a ella le calentaba su cuerpo sin ropa, a veces sudado de pasión y erizado por el aire acondicionado.

Hugo extendió su brazo y la arrastró de vuelta. Era una cama grande sin ninguna ostentación, un vulgar *box spring*, un catre, repetía él. Se complacía en mostrar una modestia que se derrumbaba ante lujos imposibles de ocultar, como los relojes de oro y la acumulación de ropa diseñada por los sastres más exclusivos y onerosos. En esa cama abundaban las almohadas de diferente tamaño y bajo ellas aparecían libros, hojas, bolígrafos. Las sábanas eran resaca de sexo. Contrario a su maniática asepsia, a Hugo le excitaba acumular en las telas olores de diferentes mujeres. Era como si se acostara con ellas al mismo tiempo. La fantasía tuvo su costo un día en que una novia médico halló un cabello que atribuyó a la exsenadora colombiana Peggy Cárdenas. La escena trascendió.

Rita no se detenía ante esas menudencias. Satisfecha de pasión se deslizó al lado de Hugo con lentitud deliberada; nunca mostraba prisa cuando estaba con él.

—Estás despidiendo del trabajo a mi marido, susurró maullando, bordeándolo como una felina.

—Lo estoy cambiando de cargo, que es distinto. Lucas va a seguir operando en lo que le interesa. Ya no puedo mantenerlo presidiendo el banco más grande del Estado. Él no es el más responsable, ni el más brillante para ese puesto. Desde las oficinas de Nueva York se quejaron de su bajo rendimiento. Muy mediocre tu maridito y su ambición es notable.

Tras una pausa, Hugo envolvió a Rita con su brazo izquierdo.

—Yo soy un hombre agradecido —le confesó dejando su aliento dentro de su boca— y que Lucas te haya entregado a mí como regalo, se lo voy a compensar, no te preocupes.

Una imprecisión cometía Hugo. La idea de colarse en los aposentos del Palacio de Miraflores había sido de ella. Rita utilizó para lograrlo al presidente del Banco Industrial de Venezuela, Lucas Gómez, quien estuvo de acuerdo.

Rita esperaba una oportunidad como esa. Aquel día el Palacio de Gobierno había recibido en la tarde a conocidos representantes del sector privado, circunstancia poco frecuente de parte de un presidente que se consideraba enemigo del capitalismo. Desde que había tomado el poder, a principios de 1999, Hugo Chávez le había ido subiendo el volumen al discurso comunista —eco evidente de Fidel Castro— con acciones que asfixiaban a los empresarios —y con ello a la producción—, arrebatando haciendas, expropiando propiedades, cerrando industrias, comercios y confiscando sus beneficios.

El dibujo de resentimiento y deslealtad lo inició el comandante al atacar en sus primeros años de gobierno los capitales de sus amigos, aquellos que habían financiado su campaña cuando nadie daba un cuarto de moneda por él. Y si bien durante los dos primeros años se había dejado acompañar por su mentor político Carlos Manzano, quien mediaba con banqueros, industriales, propietarios de medios y colegas de otras tiendas políticas, al rato a Manzano tampoco lo atendió más, acelerando con ello una crisis que decantó en una conspiración militar y en una gigantesca manifestación popular que lo sacó del poder durante 48 horas, el 11 de abril de 2002.

Chávez acusó el golpe. Revestido con la piel del arrepentimiento, con una mano alzó un crucifijo para besarlo y con la otra ejecutó una *razzia* militar. Incorporó en la Fuerza Armada al estamento cubano, convirtiendo gran parte del Ejército venezolano en una banda de delincuentes, doblado ante el narcotráfico, la guerrilla y negocios varios. Fomentó la cultura de la delación y el espionaje, la sumisión y la deshonestidad. La sacudida la extendió hacia el Poder Judicial y demás entes del Estado. La cultura chavista comenzó a sostenerse sobre la violencia que se encargó de sembrar el terror. Y la indefensión se fue apoderando de los venezolanos.

El proceso de deformación de Chávez favoreció la unidad de la oposición que convocó un paro indefinido para propiciar su salida constitucional a través de un referéndum revocatorio.

Corría el año 2003 y en ese pugilato, y en la utilización de la mano que se extendía falsamente a la democracia y la reflexión, el comandante había decidido llamar a una reunión en Palacio para escuchar los planteamientos de los empresarios. El encuentro se efectuó en el Salón Ayacucho sin cámaras de televisión. La invitación a la salida fue para compartir un brindis en los cálidos jardines de Miraflores. Los invitados —en su mayoría hombres— acudieron con compañías femeninas. Con el protocolo ayudaba Juanita, esposa del vicepresidente y zorro viejo de la política, Julio Valentín Rojas, JVR. Ese matrimonio aprovechaba la ausencia frecuente de la primera dama, Yubraska Sánchez, que ya había asomado el camino de la separación. La ambiciosa Juanita se ofrecía de anfitriona en los eventos. Eso duró poco porque las hijas mayores del presidente crecieron con velocidad, y junto con ellas, sus aspiraciones de poder.

Lucas Gómez llegó con Rita Blanco, exparticipante del concurso Señorita Venezuela por el estado Mérida. Rita había calculado demorar su entrada. No quería parecer ansiosa por conocer a Hugo Chávez. Ella sabía de su debilidad por las mujeres, desde siempre, y ahora que ejercía el poder y estaba soltero, mucho más. Leyenda se había hecho la invitación a las modelos negra y rubia más cotizadas, y su elección por el ébano. Sabía que su primera esposa, Nubia Carrasco —discreta y humilde desde cuando él era nadie— era morena. El comandante le decía «la negra». Yubraska, la segunda, rubia y bonita, conveniente para la campaña presidencial, era inestable hasta con su peso.

Rita se había decidido por un traje ligero de lino rosa, delicado, que acentuaba su cuerpo cuidado por severas dietas y decenas de horas semanales de entrenamiento.

Los militares no le eran ajenos. Rita había sido amante de dos oficiales de alto rango del Ejército venezolano, del entorno íntimo del presidente. Asunto planificado. Uno de ellos siguió por el camino de los negocios, y el otro, pasados los años, terminó en prisión al cometer el pecado de diferir con la línea de politización de Chávez hacia la Fuerza Armada y atreverse a alzar su voz al respecto. El hermano de Rita, también militar, estaba en el círculo de espera para ubicarse en el poder.

En el jardín había varios oficiales uniformados que de manera descarada posaban sus miradas en el cuerpo de la rubia. Ella parecía no darse por enterada. Para ellos, Rita era un rostro familiar, y sobre sus negocios ella sabía mucho. Uno de esos oficiales, examante ya casi en retiro y vinculado al tráfico de armas, le había contado que una vez la nuera del vicepresidente Julio Valentín Rojas se había presentado en su oficina vestida con un largo abrigo de visón —sin nada abajo— que abrió al traspasar la puerta. Esa chica consiguió el contrato.

La tarde ofrecía una brisa benévola cuando Rita miró a Lucas Gómez, presidente del Banco Industrial de Venezuela, conversar con JVR junto a empresarios y colegas de la banca privada.

Rita se acercó a ellos, los conocía. En sus casas había estado con Lucas Gómez, a quien recibían con fingido gusto. Su compañía la sentían como el peaje humillante del gobierno para otorgarles favores. Para otros, era el paso obligado para esquivar trabas financieras que les impedían mantener su producción al día. Rita sabía que las esposas de esos empresarios la detestaban. La consideraban descarada, indecente, arribista, inmoral, que traficaba su cuerpo con hombres poderosos y los resultados eran ostensibles. No obstante, lo paradójico es que varias de ellas habrían preferido estar en su lugar.

Rita siguió paseando su estructura de muñeca cerca de Lucas Gómez, disfrutando las miradas sobre sí. Y el pez mordió la carnada. Chávez se acercó a ella ignorando a su subalterno. Le dijo, recorriendo con delicadeza el dorso de su mano derecha desde el hombro izquierdo desnudo de Rita hasta el codo: «¿Por qué te retiraste del certamen? Habrías ganado». Ella sabía que Chávez deliraba por las pieles suaves. Conocía que él, obsesivo de la higiene, era muy cuidadoso con sus uñas —disponía para su servicio diario de una manicurista— y que disfrutaba bañarse en azahares y aceites. Rita retuvo su mano y le cuchicheó cerca de sus ojos: «Porque me negué a hacer dieta y me desagrada privarme de champaña». «Conmigo te bañarás en tu bebida favorita», prometió Hugo. La tomó del brazo asegurando su presa y más nunca la abandonó. Dejaron plantado a Lucas Gómez, que no mostró incomodidad por el hecho. En otro continente y ya dedicado a multiplicar los fructíferos negocios heredados del chavismo, un periodista le preguntó si no le había molestado que el presidente le arrebatara su pareja, a lo que Lucas soltó una carcajada. Aseguró estar hinchado de orgullo por haber colaborado con la felicidad del comandante. El pago por tanta generosidad se expresó en sus cuentas personales con tantos ceros a la derecha que hasta el título de Lord intentó comprar en Londres.

Rita aprovechó el deslumbramiento generado en Chávez y asumió con eficiencia su rol de amante. Su hermano Freddy fue designado edecán del presidente, lo cual facilitaba las cosas. El interés de Rita por los negocios y el sector militar le permitían navegar en distintos eventos en los que el comandante, para sorpresa de muchos, la incluyó. Lo usual era que a sus exesposas y amantes él les brindara beneficios —contratos, privilegios, dinero— sin involucrarlas en los asuntos del Estado.

Chávez había decidido no gastar sus energías en una pareja formal que le exigiera tiempo y que lo desviara de sus objetivos políticos. Para su popularidad no necesitaba una mujer, y por formalidad protocolar, optó por incorporar a la mayor de sus hijas.

El comandante poseía a quien le viniera en gana. Tenía mujeres hasta cuando no quería, Rita estaba clara en eso. Ella con sus relaciones anteriores había afinado el don de hacer sentir superiores a sus hombres. Por eso admiraba a Isabel Preysler. Rita jamás estorbaba a una pareja. Nunca una escena, cero competencia, nada de mostrar ambición.

Chávez con Rita fue diferente. A ella no le trazó límites. Buena en la cama y grata compañía, a Rita le gustaban los negocios —era astuta e intuitiva— y se volcó en confidente para acuerdos relevantes en los que ella se atrevió a opinar, primero con discreción y más luego con audacia, según fue ocupando el territorio de lo que ya era un hombre enamorado.

Rita, que no se detenía en sus planes para asegurar su futuro, hizo alianza financiera con los hermanos Carrillo Beltrán —osados pescadores de fortuna—, a quienes les fue garantizando los depósitos de fondos públicos.

Ella venía de ser la esposa de Vicente Ramos, presidente de la Bolsa de Valores de Caracas. Relaciones financieras le sobraban.

En cuanto a los militares, la seducción era mutua. Rita había vivido sus escarceos con Winston Rivera cuando era comandante del Ejército. Casi en paralelo había intentado una relación con el general Ramón Brito, hombre lacónico, religioso, que al igual que Hugo creía comunicarse con gente del más allá. Entre el hermano de Rita y el general Brito existía una estrecha amistad, a pesar de ser de generaciones distintas.

Rita fue sorteando enemigos internos y externos que absorbían los afectos del presidente. Algunas circunstancias la ayudaban. En una estrategia dirigida por los hermanos Castro de Cuba, Chávez había decidido incrementar la compra de armamento con un detalle: cambiaría de proveedor.

Una señal inequívoca de tal giro ocurrió en el 2001, cuando Chávez anunció la búsqueda de una industria alternativa para suministro de material militar. Los compradores de armas viraron su interés de Estados Unidos hacia Rusia. La decisión continuó en progreso y se expresó con claridad el 23 de abril de 2005, fecha en que Venezuela rompió abruptamente el programa de intercambio de educación militar que mantenía desde hacía treinta y cinco años con Estados Unidos, lo que acentuó el deterioro de las relaciones militares entre los dos países. La primera adquisición —que prendió alarmas sobre el inicio de una carrera armamentista— fue de cien mil fusiles de asalto Kalashnikov y diez helicópteros. Los perros de la guerra rusos salivaban con esa nueva plaza para su mercado. El proyecto también alcanzaba dos aviones caza M16-29 que estaban siendo enviados a Venezuela para ser evaluados.

Rusia mandó una comisión para ofrecer distintos equipos en venta, visto el interés del gobierno venezolano en el asunto. Uno de los miembros fue Andrei Kladviya, del consorcio de helicópteros rusos con quienes más adelante el gobierno venezolano cerró el trato de compra de treinta y ocho aeronaves, negociación que supervisó Rita. La prensa rosa europea llegó a referir un romance entre Andrei y la muñeca del comandante. Rita y el presidente ignoraron los rumores. Su relación traspasaba el rol de una pareja tradicional. Eran socios.

Fotos de Chávez, de militares de su gobierno, de rusos y de miembros de las FARC estaban en la tableta y computadora que fueron decomisadas por las autoridades americanas un mediodía a mediados de 2010, cuando el estilista de Rita, Tim Black, fue interrogado por el gobierno de Estados Unidos a través de funcionarios de Homeland Security primero, y la DEA, la CIA y el FBI, después.

## Jenny

Los gritos de Jenny se escuchaban en el largo pasillo del piso 23 del Caesars Palace de Las Vegas. Tim lloraba, jipiaba, gemía y a Jenny le costaba entender lo que decía. Inmigración de Miami lo había detenido por una confusión. Se lamentaba de no poder prepararla para el evento de la noche. Jenny, en pánico, tenía que buscar quien la maquillara, peinara, le hablara, la consintiera como solo sabía hacerlo Tim. La voz de Jenny iba más rápido que sus pensamientos. «Necesito un moño para verme mayor y seria porque es una reunión de papi con unos empresarios de Irán. ¿Cómo coño me comunico con los peluqueros de aquí, si yo no hablo inglés?, y papi regresará muy tarde.»

Jenny colgó y continuó hablando sola: «¡Quiero a Tim! Voy a llamar a papi, ¡él tiene que sacarlo de inmigración ya! Para algo es el presidente del Banco Central de Venezuela y uno de los hombres más poderosos del país. Que llame al abogado del banco, al embajador, al canciller, al comandante, a quien sea! Que lo vayan a buscar en el avión de Petróleos de Venezuela que los había traído. ¿Qué hacía ahí estacionado en el aeropuerto de Las Vegas, si podía buscar a Tim a Miami?»

Tim Black era tan suave y cariñoso que lo trataban como una mascota. Inofensivo y cálido, a los 16 años había comenzado como asistente de Yusmeli, una vecina en el barrio La Dolorita en Petare. Una buena señora que de vez en cuando se acostaba con su padrastro con el permiso de su mamá, que sentía alivio de que otra mujer le ahorrara a ella tener que hacerlo con un hombre que despedía olor de tabaco acumulado y que decidió no lavarse los pies más nunca. Yusmeli había perdido un hijo por la guerra de las bandas entre vendedores de droga y temía que el otro terminara en el vicio por el destino, el ocio, y la irremediable realidad. Sabía que la mamá había rodado en el barranco del crack y quería mejor vida para el muchacho. El día que, aún menor de edad, regresó al barrio después de haber sido apresado por intentar robar un carro, Yusmeli lo haló de las orejas y se lo llevó a su trabajo en el canal de televisión VistaTV donde era maquilladora. Ahí lo sentó y olvidó apenas comenzó su trajín rutinario. Tim se turbó entre mujeres y hombres, hermosos y dicharacheros. Extasiado con las bambalinas, escarcha y lentejuelas, no espabiló más. Creía estar soñando al inhalar tanto sudor perfumado en ajetreo, frente al monitor que mostraba en su pantalla al mismo personaje que Yusmeli había transformado con el maquillaje hacía unos minutos y que él tantas noches había seguido en el desvencijado televisor de su casa. Se sintió feliz.

Con Yusmeli frecuentó el canal y fue aprendiendo la técnica de maquillar y peinar. Observaba los rostros, los colores y cómo se veían ante las cámaras. Leía con fruición las revistas que llegaban sobre modas internacionales y ponía atención a los requerimientos que actrices y modelos hacían a Yusmeli. Al principio sólo servía para llevar y traer pinturas, brochas, lacas, hasta que la ocasión llegó. Su vecina se había ido a reposar al baño porque tenía dolor de vientre cuando la protagonista de la telenovela estelar entró a maquillaje. El personal lo llamaba Tim —así se presentó—, aunque su nombre real era Joaquín. «Tim, maquíllame tú», solicitó Elba con voz decidida. Tim se congeló y la actriz lo tranquilizó. Se hicieron amigos. En agradecimiento, nunca le cobró por sus servicios.

El resultado fue tan satisfactorio que Elba como estrella que era, se empeñó con la directiva del canal en que a Tim le dieran un ingreso fijo en el cargo de asistente de maquillaje. Una segunda oportunidad apareció cuando le ofrecieron formar parte del equipo del certamen Señorita Venezuela. Su profesionalismo y sensibilidad prendaron a las concursantes y a los organizadores. Comenzó a viajar mucho y a aprender más. Pasó de peluquero a estilista, con el apoyo de actrices, modelos y patrocinantes del concurso, a cuyas esposas o amantes, maquillaba y peinaba. Tim compartía con esas mujeres ratos de intimidad. Una chica despeinada, con la cara lavada, hinchada luego de una noche de farra, es una mujer desnuda. Era natural que se convirtiera en el amigo, el confidente de sus clientas. Tenía cualidades: era puntual y discreto, tanto, que el día que lo detuvieron nadie se dio cuenta de que el avión había despegado sin él. Ni siquiera Jenny, que lo cargaba como a su perrita Matea. Habían salido juntos en uno de los aviones de Petróleos de Venezuela desde la rampa cuatro —la presidencial— del aeropuerto de Maiquetía rumbo a Miami, con destino final a Las Vegas. Jenny se empeñó en hacer esa escala para recoger un vestido diseñado para ella. Quería estrenar lo más sonado que vendría para la temporada Primavera 2011. Tal tipo de caprichos a nadie sorprendía. Conocidos eran los viajes denunciados por la prensa política, en los que por unas carteras había ido a Aruba, o para hacer un *casting* a México. Viajaban ella, Tim y la perrita Matea, regalo de papi. «Tu perrita tiene un nombre revolucionario», le dijo Douglas Molina. Jenny, que sabía muy bien qué hacer cuando no conocía de lo que hablaban, le pidió que averiguara quién debía ser la tal Matea que con seguridad era negra como su perrita. Tim encontró en Google que la negra Matea había sido una esclava de exquisito gusto, de la familia del Libertador Simón Bolívar. Apenas tuvo la oportunidad, Jenny le habló a papi de Matea con solemnidad.

Cuando llegaron a Miami, Tim acordó con Jenny esperarla en el aeropuerto. Aún no era mediodía y él aprovecharía para encontrarse con unos amigos del barrio que andaban en tránsito esperando otro vuelo. Y el destino intervino. Jenny había engordado un par de kilos y fue necesario realizar un ajuste de última hora, por lo que se demoraría más de lo previsto. Tim, que solía ser responsable, se entusiasmó con un par de tequilas que temprano se le fueron a la cabeza. El tiempo desapareció durante la cháchara con sus otrora compinches. Cuando Jenny se percató de su ausencia, ya estaban por levantar vuelo y el piloto se negó a regresar. Jenny se resignó a hacer los arreglos para que tomara el primer vuelo comercial que le fuera posible hasta Las Vegas. A Tim no le estresó el incidente. Los tragos con sus amigos ya iban alternados con esnifadas de cocaína.

El viaje de Jenny había sido monitoreado por las autoridades americanas desde la notificación de que el avión aterrizaría en el aeropuerto Internacional de Miami. Los investigadores sabían que Douglas Molina, presidente del Banco Central de Venezuela, estaba en Estados Unidos desde hacía una semana, que había efectuado reuniones en Washington y Nueva York, y que llevaba un par de días en Las Vegas. El avión había vuelto a Maiquetía. «De allí regresó con dos pasajeros, hombre y mujer. Uno de ellos se quedó varado en Miami y ha bebido y consumido sustancias ilegales», registraron quienes marcaban a Tim.

Las agencias federales consolidaban un expediente en el que Molina como presidente de la principal institución financiera del país, aparecía como responsable de mantener relación con oscuros personajes para lavar dinero del narcotráfico, realizar gestiones para vender oro de las arcas oficiales y arreglar convenios oscuros con países aliados del terrorismo, entre ellos Irán. En Las Vegas tendría reuniones con jefes del gobierno de Ahmadinejad. Douglas Molina y otros jefes de la política venezolana estaban en la mira de la seguridad e inteligencia de Estados Unidos.

Tim atendió uno de los interminables repiques de Jenny, quien le exigió que tomara el primer vuelo posible. El estilista, drogado y ebrio, trató de tranquilizarla. Envalentonado compró a sus amigos algo de cocaína para consumir en Las Vegas, y acostumbrado a viajar bajo la protección oficial con la que nunca era revisado, se dirigió camino al avión para encontrarse con Jenny. No consideró que esta vez viajaría en transporte comercial en territorio americano. Un perro entrenado hizo lo suyo y fue trasladado a las oficinas de interrogatorio, distintas a las de inmigración. Aun cuando estaba muy asustado, recordó lo visto en las películas. Decidió no abrir la boca sin presencia de un abogado y exigió hacer una llamada.

Dos gentiles jóvenes bien vestidos que hablaban perfecto español, lo hicieron cambiar de opinión. Le explicaron que estaba metido en serios problemas, que conocían sus antecedentes policiales en su país por consumo de droga y robo de vehículo. Agregaron, sin embargo, estar conscientes del enorme esfuerzo que, viniendo de un barrio pobre, le había conquistado un nombre en el mercado de la belleza femenina. Destacaron lo respetado que era en su oficio, tanto, que mantenía contacto con personajes relevantes de la política venezolana y había estado cerca de mandatarios internacionales. «Sin querer lesionar tu intachable carrera, te proponemos que colabores con unas investigaciones que estamos adelantando. A cambio, te dejaremos en libertad, sin que tus empleadores se enteren de la bochornosa circunstancia de haberte encontrado droga dentro de una caja de perfume en tu equipaje de mano», amenazaron los funcionarios.

A Tim el trato le pareció franco y sencillo. Habló sin parar. A final de cuentas, los funcionarios parecían saberlo todo. «El Señorita Venezuela es un concurso que sirve de fachada para el negocio de trata de blancas. Las chicas que allí participan son prostituidas, muchas con su consentimiento, en especial en los últimos tiempos. Antes también, pero no tanto. El asunto se puso más intenso cuando los jefes del chavismo, los pesados, pues, comenzaron a interferir y actuar como si fueran los dueños del concurso. Dirigen desde la voluntad y pensamiento, hasta los pequeños detalles de esas niñas: ropa, maquillaje, peinado, y joyería. A las que no tienen dinero las usan para satisfacer su perversión personal. A los del gobierno les gustan las niñas de clase media, más bien alta, para consumo propio, o para ofrecerlas a clientes extranjeros. El mánager del asunto es Romel Bustamante, quien se encarga de administrar la demanda.»

Nadie le había preguntado a Tim Black sobre el concurso de belleza. A los efectivos policiales les pareció revelador su desahogo.

Todavía bajo el coletazo del tequila y la cocaína, le costaba trabajo recordar quién lo estaba esperando. «¡Ah!, sí, Jenny Moreno, mi amiga, la ex Señorita Miranda. Ella está en Las Vegas junto a Douglas Molina, presidente del Banco Central de Venezuela.»

Tim tenía que peinar y maquillar a Jenny para una reunión de negocios y un brindis que se iba a celebrar en una sala del Caesars Palace. En la noche debía cambiar su peinado y hacerle un maquillaje más intenso para una noche de diversión, coordinada por el señor Molina. Los detalles solía conocerlos al día siguiente, cuando le tocaba trabajar muy duro para bajar la inflamación de los ojos y aplicar remedios para mitigar la resaca.

Tim llamó a Jenny para decirle que estaba retenido y que necesitaba aclarar un problema de inmigración. Los gritos a través del teléfono fueron escuchados por los funcionarios. En ese mismo tono, Jenny llamó a Douglas Molina para que enviara el abogado que más atemorizara, el más influyente, para que resolviera de inmediato el percance.

Jenny era de las mejores. Había mantenido satisfecho a Douglas desde cuando era niña. Pronto su mamá resultó propietaria de un BMW, y su hermano —un bueno para nada, consumidor de los polvos blancos— obtuvo un Peugeot. Los apartamentos llegaron en una etapa superior.

Apenas con 16 años fue elegida la *barbie* de Latinoamérica. Era una muñequita. Con sus conexiones Douglas la ubicó en la televisión —estaba empeñada en ser actriz aunque sin talento— con breves apariciones para mostrar sus atributos físicos. En paralelo se cargó de fracasos en concursos de belleza. Decenas de miles de dólares costó inscribirla en un evento llamado Señorita Atlántico en Punta del Este. Le dieron el premio de consolación por el traje de fantasía.

Molina terminó por cumplirle el sueño del Señorita Venezuela donde alcanzó la exposición que le interesaba. Y entró en el círculo del concurso emblema del país.

Jenny se había convertido en lo más cercano a una dama de compañía. Era perfecta si no abría la boca y ella lo tenía claro. En el sexo era de las mejores y se había esforzado en aprender lo necesario para hacer feliz a un hombre, no solo en la cama, sino socialmente. En ese sentido, Romel Bustamante las entrenaba muy bien. La película favorita de Jenny era *Pretty Woman*.

Ella asistía a reuniones para desempeñar el rol que Douglas requería. Mantenía el contacto con Romel Bustamante y con su asistente, Anastasia Medina. Podía facilitar la presencia de jovencitas menores que —Jenny lo sabía bien por haberlo vivido— eran la debilidad de Douglas.

Su comportamiento era muy profesional. Algo caprichosa, eso sí, pero como el dinero no era inconveniente para Molina, complacerla fue bastante sencillo. Así que cuando alterada lo llamó para exigirle que enviara a su abogado para asistir a su estilista retenido en Miami producto de una confusión en inmigración, él levantó el teléfono con petulancia y le ordenó a su amigo y abogado Ruperto Escarrá que se encargara de resolver el asunto. Con eso la tranquilizó.

## MARGARITA

A Tim le estallaba la cabeza del dolor. Su prima Margarita no estaba ayudando en el asunto. Varios agentes manipulaban sus aparatos electrónicos. Los funcionarios policiales, guapos y olorosos, le habían regresado el teléfono una vez que tuvo permiso para comunicarse con Jenny. La mentira blanca funcionó, tal como habían prometido los efectivos de seguridad en el aeropuerto.

Tim seguía con malestar de náuseas. Vomitar tres veces le había destrozado el orgullo. Trataba de ordenar sus ideas. Se había complicado la vida por imbécil, aunque podría salir de esta sin mayores consecuencias. Su confianza la iba recuperando con lentitud. Con la ayuda de las autoridades era imposible que Jenny se enterara de que lo habían detenido por posesión de cocaína. Eso habría destruido su carrera. Con quienes trabajaba consumían distintos tipos de drogas, pero el asunto terminaba distinto si te apresaban. Era una raya, más aún si el escándalo ocurría en Estados Unidos, país que era obsesión del comandante. La propuesta de los funcionarios resultó salvadora. «Gracias, Arcángel Miguel, por protegerme», rezó al hacerle una nueva promesa.

El abogado Ruperto Escarrá le explicó a Tim que la situación estaba en orden. Los funcionarios habían informado a Escarrá sobre la confusión entre el nombre real de Tim (Joaquín Méndez) y el de otro sujeto solicitado por las autoridades americanas. Le aseguraron que no se requería de su presencia en Miami porque a la brevedad sería enviado en otro vuelo rumbo a Las Vegas. Ofrecieron excusas al abogado.

A las autoridades americanas no les había pasado por alto el nombre del representante legal, quien había efectuado la llamada desde Washington. Ruperto Escarrá era un penalista cuya cartera de clientes estaba conformada por jerarcas del gobierno venezolano involucrados en lavado de dinero y otros delitos derivados del narcotráfico o del desvío de fondos públicos de Venezuela. Ese mismo Ruperto Escarrá, como hombre de confianza del poder, coordinaría en el 2016 el equipo de defensa de los sobrinos de la primera dama de la presidencia, en el juicio que se llevaría a cabo en Nueva York al ser apresados por asociación delictuosa para ingresar un cargamento de 800 kilos de cocaína a Estados Unidos. El pago por los servicios del abogado lo canceló William Pineda, un naviero que había logrado contratos millonarios con la petrolera venezolana. Ansioso de ser incluido en la lista de amigos, llegó a adquirir en una subasta unas pistolas de Simón Bolívar para regalárselas a Hugo Chávez.

Su prima Margarita no dejaba de llamar. Ella era un personaje peculiar. En realidad era su prima segunda, hija de su primo Santiago —mucho mayor que él—, un hombre apacible que vivía en Maracay, cerca de la capital.

Desde pequeña mostró tendencia a ser más alegre con los hombres que el promedio de las niñas. Exuberante y poco recatada, ingresó al Señorita Venezuela. En segunda revisión fue expulsada por Romel Bustamante, desagradado por su voluptuosidad. Consideró que su estampa no era conveniente para la imagen del evento de belleza. Que la rechazaran del concurso no la arredró. Las semanas que estuvo allí las absorbió como una esponja. Su agenda la abultó con hombres interesados en requerir sus servicios, políticos ansiosos de compañía y empresarios de televisión que estaban a la caza de mujeres que colmaran el zoom de una cámara al enfocarle senos y trasero.

La prima de Tim —Susana Henriqueta Gutiérrez— brincó a la fama interpretando a Margarita. En el *sketch* solo debía agacharse, gesto que le venía fácil. Lo había aprendido a través de los abusos de su tío.

Margarita y Tim se habían criado en la pobreza. En su adolescencia, ella huía a hurtadillas de su casa para juntarse con lo peor del barrio, con los delincuentes. Cada vez fueron más hombres y más malos. Asesinos, asaltantes, vendedores de armas, secuestradores, con un historial de delitos que a Tim le hacía temblar las piernas. Con ese temido entorno, Margarita fue flotando en privilegios.

Margarita se divertía haciendo travesuras públicas, retando a los pacatos de las redes sociales publicando gráficas con posiciones osadas y poca ropa.

En el aeropuerto de Miami, la insistencia de Margarita en comunicarse le inquietaba. Tim sabía que ella era un sabueso. «¿Se habría enterado de algo?». El estilista iba recuperando la conciencia. Estaba seguro de que no era conveniente atender su llamada. Su personalidad prendía alarmas. Los funcionarios notaron su nerviosismo y lo conminaron a que atendiera. Les dijo: «mi prima es un tanto rebelde, no quisiera que se enterara de que he sido retenido en Miami». Las autoridades se miraron la cara y tomaron nota.

Tim con su cabeza bajo estado alterado, pensó por un segundo acudir a Margarita para que lo auxiliara en esta circunstancia. Ella convivía con los jefes de bandas criminales utilizados por jerarcas del gobierno para ejecutar delitos. En un rapto de lucidez, el estilista desechó la idea.

Tim le envió un wasap a Margarita informándole que había perdido el vuelo de conexión a Las Vegas y que estaba cerca de tomar el siguiente. Supuso que el empeño de esta por ubicarlo podía ser para insistirle en que comprara un arma que le quería regalar a un amigo. Le hizo el encargo cuando se despidieron en Caracas. Margarita sabía que su primo viajaría en un avión oficial utilizado por el presidente del BCV y que aterrizaría en la rampa presidencial, lo que significaba que la maquinaria de aceitar peajes de la abultada chequera oficial, estaría activada. De esos aviones en Venezuela, podía entrar y salir cualquier cosa.

Margarita no estaba llamando por lo que Tim pensaba.

Abrumado porque los funcionarios que lo rodeaban hablaban en inglés, Tim volvió a preguntar cuánto tiempo le quedaba para salir a Las Vegas. Jenny había llamado veintinueve veces. «Dile que sales en el próximo vuelo en dos horas». «¿Dos horas?», repitió Tim con ganas de llorar. «Dos horas», fue la respuesta del joven agente que palmoteó su hombro y le entregó un café y una dona.

—Mi Barbie, voy a llegar tarde —dijo Tim a la espera de que Jenny lanzara gritos de malcriadez.

Nada se escuchó desde el otro lado de la línea.

—Barbie, ¿sigues ahí?

—Sí —respondió Jenny con sequedad—. ¡No sé cómo peinarme para el brindis! La reunión va a ser con unos iraníes. ¿Tú te imaginas? ¿Esos tipos no le tienen rabia a las mujeres que son como yo?

—Para el brindis debes llevar el pelo recogido en la parte baja, usa poca laca, maquíllate con discreción, los zarcillos de diamantes pequeños te van a quedar bien, no más de un anillo en cada mano. Yo te coloqué la ropa en la maleta amarilla y verde. Allí tienes tres opciones, te sugiero el traje azulmarino, ese conjunto te queda regio. Creo que llegaré justo para darte un masaje antes de la reunión de juerga que será en la madrugada.

Jenny se despidió a regañadientes.

—Ponte hermosa y disfruta, mi Barbie, en lugar de marcar mi teléfono cada cinco minutos. Me vas a volver loco.

Los funcionarios, satisfechos, habían escuchado la conversación.

## { II }

«En conclusión, mi pana», afirmó en tono de camaradería un joven apuesto, delgado, alto, vestido de traje, con una camisa blanca planchada de tintorería y una corbata negra, fina, y larga. A Tim le pareció venezolano. Asintió sin abrir la boca.

—Desde hoy tus pasos serán vigilados. Debes continuar tu vida tal como la has venido llevando —no la pasas nada mal, ¿ah?—. Lo único que cambiará de tu rutina será cuando recibas nuestras indicaciones que habrás de cumplir al pie de la letra.

—Y ¿cómo voy a estar seguro de que son ustedes?, preguntó Tim al policía.

—Lo vas a saber, no te preocupes. No le hagas cerebro a la situación, le respondió afectuoso el otro funcionario sentado a su lado.

—Yo solo quiero seguir igual que antes, aseveró Tim.

—Recuerda esto —el otro agente se levantó y le puso la mano en el cuello con presión—: el delito que has cometido es muy grave. Estabas en posesión de una droga sobre la cual hay prohibición para su tenencia, consumo y tráfico. Te estamos otorgando la oportunidad de colaborar con nuestras instituciones. Tienes que tomarte este asunto con seriedad. De lo contrario, vas a caer al foso.

—Claro que lo haré, afirmó un tartajeante Tim, haciendo un esfuerzo inútil por parecer sereno.

Estaba próximo a tomar el vuelo a Las Vegas. Sentía alivio de haberse liberado de más de diez policías hablando inglés. Solo dos jóvenes se comunicaban en español. Durante casi cuatro horas lo atormentaron con preguntas acerca de nombres y rostros que estaban en sus equipos electrónicos. Por décima tercera vez le repetían las instrucciones que debía cumplir. Su cabeza le anunciaba que la jaqueca reviviría.

El comisario Orlando Arias había emigrado hacia Estados Unidos. El generalato que ejecutaba las órdenes de Hugo Chávez había forzado su salida del cargo de jefe de homicidios del más importante organismo de investigación policial del país. Arias encontró como alternativa ofrecer a empresarios asesoría sobre seguridad. Pronto ellos también caerían en desgracia. Otros, optaron por arrimarse al régimen. El comisario era incómodo o indeseado en cualquier nómina. Decidió intentar en la docencia y se empleó en una escuela de policía municipal dirigida por un partido de oposición. A pesar del bajo sueldo y la alta inflación, Orlando Arias, divorciado y sin hijos, llevaba una vida modesta que le permitía adaptarse a su nueva circunstancia. Se enriquecía con las vivencias de futuros funcionarios que le transmitían el calor de las calles, dentro de una alarmante inseguridad. Eso fue así hasta que el gobierno decidió intervenir de manera irregular ese organismo policial y convertirlo en reducto de grupos violentos financiados para agredir y perseguir a quienes pensaran distinto. La escuela fue eliminada y cuando Arias alzó su voz en protesta, le fue iniciada una averiguación administrativa y un juicio penal sobre un delito construido en los laboratorios del G2 cubano, que al tener control en tribunales y entes de seguridad e inteligencia, garantizaban una injusta sentencia.

Para su fortuna, dentro de tanta desgracia, le ofrecieron la posibilidad de trabajar en Estados Unidos. El dominio del inglés

—había estudiado en la Universidad de Washington— y el conocimiento de las leyes americanas, suavizó la idea del exilio. Fijó residencia en Miami.

El sur de la Florida es de histórico interés turístico para Latinoamérica. El masivo éxodo cubano resultó integrador de la diáspora de otros países, que por razones diversas fueron juntando culturas, acentos, buenas y malas costumbres. Venezuela no fue la excepción. Quienes huyeron del gobierno comunista de Chávez, comenzaron a tropezarse con funcionarios públicos y sus familiares que hacían ostentación de riqueza súbita, instalados en lujosas propiedades, viajando en jets privados, rodando en carros último modelo, luciendo joyas y ropa de marca. Ese cuadro infeliz reproducía en Miami lo que sucedía en territorio venezolano. Ciudadanos decentes y en escasez eran atropellados por corruptos banales y patanes que deformaban el gentilicio y burlaban la ley.

Tal derroche no pasó desapercibido para las autoridades americanas. Lo que sucedía en las calles se sellaba en notarías y entidades financieras. Las denuncias sobre colocaciones de dinero ilícito en Estados Unidos fueron auscultadas. Sin embargo, persistía la permisividad hacia el gobierno de Chávez. Era evidente la laxitud desde el ángulo de los negocios. El mercado americano se veía favorecido con la entrega puntual del petróleo adquirido y con la creciente importación de productos por parte del gobierno venezolano. Esta situación se mantuvo hasta el quiebre de la democracia, cuando el sucesor de Chávez se atrincheró en la tiranía y cerró filas con mandatarios enemigos, movimientos terroristas y carteles del narcotráfico.

Con la lupa enfocada en Venezuela, equipos de investigación soportaban evidencias de que en aviones de la empresa estatal PDVSA se transportaba dinero en efectivo no declarado, que en territorio estadounidense se celebraban reuniones con ejecutivos de otros países para negocios mampara, y que a través de testaferros se ubicaban en bancos americanos cantidades procedentes del narcotráfico que podían estar financiando al terrorismo.

Era lógico que las bitácoras de los vuelos del avión de PDVSA, trasladando el presidente del BCV, Douglas Molina, y una semana después a su amante Jenny Moreno junto al estilista Joaquín Méndez (Tim Black), activaran a quienes tenían a su cargo el seguimiento del caso Venezuela.

Que Tim se mantuviera en las inmediaciones del aeropuerto de Miami fue suerte, y que se excediera en alcohol y droga junto a sus amigos, resultó una bendición. Para la fecha del incidente con Tim, el 11 de octubre de 2010, ya el narcotraficante Walid Makled había mostrado la potencia de sus cuerdas vocales ante la DEA. El boceto de delitos cometidos por venezolanos estaba adelantado.

El perfil de Tim cuadraba para reclutarlo como funcionario encubierto. El director de Inteligencia, Charles Robinson, desde su designación cuatro meses antes, había integrado una comisión de funcionarios de la CIA, el FBI y la DEA para el caso Venezuela. La ley permite a la CIA y la DEA coordinar actividades de espionaje en territorio extranjero. Las agencias federales enriquecen la evidencia con infiltrados que actúan como operadores de carteles del narcotráfico, o que desempeñan roles en los que intiman con funcionarios, con acceso a datos de gran valor.

Tim, un humilde estilista encandilado con el confort, se ajustaba al perfil para ser el agente encubierto que necesitaban. Los hechos sucedieron según lo previsto: Tim con su conciencia relajada y el *boarding pass* en su mano dispuesto a cumplir el chequeo de seguridad en el aeropuerto de Miami rumbo a Las

Vegas, quedó a disposición de los perros que detectan droga y de los efectivos de seguridad. Para los investigadores, una gran compuerta acababa de abrirse.

Tim fue trasladado a unas oficinas especiales distintas a inmigración. En el aeropuerto de Miami como en otros, existen pasadizos solo conocidos por personal de inteligencia y seguridad, cuyo destino son salas de interrogatorios.

El primer esfuerzo se centró en tratar de sacudir con velocidad el alcohol y la droga que el cuerpo de Tim contenía. Apenas mostró coherencia, se le ofreció el acuerdo. Tim, convencido por el buen trato y la rápida y fácil propuesta para salir del aprieto, aceptó.

Cuando el abogado Ruperto Escarrá llamó identificándose como representante del gobierno venezolano, la respuesta de los agentes —que dijeron ser funcionarios de inmigración— le pareció lógica y la aceptó confiado. «Ha sido una lamentable confusión», expresó un funcionario con tono apesadumbrado. «En poco tiempo su cliente saldrá volando hacia Las Vegas», agregó. Ruperto Escarrá colgó el teléfono satisfecho. Sin interrumpir un extendido almuerzo, se había ganado unos cuantos miles de dólares que serían cancelados con fondos del Estado venezolano.

El comisario Arias llegó al aeropuerto junto a una orden judicial para intervenir el contenido de los equipos de Tim. Más de veinte personas trabajaban en una sala con sofisticados aparatos tecnológicos. Se había acordado que dos jóvenes venezolanos hicieran la labor de policías buenos. Los demás tenían que comunicarse en inglés —incluido el comisario Arias— y en el rol de policías malos, abrumarían al estilista.

Los agentes se vieron sorprendidos por la calidad y la cantidad de datos que portaba Tim en sus aparatos. Los expertos en tecnología bajaban con habilidad imágenes y textos. Algunos lamentaron no poder detenerse en las fotos de los cuerpos casi desnudos de tantas mujeres sensuales. La parte más suculenta para quienes no se desviaban en esas apreciaciones, estaba en los rostros del gobierno venezolano —información certificada por el comisario Arias— y de influyentes personajes de China, Corea del Norte, Libia, Irán, Rusia, Bielorrusia, España, Ecuador, Argentina, Bolivia, Nicaragua, Brasil, El Salvador, Cuba y otros países del Caribe. «Aquí está hasta Donald Trump», comentó uno de los técnicos. «Es el propietario del concurso de belleza que elige a la Señorita Universal», le recordó otro joven. Ninguno imaginaba que Trump renunciaría a ese negocio para aspirar a la presidencia de Estados Unidos. Y menos que ganaría.

—Tim —insistió el joven que hablaba venezolano— por este teléfono te vamos a contactar y bajo el nombre de Luisa Estela, recibirás las instrucciones. Al escuchar esa contraseña tú responderás: «lame botas».

—Eso es fácil de memorizar y ya me lo sé —alegó Tim con impaciencia.

—En tus instrumentos de trabajo hay cámaras y grabadores que deberán ser activados cada vez que recibas la indicación acordada. Son muy sensibles e indetectables, no temas. Debes tratarlos con cuidado.

Tim miró con desesperación sus polvos de maquillaje desordenados, sus creyones para los ojos y brochas, dispuestos sin criterio en el maletín. «Tendré que comprar nuevos productos», pensó molesto.

«Cuando se te indique dejarás olvidado este estuche», le explicó en español un agente que solo había hablado en inglés. Tim escuchó que le decían comisario Arias. «Es probable que en ocasiones tengas que hacer preguntas. No te preocupes, ninguna va a ser comprometedora, ni va a levantar sospechas. Ni tú mismo te darás cuenta. Recuerda que no tienes que pensar, nosotros estamos a cargo. Y es una orden: evita el alcohol y la cocaína. Está visto que en esas condiciones hablas más que un perdido cuando lo encuentran. De lo ocurrido hoy, ni una sola palabra a nadie, ellos podrían matarte. Los malos son los del gobierno y sus malandros. Ahora vete y actúa con naturalidad».

«Con naturalidad —pensó Tim— creo que ni siquiera puedo sostenerme sobre mis piernas». Logró caminar derecho hasta su asiento del avión y en el vuelo llegó a dormir. Era absurdo, pero a pesar del miedo, sentía la adrenalina del peligro y la emoción de protagonizar una película de acción.

Los rostros de los efectivos eran una mezcla de cansancio y satisfacción. «¿Cuánto tiempo crees que transcurra hasta que se lo cuente a alguien?», preguntó al comisario Arias el policía americano que estaba al mando de la operación. «Depende de la presión a la que lo sometamos. El muchacho es una fuente valiosa que debemos aprovechar al máximo. Esas chicas, sus clientes, y los eventos a los que llevarán a Tim, nos están reservando asientos en primera fila para descifrar los secretos de hombres poderosos».

«Vamos a descansar, Arias —sugirió el policía americano bostezando—, el equipo de relevo chequeará las grabaciones y ordenará el material encontrado. Tres agencias federales trabajaremos en conjunto, como en los grandes casos».

—¿Y para qué llamaste a Jenny? ¿Tú estás loca?

Los gritos de Tim hablando por teléfono lograron inquietar al taxista que lo llevaba desde al aeropuerto camino al hotel Caesars Palace en Las Vegas. Quien manejaba era un agente del FBI con la misión de seguir sus movimientos.

El estilista estaba muy molesto, parecía cercano a un ataque de ira. El funcionario permaneció atento.

—Escúchame bien, Margarita —continuó Tim con la voz elevada haciendo un esfuerzo por tomar el control—, no me gusta que intervengas en mis asuntos personales.

Una pausa la ocupaba una voz femenina que apenas el agente podía distinguir. Tim continuó:

—Lo que ocurrió en el aeropuerto fue una confusión en inmigración. Te repito, no soy ningún niño. No metas tu nariz donde nadie te ha solicitado. ¿En qué carajo estabas pensando? ¿Qué es eso tan urgente que te ocurre que no puede esperar?

A Margarita la molestia de Tim le pareció desproporcionada. No era la primera vez que ella encontraba a Tim a través de Jenny. Cuando trabajaba, Tim solía utilizar un equipo con audífonos para atender de manera breve sus llamadas. Solo respondía lo que parecían emergencias. Había clientas caprichosas que exigían de su primo plena atención para conversar con ellas o para escucharlas en silencio. Cuando estaban tristes las consolaba y hasta había llegado a aconsejarlas. Margarita conocía esa dinámica y a sus clientas también. Y aunque él había sido cuidadoso en no inmiscuirla en su trabajo, su prima era astuta y había logrado congraciarse con algunas de sus chicas, quienes la trataban con condescendencia. Ella tenía sus números telefónicos y se permitía gestos de confianza.

Cuando Tim no atendió sus llamadas, contactó a Jenny, que la atendió hecha un mar de lágrimas. Le recordó que tenía un compromiso —nada sabía al respecto, pero su intuición la guió para tocar un tema de acercamiento— y le insistió en que no debía llorar porque el rostro se vería perjudicado por la hinchazón. Jenny le respondió agradecida. Hasta se arrepintió de haberla maltratado en otra oportunidad.

Jenny le contó que su primo había perdido el vuelo y venía retardado, que tenía unos compromisos en la noche y para el primer brindis tendría que arreglarse sola. La angustia de Jenny creció al haber transcurrido más de una hora sin que Tim atendiera sus llamadas. «Ni siquiera ha leído mis mensajes de texto». Margarita le prometió insistir en ubicarlo y le sugirió que se tomara una de esas pastillas poderosas y se aplicara compresas frías en la cara. Ella se encargaría de localizarlo. Jenny prometió obedecer.

En un ambiente que sentía hostil aunque glamoroso, Tim era uno de los pocos en quien Jenny confiaba. Eso lo sabía Margarita, impulsada por su propio interés: penetrar el negocio tras el telón del concurso Señorita Venezuela. Ansiaba ser incluida en el mercadeo personalizado y acceder a las camas del poder con el consecuente derecho de disfrutar los beneficios de sus chequeras. Jenny era el puente apropiado para ello.

A Margarita le era natural transitar por el camino de los delincuentes. Para ella no había diferencia entre los hombres con los que se acostaba —asesinos, ladrones, extorsionadores, secuestradores— y aquellos con quienes compartían la cama Rita y Jenny.

Para Margarita, el presidente de la República, el empresario ruso, el banquero argentino, el militar represor —amantes de Rita—, o el jefe del Banco Central, los de Petróleos de Venezuela, el presidente de Nicaragua —clientes de Jenny—, eran iguales o peores que los malandros de las cárceles.

Margarita quería disfrutar de las mieles que degustaban Rita y Jenny. Se sentía con derecho. El incidente de Tim fue oportuno para aproximarse al espectro del certamen de belleza que le había sido negado en aquella oportunidad, cuando Romel Bustamante la despachó de regreso a su pueblo con gesto de asco, comentando entre dientes que le quitaran de su vista «semejante mamotreto de ordinariez». Margarita, que consideraba al jefe del Señorita Venezuela un proxeneta despreciable, había decidido vengarse y entrar en el negocio.

Margarita sí estaba en aprietos. A ella Tim tampoco le atendía el teléfono y necesitaba advertirle que alguien había filtrado una imagen que se convirtió en viral, en la que ella se mostraba sonreída, pegada al pecho de un hombre moreno, menudo, sin camisa, con dos armas cortas que sobresalían del pantalón, y dos fusiles, uno en cada mano. El sujeto era un prófugo —criminal de alta peligrosidad— clasificado como pran. Tim conocía la debilidad de Margarita por los pranes —plural de PRAN—, siglas que en las cárceles significan Preso Rematado Asesino Nato. No hay delito ejecutado en una prisión venezolana, sin autorización del pran. Su poder se extiende más allá de los muros de las cárceles. Salen y entran de ellas a su gusto. Manejan voluminosas cantidades de dinero, controlan mafias de droga, ventas de armas, remates de caballos, y secuestros. Quitan y colocan a directores de penales, se mofan de ministros. Son parte de la estructura criminal del poder en Venezuela, cuyo gobierno se ha sostenido sobre una compleja red de delitos y delincuentes que operan con impunidad y azotan a la población.

El cuerpo de Margarita era familiar para el país y quien se retratara con ella colmaba la atención. La foto fue un escándalo en las redes sociales; sobre eso quería advertir a su primo. Ella sabía que andaba de viaje en un avión de PDVSA con la amante del presidente del Banco Central de Venezuela. En la polémica foto, el pran, apodado «el Tucán», se muestra desternillado de la risa, recibiendo con su cuerpo a Margarita que se abalanza deseosa sobre él. Era de esperarse que la publicación sacudiera a una sociedad dividida en sus apreciaciones, entre el sector que se divirtió, celebró y explayó su morbo, y el que mostró furia y vergüenza.

Margarita era imagen de VistaTV. Cada semana sus formas explotadas salían en un programa en horario estelar. Sus conocidas relaciones con sujetos como el pran de la foto, le adhirieron un estatus que se manifestaba en posesiones imposibles de adquirir con el salario de modelo de televisión. Ropa de marca y una lujosa camioneta blindada manejada por un chofer-escolta, hablaban por sí solos.

Las conversaciones con Jenny fueron productivas ese día. Margarita fue amable y efectiva. Hablaron no menos de doce veces. Debatieron sobre la selección de ropa, zapatos y accesorios más apropiados para la cena que Jenny tendría. La prima de Tim fue divertida burlándose de ella misma, para complacencia de Jenny. En su imagen por Skype teatralizaba caerse de unos altísimos tacones, derrumbándose en forma caótica sobre su trasero sin soltar la copa de champaña ni derramar una gota. Jenny sintió sincera simpatía.

Tim no le dio tiempo de explicarse. Enfurecido y atemorizado, la acusó de violar su intimidad. Margarita, que conocía muy bien a su primo, sospechó que algo grave no le quería contar. Con inteligencia prefirió aguantar la descarga y tratar de calmarlo sin exigir explicación.

—Joaquín —solo ella lo llamaba así—, cálmate, mijo. Tuve el presentimiento de que algo malo te sucedía y comencé a buscarte angustiada. Es cierto, no he debido llamar a Jenny, admitió con voz entrecortada, pero fui prudente y cuidadosa. Te juro que de mi boca no salió ninguna grosería.

Tim se fue calmando. Faltaba la peor parte. Tenía que contarle acerca del escándalo de la foto con «el Tucán» que revelaba a Margarita como amiga de los peores criminales. Antes de cualquier explosión, ella se adelantó a asegurarle que el asunto estaba controlado y que sus amigos en el poder arreglarían ese inconveniente. «Eso espero», dijo su primo agotado de pelear.

Las molestias de Tim con Margarita desaparecían con facilidad. Se amaban y tenían el uno al otro. De su familia, fue la única que no lo juzgó por ser homosexual. Lo protegió con comprensión. A pesar de sus desvaríos, a Tim ella le transmitía seguridad y confianza.

El agente del FBI, actuando de taxista, seguía atento a la azarosa vida del estilista.

Tim trataba de memorizar las indicaciones repetidas por los agentes. Necesitaba aire. Le solicitó al taxista que se detuviera en una estación de servicio antes de llegar al hotel. Era pasada la medianoche, el mejor momento de Las Vegas. Le encantaba esa ciudad. La había disfrutado con intensidad, convencido de que era un lugar donde nunca debería amanecer. Las Vegas en las mañanas era una resaca. Ocurría como con esos bares esplendorosos que al terminar la fiesta son un desastre, donde la luz del día resalta las características ocultas, los muebles manchados, las alfombras gastadas, los vasos sucios con los dedos marcados y los bordes manchados de grasa y pintura de labios. Igual a cuando alguien que te enloqueció la noche anterior te sorprende al lado cuando despiertas. No es lo mismo. Quieres salir corriendo hasta que vuelva a oscurecer.

«A esta hora las copas de champaña deben haber aliviado el estrés de Jenny», deseó Tim. Con aparente ligereza se identificó en el lobby. Un recepcionista le entregó la llave de acceso. «Lo esperan con ansiedad, míster Black», anunció.

Tim se dirigió a una de las *suites* del piso 23. Jenny corrió y lo abrazó dando brincos. Estaba a medio vestir con ropa discreta, sin zapatos, con el maquillaje corrido.

—¿Y por qué estás así? ¿No deberías estar arreglándote para tu próxima cita? ¿Cómo te fue en la cena? —preguntó. Trataba de sacudírsela evitando que en la proximidad ella pudiese leer sus pensamientos.

Sacó de su maleta uno de los estuches de maquillaje. Evadía recordar que cargaba micrófonos y cámaras que se podían accionar apenas él recibiese las indicaciones. De nuevo, la adrenalina de la emoción lo abordó.

Tim con pericia acercó el rostro de Jenny auscultándolo y comenzó a retirarle restos de maquillaje.

—Quítate el vestido —solicitó, mientras caminaba hacia el baño a buscarle una bata.

Jenny se desnudó frente a él como lo había hecho tantas veces. Se colocó la bata y antes de descansar la cabeza sobre una almohada, Tim le terminó de deshacer lo que había sido un moño, quitó los ganchos pendientes y le peinó el cabello. Cubrió sus ojos con unas compresas.

—A la 1:45 me viene a buscar papi.

—¿Sabes adónde van? —preguntó Tim sintiéndose investigador.

—Es una *suite* en este mismo hotel. Vamos a estar varias chicas con tres empresarios iraníes.

—¿Muñecas?

—Sí, hoy me toca ser activa. Papi va a trabajar entretanto. Eso fue lo que me dijo Anastasia, aunque tú sabes que papi da sus sorpresas. A veces se divierte ocultándole información a Anastasia y apareciéndose con su propia compañía. Una vez se presentó con una niña ebria vestida de colegiala. ¡Yo te conté! —le recordó Jenny, empujando con cariño su hombro.

—Claro que me contaste. Quiero hacerte hablar para que te relajes —admitió Tim dándole un masaje—. Hasta los pies los tienes bonitos —susurró consintiéndola—. Te vas a poner las sandalias doradas, ¿verdad?

—¡Sí!, dijo Jenny quitándose las compresas de los ojos. ¿Qué hora es?

—Las 12 y 53. Estamos en tiempo para un baño rápido y comenzar a maquillarte.

Los dos se sorprendieron por la presencia de un cuerpo que abrió la puerta sin avisar. Era un hombre regordete, bajito, con apenas dos líneas de cabello sobre cada una de sus orejas y con los bigotes pintados de negro. Douglas Molina entró como el dueño del escenario de la habitación y de su contenido humano.

—Hombre —expresó con afabilidad abriendo los brazos—, ¡al fin te soltaron esos imperialistas de inmigración! Bienvenido. Esta es la *suite* de ustedes, yo estoy en otro piso. Vine a asegurarme de que mi muñequita se estuviera preparando.

Hablaba metiendo su mano dentro de la bata de Jenny. «A la 1 y media te vengo a buscar», anunció rematándola con una nalgada. «Abre otra champañita para que mi Barbie llegue bien entonada», ordenó mirando a Tim.

Cuando estaba en la puerta, Douglas Molina giró sobre sus pasos y le preguntó a Tim: «¿Qué fue lo que te pasó? ¿Por qué te detuvieron en inmigración?».

A Tim la cabeza le dio vueltas, le sudaron las manos, un ojo le parpadeó solo y sintió que de su boca no podría salir una palabra. Lo que venía a su mente era el rostro de una docena de policías hablando al unísono en inglés. Cuando ya creía que se iba a poner a llorar, Jenny le dijo al presidente del Banco Central: «¡Ay no, papi!, los cuentos que te los eche después. Esta noche Tim es mío. Tiene que dejarme preciosa sin que nada lo distraiga».

Douglas Molina, resignado, siguió su camino. Cuando el presidente del BCV salió de la *suite*, a Tim le provocó darle un inmenso abrazo a Jenny.

—Tim, abre otra botella de champaña, porfa.

El teléfono estaba en «vibracall» y Jenny se mostraba alerta a ver si Tim atendía las llamadas.

—Responde, sugirió Jenny. Margarita ha estado pendiente de ti. Debo decirte que fue solidaria conmigo, me tranquilizó y hasta me ayudó a seleccionar la ropa.

—La llamaré cuando termine de dejarte como una reina, anunció Tim.

No era Margarita quien aparecía identificada en la pantalla del teléfono. Su prima estaba ocupada con su propia realidad. A esa hora ya le había reclamado a la titular de Prisiones que las cuentas oficiales en las redes sociales hubiesen sido las primeras en colocar su foto con «el Tucán». Estaba convencida de que el gobierno pretendía dañarla a ella junto a sus amigos. Le exigió a la ministra Bilis Barrera que dejara de interferir en las relaciones con sus pranes, tal como habían acordado, y le notificó que en las próximas horas «el Tucán» la llamaría.

Los mensajes de otras dos mujeres había registrado el teléfono de Tim: una era Anastasia Medina, convertida en mano derecha de Romel Bustamante. Ella, con su tono didáctico y eficiencia, había escalado posiciones dentro del equipo directivo del Señorita Venezuela. Romel necesitaba una muñeca que se entendiera con las candidatas y Anastasia era la apropiada. No solo para el concurso. En las actividades extras se crecía. Anastasia había recibido con beneplácito que la incorporaran al negocio aunque fuese en una pequeña proporción. Romel le permitió administrar un marginal evento de belleza en el interior del país que suministraba candidatas para el Señorita Venezuela, suficiente para penetrar la rosca de los patrocinantes. Anastasia manejaba una parte de la agenda de los poderosos a quienes colocaba en bandeja de plata las chicas solicitadas. Mostraba el catálogo, sugería nombres para servicios de compañía y arreglaba las citas.

Jenny había sido años atrás una de las favoritas de Anastasia, pero en lo que le detectó vuelo propio, saltó como una loba.

Nada pudo hacer contra la favorita de uno de los cuatro hombres que manejaba el otorgamiento de dólares en Venezuela. En pleno control de cambio, Jenny resultaba intocable.

Tim, al tanto de esa situación, no atendería el teléfono a la asistente de Romel delante de Jenny. «¿Para qué estaría llamando con tanta insistencia? ¿Sería por lo de Margarita?». Hizo un recorrido mental sobre asuntos pendientes. A su regreso se embarcaría con cinco chicas que el dueño de Tiendas Carrie quería en su yate. Eso nadie tenía que recordárselo, era un trabajo rutinario, ida por vuelta.

Otra muñeca que había llamado era Rita Blanco, a quien Tim trataba con deferencia. Por discreción tampoco hablaría con ella frente a Jenny. La confianza que tenían las chicas en él, se debía a la seguridad de que guardaba secretos.

Tim había notado el interés que despertó en los agentes federales la información sobre Rita y sus acompañantes. Tenía previsto en agenda ir con ella en una gira presidencial por el Medio Oriente. Esos viajes le desagradaban. La paranoia del presidente llevaba a una inspección exagerada de parte del equipo de seguridad, en su mayoría cubanos y rusos, que se comportaban de manera grosera. Lo maltrataban. A Tim le parecía que era consecuencia de tener un gay escondido en su clóset. Una vez había pillado a un par de ellos manoseándose en las propias espaldas del comandante. Le parecía insólito que no lo hubiese notado.

Rita era una dama. Tim estaba convencido de que tenía comiendo de la mano al presidente, aunque ella lo negara. Cuando estaban a solas, compartía su comida (ingería poco para mantenerse en forma) y trataba a Tim con cariño. Solía darle regalos. De las muñecas, ella era la más sobria. Su única debilidad evidente era el dinero.

En ese viaje con Rita, Tim actuaría como agente encubierto. Se descubrió emocionado. Tim, a quien veían como un perrito faldero, había sido reclutado por las agencias federales de Estados Unidos para desempeñar el rol de un protagonista de película.

## { III }

Un vaho seductor hacía olvidar que era un edificio con oficinas. La esencia encargada a París era fusión hombre y mujer, decantada en sofisticados difusores de aroma. Quien penetraba el salón de paredes de cristal quedaba envuelto en sensualidad. A nadie importaba que el derroche abofeteara.

El escenario ubicado en la urbanización Campo Alegre, en el municipio más costoso de Caracas, era propiedad de David Rincón, primo de Sugar Rodríguez, presidente de Petróleos de Venezuela.

Tres espigadas y hermosas mujeres salieron a recibir a siete hombres de oscuros trajes, cortos pasos y ceños fruncidos. La champaña gélida era entregada por unos tibios dedos juveniles que rozaban los de ellos. Un «Etude» de Chopin acompañó los tacones y el vaivén de sedas que vestían las anfitrionas. Los visitantes inclinaron con prisa su cabeza en saludo y agradecimiento. Gentileza, tradición, y cierta vergüenza, había en el gesto que procuraba evadir la mirada de los cuerpos que los recibían. Los representantes de tres empresas energéticas chinas —Engineering Corporation, Sinohydro Associated y Machinery Corporation— fueron guiados hacia un ascensor de cristal que al abrir su puerta en el piso 19, mostró la más parecido a la fantasía del cielo. Otras tres chicas, aún más bellas y elevadas que las primeras, los ayudaron a despojarse de las elegantes chaquetas. «La jornada va a ser larga», anunciaron a los hombres que sentían cerca el movimiento de sus cabellos de lado a lado, arrojando la feminidad necesaria para nublar el entendimiento. En medio del placer, los señores menudos sabían a qué lugar llegaban. El salón con ventanales del piso al techo, daba una vista de 180 grados cuyo efecto resultaba alucinante al pasar por encima de edificios en plena zona financiera de Caracas para posarse en el cerro Ávila. La majestuosidad de la mítica montaña imponiéndose sobre la urbe, suele generar una exquisita sensación de poderío.

Aún no eran las 11 de la mañana y ya en el edificio de David Rincón se ingería licor. «Bueno, allá en China es casi medianoche», comentó con ironía David un piso más arriba, en una oficina inmensa. Los empresarios chinos habían logrado alejar la tentación de mujeres y bebidas. Concentrados, sus cerebros funcionaban conectados a *laptops*, teléfonos, y tabletas. Los chinos chequeaban con rigor de robots diversidad de documentos. Hacían cálculos, hablaban en alguna de las 292 lenguas que existen en China, fotografiaban papeles. Cada uno desempeñaba su trabajo de modo individual. De vez en cuando se comunicaban entre ellos para cotejar algún tipo de documento o cifra.

David Rincón se encontraba acompañado por su profesor de mandarín. Estaba a punto de despacharlo porque según él, no entendía nada. Recostado sobre su silla Herman Miller y con los pies sobre el escritorio, tomaba una taza de té. Su mirada no se separaba de unos monitores que enfocaban a los visitantes. Las copas de champaña ofrecidas a los chinos se iban calentando sobre el mesón de trabajo. «No van a beber», aseguró David. «Se pierden una gran cosecha». Recordó el reportaje de una periodista de sociales que detalló sus champañas preferidas: Perrier Jouet y el Dom Pierre Pérignon, así como sus vinos: Château

Pétrus, Château Margaux, Château Lafite Rothschild, Petrus Pomerol y Romanée-Conti.

Pipina, asistente de David Rincón, al regreso de acompañar hasta la puerta al profesor de mandarín, le informó: «Casi es hora de almorzar, afuera está Anastasia que le manda a preguntar si mantiene el mismo equipo de chicas que está atendiendo a los señores, que si las cambia, o si envía refuerzos». «Dile que pase», respondió David. «Antes comunícame con Lucio, que me urge hablar con él». Pipina hizo la llamada desde el mismo escritorio de Rincón por el teléfono con el sistema de seguridad que obstaculiza cualquier intervención.

—Epa, Lucio, aquí están. Si todo sale bien, que va a salir —reafirmó cruzando los dedos— vuelas a Shanghái con ellos.

Lucio Marín fungía de testaferro de David. En investigaciones posteriores, Marín aparecería como el titular de las cuentas de múltiples empresas que había registrado Rincón en Panamá, Belice, Islas Vírgenes Británicas y Holanda. La mayoría eran compañías de maletín.

Esta visita de los chinos y posteriores viajes de David y Lucio al país asiático, concluyeron en transferencias de las empresas chinas por 180 millones de dólares a una sola cuenta, la número AD66 0005 0008 2512 0036 9407 abierta en 2007, teniendo como representante a Lucio Marín y cuyo titular era David Rincón.

A la oficina entró una mujer que podía estar cercana a unos disimulados 50, muy maquillada y con unos tacones que daban vértigo. Cada detalle que cargaba encima era de marca.

Anastasia desfiló esquivando los muebles de firma. Saludó a David con esos besos que no son tales, que evitan tocar el rostro del supuesto besado para proteger el maquillaje. Se sentó frente a él y con coquetería cruzó las piernas. En la esquina se lucía una mesa plena de fotos de Rincón junto a personalidades, en la que destacaban unos bongós usados y firmados por Ramón «Mongo» Santamaría, el legendario músico que había arrancado su carrera en el Club Tropicana y que luego, a mediados del siglo XX, se había movido a Nueva York, tocando con las mejores orquestas de salsa del mundo. Anastasia chequeaba de reojo en un pesado espejo que su postura fuera la correcta.

«Saludos te manda Romel», fueron las primeras palabras de Anastasia. «Dile que estoy pendiente de su chequecito», informó David saltando a la agenda del día:

—Las chicas que están con ellos deben presentarles el menú para el almuerzo. Quiero que se sientan bien atendidos, sin presión. Mantén alerta al equipo de relevo para la tarde y, como es usual, está atenta a la posibilidad de que activemos a las muñecas exclusivas para grandes casos. Esta jornada es clave para mí. Debo tener resuelta esta negociación hoy.

David aprendió rápido sobre acuerdos de mucho dinero. Al poder se había acercado gracias a las afortunadas relaciones de su padre, viejo dirigente de izquierda que se había visto forzado a abandonar sus estudios de medicina para mantener a su familia como vendedor de seguros. En la lucha política tuvo que pagar tres años en prisión, tiempo en el que construyó una sólida amistad con el entorno de Chávez, que ya en el poder, lo llevó al Parlamento como diputado.

El padre de David se había resignado a que su hijo era flojo, mal percusionista, mediocre cantante de salsa y eterno aspirante a que alguien lo mantuviera en la bohemia. Lo último lo logró cuando su primo Sugar Rodríguez fue nombrado presidente de Petróleos de Venezuela. El papá de este también había sido guerrillero. El muchacho resultó más aplicado que su primo en los estudios. Sugar llamaba la atención por su gran tamaño y sus gestos delicados que lo presentaban como un hombre de finos modales que le permitían congraciarse con adinerados.

Apadrinado por veteranos hombres con influencia sobre el comandante, entre ellos Carlos Manzano, consiguió que lo promovieran a la presidencia de un organismo inventado para estructurar el plan nacional para el consumo de gas, Enagas, ente afiliado al Ministerio de Energía y Petróleo. El antecedente es recordado por pocos. Lo difícil de olvidar es que durante el paro petrolero en el año 2003, en circunstancias de presión política en Venezuela, hizo alianza con el propietario de barcos William Pineda para fracturar el paro de los buques que estaban atascados en Zulia, el estado de mayor producción en el país. Pineda había sido de la Marina Mercante y estaba a la caza de una oportunidad para amarrarse con los negocios del chavismo. La estrategia le resultó y Chávez se solidificó en el poder. Sugar fue premiado y se instauró en el primer anillo del comandante, donde se mantuvo hasta meses después de su muerte. Con seguridad, es uno de los cinco personajes con el más voluminoso monto asaltado a las arcas venezolanas.

En línea directa con el presidente, pasó a ser el jefe de Petróleos de Venezuela, a lo que sumó el cargo de ministro de Energía y Minas. La chequera del país quedó en sus manos. La venia la obtuvo el día que en un acto político sentenció que PDVSA era «roja rojita», refiriéndose al color del partido oficialista. Convirtió así a la principal empresa venezolana, en una maquinaria populista, empleadora de votos y fuente de una gigantesca corrupción que se ejecuta con rojo sangre.

David no es un hombre atractivo. Ni siquiera simpático, ni culto. Con tendencia a la egolatría, se vinculó con mucha gente a través de la música. «Eso en las latinas funciona muy bien. Si un hombre sabe mover sus caderas bailando salsa, las mujeres piensan que lo hace igual en la cama», insistía. Eso en David no aplicaba, pero tenía dinero. Y como le atraían las muñecas, podía antojarse de convocar a su cuarto a la que poseía el título de reina de la belleza. Y si no, a la segunda, tercera, cuarta, o a varias de ellas juntas. Tenía en sus cuentas para comprar una isla o pagar la deuda de un país. «¿Qué mujer iba a negarse ante sus solicitudes?», repetía. Construyó lo necesario para apagar sus frustraciones, alimentar sus perversiones y callar los rumores respecto a sus fallas fisiológicas. Y lo más importante: David planificó una estructura con mujeres al servicio de sus negocios.

Rincón consolidó como manera de relacionarse, derrumbar resistencias y comprar simpatías. En una ocasión pretendieron evitar que formara parte del Country Club de la riqueza rancia de Caracas. Miembros de la directiva intentaron bloquear su ingreso ante su ausencia de casta y mala fama. Entonces procedió a lo que mejor sabe hacer. Ablandó opiniones regalando «Rolex Day Date» de oro amarillo. Su incorporación fue aprobada.

Para acceder a las mujeres con marca —porque para David son igual que un Rolls Royce o un Lamborghini— encontró la complicidad de Romel Bustamante, quien venía ejerciendo los servicios de intermediario sexual con ganancias. Su éxito en construir ganadoras en eventos internacionales, lo aprovechó para escapar al control de los propietarios del concurso. Delinquió en trata de blancas ante el silencio cómplice de la sociedad.

Al principio, su accionar inmoral era difícil de probar. Fueron pequeños detalles que más parecían de un ladronzuelo, como los casos de padres de algunas concursantes que hacían sacrificios para que sus hijas aspiraran a la corona y terminaban timados en su buena fe. Una aspirante al evento de belleza requiere —si pretende figurar— de una compleja parafernalia que resulta costosa. Hasta unos zarcillos pueden costar una fortuna. Romel solía ofrecer y vender los adminículos como originales de firma, cuando los había comprado en el barrio chino de Nueva York. Si alguien se daba cuenta, nada se decía. Romel tenía la última palabra en el Señorita Venezuela, el segundo producto de exportación del país, conclusión apoyada en estudios de mercado. Esos actos de pillaje de Romel eran silenciados por un círculo indefenso que tenía la esperanza de resolver a su familia, si su niña lograba la corona. Y el país se rendía de agradecimiento ante la alimentación del orgullo por la belleza de la mujer venezolana, convertida en cosa, transformada en muñeca.

En lo que David hizo alianza con Romel, el negocio se manejó ejecutivamente. Anastasia, mujer de su confianza, fue designada por Romel para cruzar el punto del tejido necesario con la sutileza requerida. Las citas eran presentadas como un asunto de imagen de la institución para el bien de las muñecas. Vistos los inmediatos beneficios económicos, era de esperarse que algunas dijeran que sí, aunque no todas las chicas se dejaron comprar por el oro y el petróleo. Romel confiesa molesto y en privado, cuánto le sorprende que existan niñas que resistan su presión. En su cabeza no cabe la opción de que una mujer cuyo cuerpo es para ser comercializado, se niegue a obtener fortuna bajo el argumento de la decencia.

David desde pequeño quería cantar, ser reconocido, aplaudido, no solo por las masas, sino por lo más exquisito de la música. Con el gobierno de Chávez podía cumplir su sueño. Hablar de cultura y ser benefactor le permitían mostrar un corazón deseable, para endulzar cualquier duda que pudiese generar la violenta prosperidad de un joven sin profesión ni talento —salvo ser primo de Sugar Rodríguez—, que había pasado de vivir del timbo al tambo en apartamentos de clase media, a ostentar una vida de multimillonario.

Una Fundación sin fines de lucro venía como anillo al dedo. La filantropía mostró nuevos caminos para transitar lavando su cara. Y le aseguraba diversión como mecenas de artistas reconocidos que, en otra circunstancia, nunca habrían compartido una tarima con él.

«La Fundación David Rincón resultó —como contaría su padrino, el político Donato Bravío— en una agrupación filarmónica con casi un centenar de músicos, dirigidos por afamados y apreciados arreglistas, intérpretes y compositores, a quienes pagaba sumas astronómicas. En su juego y su ego, con la coartada de benefactor, se cancelaban salarios de centenares de miles de bolívares para acompañar en un hotel de lujo a un desafinado David que se emocionaba con los aplausos de su séquito de espalderos».

Las excentricidades de Rincón sorprendieron a un par de humoristas venezolanos. Se trataba de unos actores famosos que tenían recelo de asistir a una misteriosa función. Para evadir la propuesta exigieron condiciones casi incumplibles para un cliente cualquiera. Los requerimientos fueron aceptados sin ripostar por una señora que parecía decente. «Nada que perder», pensaron ellos. La formalidad de la dama que los contrató disipó dudas. Al llegar al salón del hotel ya estaban arrepentidos. Su incomodidad se acrecentó al constatar que la presentación no era privada. Era íntima. Destacaba un sujeto rodeado de una escasa corte de mujeres y hombres. El personaje tenía en sus piernas un par de chicas que manoseaba con procacidad, bajo el fondo de risas masculinas que baboseaban tragos entre copas a rebosar de Dom Pierre Perignon o vasos de whisky etiqueta azul. El protagonista del espectáculo era David. «No soportamos ni diez minutos tamaña humillación. Nos pagaron con bolsas de dinero en efectivo, como hacen los narcotraficantes», confesó avergonzado uno de los profesionales.

David Rincón y Sugar Rodríguez eran una sociedad pública que se lucraba como una empresa privada. El asunto no es fácil de comprender por lo descarado del hecho. El Fondo chino-venezolano ha sido un ente de cooperación binacional para el financiamiento de proyectos en Venezuela conformado por aportes del Banco de Desarrollo Chino y el Fondo Nacional para el Desarrollo Nacional (Fonden). Sugar Rodríguez desde la directiva de ese Fondo entre 2007 y 2014, ejecutó 36 millardos de dólares. El acuerdo, leonino para Venezuela, obliga a pagar más de 400 mil barriles diarios y a contratar a empresas del país asiático para obras financiadas por el Fondo. ¿Y quién era el representante de los chinos para ello? David Rincón.

La trama incluyó pago de comisiones y sobornos por concepto de contratos en el sector de los seguros y reaseguros de PDVSA y de diversas áreas contempladas en el Fondo chino-venezolano del que Rincón era el mayor operador.

Los bolsillos de David también se llenaron con el sector eléctrico. Años después, en investigaciones adelantadas en la Banca Privada de Andorra, se probó que gran parte de las transferencias provenían de empresas públicas chinas que recibieron millonarios contratos en el marco de la emergencia eléctrica que había decretado Chávez en el 2010.

Rincón desplegaba delitos. Un reportaje del diario *The Wall Street Journal*, firmado por respetados periodistas, publicó sobre la expectativa para un encuentro entre los directores de unas constructoras de España y el entonces presidente de Petróleos de Venezuela. Su interés era licitar para un proyecto de energía eléctrica calculado en 1.500 millones de dólares. Cuando los ejecutivos llegaron a la *suite* presidencial del JW Marriott de Caracas, quien los recibió fue el primo del presidente de PDVSA. Con las dos personas que asistieron a esa reunión en el 2006, David fue directo: «Si quieren entrar en carrera, los españoles tienen que pagar por lo menos 150 millones de dólares en sobornos. Si no, mejor regresen al aeropuerto». Los ejecutivos rechazaron la exigencia.

Rincón solía regodearse en el cinismo. Se quejaba de obstáculos para operar con los chinos. En un posterior juicio por depósitos irregulares en la banca privada de Andorra, declaró: «Ellos no entregan así por así, 50 millones de dólares. El dinero lo dan amarrado a determinados proyectos: plantas eléctricas, autobuses, servicios, obras que obligan a contratar con ellos».

David ensambló un sistema sofisticado y millonario con tentáculos en ciudades de China, y en Miami, Londres, Madrid, Caracas y Dubái, donde tenía empleados y cómplices. El *modus operandi* podía variar de acuerdo a cada país. En China actuaba en sociedad con la embajadora de Venezuela y el representante para los negocios de PDVSA. Ellos, que eran parte de su nómina, le avisaban cuándo había una oportunidad de transacción y se movilizaban a canalizar la oferta que interesaba al país asiático.

Este accionar quedó evidenciado en la rogatoria de la fiscal de Andorra a la representante del Ministerio Público de Venezuela en el año 2012, en la que se demuestra cómo se intercambiaban y se hacían transferencias entre sus cuentas.

El desparpajo de David quedó documentado cuando la Fiscalía indagó respecto al origen del dinero. Sus declaraciones fueron grabadas por la Guardia Civil española. Rincón admitió ser el representante de las empresas chinas y explicó que ese dinero era producto del cobro de sus comisiones, es decir, de su trabajo.

David sabía que a los chinos no les podía cancelar sobornos en forma directa porque en ese país el control es mayor. Había estudiado cuáles eran las alternativas más eficientes y satisfactorias para sus clientes. Los llevaba a distintos lugares, les compraba un apartamento, un carro, les ofrecía reinas de belleza. Utilizaba su estructura de negocios.

Para las operaciones con los chinos era imprescindible la firma del presidente del Fondo, Sugar Rodríguez, su primo querido. Ambos cobraban y se daban el vuelto. Un negocio redondo con una inmensa estructura que extendieron hacia Irán y Bielorrusia.

En la visita de los chinos a sus oficinas, Rincón pretendía agilizar el papeleo. La burocracia de los asiáticos le impacientaba. «Las chicas están haciendo su trabajo, pero quisiera que supervisaras que nada se saliera del guion. Me sentiría más tranquilo si te quedas cerca vigilando. Dile a Pipina que te instale en la oficina anexa para que no separes los ojos de los monitores», le solicitó David a Anastasia. «Todavía ni una sola insinuación de sexo», agregó. «Tengo listo mi equipo de relevo, pero quisiera que autorizaras para que suba mi estilista de confianza, tú lo conoces, Tim. Ya sabes, él casi ni habla. Necesito retoque para las chicas que ya tienen rato en este trajín», requirió Anastasia. «Jenny viene con Margarita más tarde», recordó David, quien ante el mohín de desagrado de ella agregó: «Esto de hoy es muy importante y vamos a necesitar refuerzo de veteranas». Se volvió sin dar más explicación.

A Tim le encantaba ese lugar, tan lindo como un castillo de Disney. Él estaba guapo, arreglado para ese escenario de ensueño. Le emocionaba tener una misión encomendada. Debía tratar de introducir una de las cajas de maquillaje en el salón privado donde Rincón se reuniría con el jefe de los chinos. Resultaba un paso de dificultad. Solo a Anastasia y a las muñecas cotizadas por premios internacionales les es permitido ingresar allí. Aún parecía temprano para que ellas estuvieran. Cuando eran convocadas, caminaban por los salones sin un fin específico. No servían tragos, en realidad desfilaban. Si su presencia llamaba la atención, recibían la invitación para tomar unas copas y conversar con el ejecutivo que mostrara interés. En esas oficinas no solía ocurrir nada más. Tim sabía que las citas posteriores se concretaban en un yate o en un lugar exótico y lejano como Dubái.

Tim había ido tres veces al hotel Burj Al Arab. La primera vez que vio el famoso edificio, emblema de uno de los siete emiratos que conforman los Emiratos Árabes Unidos, se paralizó su respiración. Él lo había observado en fotos de revistas con su forma de vela blanca. Mirarlo en la noche transformado en múltiples colores, lo electrizó. Se incorporó a la historia de Las Mil y Una Noches. El hotel, situado en medio del mar, abunda en mármol, terciopelo y oro.

David había reservado para la actriz Rumy Fox y un empresario argentino, en una de las *suites* de lujo. Tim la acompañó. El servicio contaba con una brigada de mayordomos que agitó sus deseos. Uno de los jóvenes de origen español con quien hizo amistad, le comentó que cada cama tenía catorce tipos de almohada. Tim comió hasta la saciedad. Por pocos ratos fue requerido. Debía controlar el pelo rebelde de Rumy y aplicarle masajes en el rostro para reducir estragos del trasnocho. Durante cuatro días no salieron del lugar. Ni falta que hacía. Tenían playa privada, chef y bar para ellos solos. Rumy era de absoluta confianza de David y amiga íntima del naviero William Pineda, quien a su vez se la llevó a Chávez. Ella solía estar disponible para atenciones especiales. Había estado cerca de lograr la corona del Señorita Mundo y en la actuación no le había ido mal. Terminó vinculada a empresarios y con ellos a diversos negocios, algunos teñidos de escándalo. La prensa rosa registraba sus fracasos en el amor. A Tim le molestaban sus rabietas. Le parecía muy linda aunque los años venían sin remedio.

Tim se impacientó en un salón donde nadie se le acercaba. Se había comido unas galletas que estaban en un platito con borde de oro, que con gusto se llevaría para su casa, y se había tomado cuatro tazas de un té verde que estaba en una jarra. Ya no resistía el impulso de ir al baño, iba a tener que salir, lo que significaba incumplir las estrictas indicaciones de Anastasia, cuya orden había sido que no se moviera del salón bajo ninguna circunstancia. Apenas abrió una puerta buscando el pasillo que lo condujera a vaciar su vejiga, fue interceptado por un rubio inmenso del equipo de seguridad, de esos que tienen audífono y micrófono incorporados. Tim le explicó, le rogó, que lo guiara hacia el baño. El personaje parecía de piedra. Tim ignoraba que hacía muy poco había llegado al edificio Sugar Rodríguez, lo que activaba un complejo sistema de seguridad del cual estaba siendo víctima. Al estilista empezaba a bajarle la tensión. Unos pasos femeninos y la visión de Jenny y Margarita lo aliviaron. No se atrevía ni a hablar con las piernas cruzadas dando saltitos. Las chicas sonrieron al guardia para quienes ellas eran caras conocidas y lo llevaron dos entradas más allá, escondiéndolo de la vista del vigilante. Esperaron a Tim en la puerta. «En 15 minutos retocarás muñecas», le anunciaron.

Hacía tres semanas que Tim no sabía de los americanos. Anastasia le había pautado estar a la 1 y media de la tarde en el edificio de David, cuando los amigos de la clave «Luisa Estela» le notificaron que debía cumplir con un trabajo algo más delicado que los anteriores. Significaba penetrar el salón donde Rincón solía tomar tragos y fumar habanos con los invitados especiales.

Los americanos manejaban antecedentes de negocios sucios perpetrados a través de la empresa petrolera venezolana. El caso de Francisco Illaramendi fue uno de ellos. Se trataba de un operador financiero sentenciado por fraude masivo a trece años de prisión en una corte de Connecticut, Estados Unidos. Illaramendi había fungido como asesor del Ministerio de Finanzas y de PDVSA. En 2011 se declaró culpable de fraude al dirigir a varios inversores a perder más de trescientos millones de dólares y a la petrolera venezolana más de quinientos millones de dólares. En su confesión aseguró haber sido presionado por funcionarios del gobierno para delinquir.

Los americanos sabían que en las oficinas de David se sellaría trato con los ejecutivos de tres compañías chinas. Ese acuerdo se materializaría en decenas de transferencias de cientos de millones de dólares en cuentas de empresas de maletín de David Rincón y Lucio Marín, su cómplice y testaferro. Lograrían comisiones a cambio del otorgamiento de contratos con sobreprecio autorizados por el ministro de Petróleo y presidente de PDVSA y del Fondo chino-venezolano, Sugar Rodríguez. La sospecha de los americanos era que parte de ese dinero obtenido por corrupción, sería depositado en cuentas en Estados Unidos y utilizado para actividades ilícitas como el narcotráfico y el terrorismo.

Tim esperaba que transcurrieran los quince minutos. Estaba un tanto agitado, aun cuando había aprendido a mantener el control. Solo una vez sus nervios explotaron. Tenía que ir a Miraflores porque Rita lo había solicitado de emergencia: «Necesito cambiar el *look*. ¡Dios! Vienen unos guerrilleros y Hugo quiere que al final de su reunión me tome un café con ellos. Corre y tráeme una estampa sencilla que tengo en la tintorería». Los americanos le habían ordenado que introdujera una pintura dentro de la cartera de Rita. En pleno ataque de pánico, lo llamó Margarita. «Estás nervioso, ¿qué te sucede?» Y él se desahogó contándole que era un agente encubierto. «¡Yo sabía que algo raro te había sucedido en Miami!», exclamó la astuta prima. «Regresaste muy extraño de Las Vegas».

Tim se confesó con ella. Le narró sobre misiones, le explicó la atención que debía poner en ciertos temas y la manera sencilla en que establecía contacto con ellos. «Dime cómo lo haces —presionó— necesito saberlo». Y Tim le contó detalle tras detalle.

Así se inició el proceso de Margarita para ser incorporada al equipo. Tim ignoraba que el comisario Orlando Arias y el resto de investigadores en Miami, tenían interés en reclutar a su prima. Consideraban conveniente que Tim se apoyara en alguien con agallas. La condición irreductible impuesta, fue que ella tenía prohibido utilizar su misión para beneficio de sus amigos delincuentes, ya conocidos por los americanos. Ella aceptó. No era tonta, sabía que era una gran oportunidad y no la arriesgaría por sus malandros.

Tim maquilló y peinó a cuatro jóvenes que estaban emocionadas porque tal vez podrían conocer al presidente de Petróleos de Venezuela. Tim sabía que al señor Sugar las chicas le eran indiferentes. Las cuatro habían sido escogidas para quedarse hasta más tarde y departir con los ejecutivos, lo que podría significar contratos posteriores. Vilma, una de ellas, estaba incómoda y pedía hablar con Anastasia. «Creí que era un trabajo de atención a un cliente. No pensé que sería tan privado», comentó a otra muchacha que la calmó: «Nadie debe espantarse porque le toquen una nalga. Te aseguro que esos señores de eso no pasarán».

Tim estaba en la dificultad de decidir cómo iba a colocar el estuche de maquillaje. Los temores de Vilma sirvieron de excusa para ofrecerle tranquilidad en un jardín interno que llamaba la atención de sus visitantes por un exótico acuario. Allí podría pensar mejor. Margarita lo abordó en el camino y le habló al oído: «Te voy a mandar a llamar para que retoques a una de las chicas. Deja el estuche ahí que más tarde yo me encargo de sacarlo». Con ojos brillantes, Tim respondió: «entendido».

En las oficinas de Rincón nadie imaginó que en dos semanas se iba a producir un pavoroso accidente en el que los primos se verían involucrados y que quedaría en la historia como una gigantesca tragedia, advertida por los lugareños sin que se tomaran medidas.

La explosión se produjo a la 1:07 de la madrugada del sábado 25 de agosto de 2012, tras una fuga de gas propano en la refinería del complejo de Amuay al occidente del país, una de las cinco mayores del mundo, perteneciente a Petróleos de Venezuela. En su primera declaración, Sugar Rodríguez atribuyó la causa de la explosión a la formación de una nube de gas tras una fuga. En paralelo, una verdad afloró: la oscura relación de la estatal petrolera con empresas aseguradoras y reaseguradoras.

Trascendió que fraguaban proteger a la empresa Oeste de Seguros y a su propietario, Florencio Miranda, dueño también del Banco del Oeste Social, BOS, que tenía en sus manos la póliza con la que debía pagar.

David y Sugar decidieron lanzar la hipótesis de que la acción había sido un atentado, versión que al gobierno de Chávez calzaba siempre, y a ellos les permitía salvar a su amigo, el banquero rojo. Con la historia del sabotaje deliberado eliminaron la posibilidad de que el Estado cobrara 320 millones de dólares de la póliza de seguro. Inventaron la circunstancia de que «alguien» había causado daño de manera intencional para desaparecer la responsabilidad de la empresa aseguradora o de la reaseguradora, salvándolas de pagar el monto establecido.

En la explosión fallecieron cuarenta y dos personas, cinco fueron declaradas desaparecidas y más de ciento cincuenta resultaron lesionadas. Destruidas quedaron instalaciones industriales, locales comerciales, escuelas y viviendas con daños calculados en más de 1.800 millones de dólares. Las víctimas nunca fueron indemnizadas.

Al finalizar la transmisión de la intervención en la que Sugar ratificó ante la prensa que la tragedia había sido consecuencia de sabotaje deliberado, David fue agasajado en Madrid por su amigo Florencio Miranda.

Sugar Rodríguez se sentía muy cómodo con su primo. Había algo en el desparpajo, en ese sentido de la bohemia que le generaba envidia fraterna. Con David podía comportarse a sus anchas. Y aun cuando Sugar era el jefe responsable, los igualaba la complicidad del delito para desviar hacia rutas ilícitas 350 mil millones de dólares. Dinero que dejó de ingresar al Estado venezolano.

Han sido varios los negocios ejecutados por Sugar y su familia. Destacan las operaciones fraudulentas a través de la especulación financiera, donde jugaban con la enorme brecha cambiaria entre el dólar libre y el oficial. Convenios en los que Venezuela perdía. La lista de beneficiados por contratos millonarios asignados a dedo desde la empresa petrolera, es larga y conveniente para el negocio de Sugar. Tal desenfreno de corrupción el comandante lo autorizaba. Con Sugar consolidaba el negocio familiar de los Chávez y con su gestión en PDVSA extendía su poder de influencia y control dentro y fuera del país. El bienestar de los venezolanos no estaba planteado.

Sugar Rodríguez también sacó provecho a su cargo de presidente del Estado Mayor Eléctrico. La crisis del sector que detonó en el 2010, mostró nombres de una nueva generación de socios incorporados a los negocios del gobierno. Rewick Associates y sus aliados, bautizados como los eléctricos, fueron beneficiados con 2.200 millones de dólares en perjuicio del país.

La grotesca corrupción y enriquecimiento de David Rincón explotó por tierras lejanas a Venezuela en Andorra, en cuya banca privada se descubrió una red de delitos financieros que involucró a los bancos de ese principado que facilitaron transacciones a grupos de delincuencia organizada y donde los funcionarios de la entidad financiera cobraron comisiones incalculables. Las mafias china y rusa aparecieron en el registro sin sorpresas. Las cuentas de fondos desviados de Petróleos de Venezuela saltaron en la opinión pública. Los organismos encargados de investigar se activaron ante las evidencias de lavado de dinero. Rincón estaba señalado.

Cuando trascendió el escándalo de Andorra, la grabación lograda por el trabajo de Tim y Margarita tenía rato en manos de los americanos.

Se comprobaba que una de las principales empresas petroleras del globo había sido convertida en una maquinaria criminal.

# { IV }

La primera escala que hicieron Tim y Rita fue en Cartagena, Colombia. La Barbie debía entregar un mensaje de Chávez a uno de los jefes de las FARC. A Rita esos personajes se le hacían supremamente insoportables, pero el comandante andaba en mala racha y ella quería ayudar. Rita había comentado su preocupación por el deterioro de la salud de Hugo y lo difícil que resultaba verlo desde que había trascendido su enfermedad. Igual ella se las ingeniaba y se mantenía cercana a militares del entorno de Chávez y de su gente de confianza. El viaje para encontrarse con los guerrilleros Rita lo asumió como un gesto revolucionario. Tim sabía que ella esos favores los cobraba.

La escala siguiente fue en República Dominicana. Rita vivía un *affair* con un abogado chileno cercano a Michelle Bachelet y lo había invitado a su mansión en Punta Cana. Tim ni siquiera tuvo que prender el secador de pelo. Con ese novio Rita se repotenció. Luciendo un bronceado envidiable siguieron hacia Palm Beach en Wellington, una de las propiedades de Alberto Armas. Este era el destino que ilusionaba a Tim. Más aún, sentía que su corazón iba a explotar porque vería a su novio. Estaba enganchado con Armando, un amigo de Divino, el hijo de Alberto Armas, que junto al destape de su adolescencia había liberado su sexualidad. «Para mí —pensaba Tim— ese muchacho se rebela contra su padre militar que se la da de machote». Divino era un tanto extraño, tal vez por eso le agradaba a Tim, con su tendencia de proteger a los frágiles. El chico lo invitaba a recorrer a caballo su propiedad. Cabalgaban en un campo ecuestre y otro para jugar golf. En una de esas travesías le presentó a Armando, hijo del comandante del Ejército venezolano. Tim y Armando se enamoraron. De eso hacía algo más de dos años, y aunque sus encuentros eran ocasionales, con él sentía una conexión única. Armando llegaría mañana y podrían estar juntos. Tim dormía en el área para los trabajadores de servicio, donde se movía a sus anchas.

Nadie se tropezaba ni molestaba en la mansión de los Armas. Tim había leído en una revista de diseño que la propiedad medía 9.500 pies cuadrados y la casa principal contaba con 6 dormitorios y 8 baños completos, más tres *suites*. Tenía dos piscinas, alrededor de una de ellas terminaban las veladas íntimas —cuando el calor no era muy agobiante— con una cocina al aire libre en la que un chef deleitaba con delicadas exquisiteces.

En el exterior de la casa había cuatro terrazas cubiertas con cortinas de gasa blanca y un poco más allá estaba el spa en el que se internaban los amigos para expulsar las consecuencias de los vapores del alcohol y otros productos.

Rita se alojaba en la casa principal. Ella se refería a «mi habitación», que era una de las *suites* cuyo baño era dos veces más grande que el apartamento donde Tim vivía alquilado en Caracas.

Alberto les había enviado su jet privado a República Dominicana. Cuando llegaron, en una de las terrazas divisó el cuerpo de su jefe, Romel Bustamante, meciéndose en una hamaca blanca. Cerca, su perrita Cilia se juntaba con los dos cachorritos de los Armas con certificado «pedigree». Tim saludó desde lejos con la discreción que acostumbraba.

La parte interior de la casa era Thai. Un elefante de oro y estatuas de buda gigantes y pequeñas, flanqueaban las esquinas de la mansión.

Tim sabía que tendría libre el resto de la tarde. Su misión era reportar a los americanos sobre la conversación de negocios entre Alberto y Rita prevista para el día siguiente. No sería un trabajo fácil. Divino Armas nunca participaba en eventos sociales y cuando había visita no se acercaba a los salones principales. Así lo preferían padre e hijo. Alberto no había podido procesar que Divino fuese tan femenino y aunque tenía una novia, para la sociedad venezolana estaba claro que su hijo era gay y eso le irritaba. Divino se había acostumbrado a sus propias celebraciones con amigos. Para Tim era motivo de orgullo haber establecido amistad con el hijo del propietario de esa mansión americana.

Tim recibió la noche en el área de descanso con su cuerpo atestado de comida y bebida. Estaba pegado con Call of Duty, un videojuego ambientado en la Segunda Guerra Mundial, con combates de la época y que ante el éxito, le habían creado otros escenarios de conflicto. Se quedó dormido sin darse cuenta.

Lo despertó el ajetreo de los pasos y la voz de la señora Rumilda, que le comentaba a Pepe, su esposo y chofer de la residencia, que Romel tenía una llamada urgente desde Caracas y tendría que levantarlo de la cama. «¡Qué pena! Deben haberse acostado después de las 3 de la mañana. Esa fue la hora en que yo me dormí», contó Rumilda con voz de cansancio, sin saber que alguien la estaba escuchando.

Tim sintió un brinco en su estómago. Un mal presentimiento le asaltó.

Romel Bustamante roncaba plácido cuando tocaron la puerta de su habitación. Se había excedido con el postre —los dulces eran su debilidad— y tanta azúcar le había dificultado conciliar el sueño. Tuvo que tomar una pastilla para dormir. Rumilda escuchaba las voces del televisor prendido, sabía que Romel tenía miedo al silencio. La señora tuvo que golpear la puerta varias veces con mucha fuerza. «¿Qué pasó?», se levantó Romel sobresaltado tratando de ponerse la bata y sus pantuflas. «Tiene una llamada urgente de Venezuela, es su asistente, la señora Anastasia», respondió Rumilda. «Dígale que me llame por el celular que ya lo enciendo». «Enseguida, señor. ¿Quiere que le prepare una manzanilla, té, un café? —preguntó ella servicial—, dígame qué desea». «Una manzanilla estaría bien», dio por respuesta Romel sin dejarla pasar. Avergonzado de su facha, se alisó el pelo con las manos y trató de detener en su mente una cascada de nefastas noticias.

Anastasia alterada se lo dijo sin saludarlo: «Margarita está solicitada por el CICPC como cómplice en la fuga de uno de esos novios malandros que ella tiene en prisión. Los medios de comunicación y las redes sociales ya registraron la noticia. Y, por supuesto, están recordando que es el tercer caso policial que estalla en dos semanas donde está involucrada una de tus niñas que ha pasado por el concurso». «Ella no pasó por el certamen», la interrumpió Romel alzando la voz. «Bueno, querido, estuvo inscrita y aceptada, la gente no sabe diferenciar entre ella, que no superó el segundo filtro, y otras chicas que sí. Creo que de nada valen las aclaratorias. El lío está en la calle y en lo que apresaron a una de las nuestras, la gente mete a las otras muñecas en el mismo saco. Además, Margarita colabora con nosotros y los periodistas lo saben, es amiga de los amigos, estamos en el mismo canal de televisión, etcétera, etcétera, etcétera», enumeró Anastasia cargada de ansiedad por la demora en haber encontrado a Romel. «No se te ocurra abrir la boca. Tengo que pensar. Supongo que el canal algo dirá. ¡Qué desastre!». Romel trancó el teléfono sin despedirse, llorando con una rabieta que no se le detuvo hasta que lo venció el sueño.

Las otras dos chicas a las que se refirió Anastasia eran Belén Zamora, modelo y actriz, y Eleonora Rosales, Señorita Zulia 2008.

A Eleonora la habían hecho presa tres semanas antes —no dos como mencionó Anastasia—. El suceso se había iniciado con la detención de Daniel Barrera, el narcotraficante más buscado en Colombia. Sus compinches de faena le decían «el Loco» y había sido atrapado en Táchira, al occidente de Venezuela. Eleonora era una de las novias del «Loco».

La detención del «Loco Barrera» había ocupado los titulares de los medios. El presidente de Colombia, Juan Manuel Santos, oficializó la captura asegurando que había caído «el último de los grandes capos». Detalló que en el procedimiento participaron autoridades de inteligencia de Inglaterra, Estados Unidos, Colombia y Venezuela. Cinco millones de dólares era el precio puesto a su cabeza, clasificada en código Interpol bajo el A-28955-2010.

Barrera era considerado uno de los jefes más importantes de las Bandas Criminales Emergentes al servicio del narcotráfico, Bacrim. Había sido el principal cliente de las FARC, a quienes les compraba cocaína y de ellos recibía protección. Terminó siendo su enemigo al asociarse por conveniencia con las autodefensas o paramilitares para lograr el control del negocio de la cocaína.

Barrera fue detenido en una cabina telefónica en la ciudad de San Cristóbal. Tenía meses siendo perseguido y estaba procurando negociar su entrega. Poseía centenares de propiedades entre Colombia y Venezuela. Como buen narco, gustaba de lujos y caprichos. Disponía de carros Porsche, BMW, Mercedes Benz, Alfa Romeo y Jaguar. A su esposa la había enviado a Argentina con sus dos hijos. Mantuvo a su alcance tres amantes. Una de ellas lo ayudó a quemar las puntas de sus dedos con ácido para borrar sus huellas dactilares.

En el par de meses que estuvo detenido en Venezuela, antes de esperar traslado a Colombia como paso previo a ser extraditado a Estados Unidos, «el Loco» gozó de privilegios. Sus habanos favoritos le eran proporcionados, así como los libros de su guía espiritual, el Dalai Lama.

«El Loco», huyendo de la justicia, agobiado por la desconfianza —que de poco le sirvió porque lo traicionaron sus compinches— solía cambiar de lugar su dinero en caletas móviles. Para hacerlo compró decenas de camiones 350 convertidos en bóvedas para guardar grandes cantidades en efectivo que trasladaba a distintos sitios.

Tal vez para ese fin, dos semanas antes de la detención, Eleonora Rosales, Señorita Zulia 2008, compró seis contenedores que serían llevados a una quinta propiedad del «Loco» en la ciudad llanera de Guanare, estado Portuguesa, y que era cuidada por Jaime Aguirre, uno de sus hombres de confianza. Eleonora también había adquirido una posada en Tucacas, estado Falcón. Las propiedades fueron pagadas en efectivo. Y aun cuando ante el tribunal que la juzgó, Eleonora insistió en que ese dinero era producto de su ahorro personal, ni el Ministerio Público ni el Tribunal le creyeron, por lo que cuatro años después fue sentenciada a ocho meses y ocho años de prisión por los delitos de legitimación de capitales y asociación para delinquir.

A Anastasia le desagradó Eleonora desde que llegó al concurso. La niña captaba la atención con su largo pelo color azabache. Traía un antecedente de violencia como víctima. Su novio le había dado una golpiza con un arma de fuego hasta hacerla sangrar. A criterio de Anastasia, Eleonora era malcriada e indisciplinada. Nadie olvidó el ensayo general del Señorita Venezuela, cuando una de sus chaperonas se cayó al tropezar con un cable de electricidad y ella le gritó: «Ojalá te electrocutéis, maldita». Anastasia la soportaba hasta con amabilidad porque andaba de la mano del dueño de Tiendas Carrie, Miguel Chusma, amigo de Romel y principal patrocinante. Anastasia enfurecía porque Eleonora salía de compras y al regresar restregaba sus lujos a las otras concursantes y a ella. Tres veces cambió Eleonora de vehículo durante el concurso. El último fue un BMW. «Esas cosas hay que manejarlas con discreción. Tanta ostentación desacredita el negocio de las muñecas», se dijo la asistente de Romel.

A Anastasia la sorprendió que hubiesen apresado a Eleonora. Sabía de sus cercanas relaciones con el oficialismo. A Eleonora le gustaban los hombres con poder adquisitivo. Estaba muy clara la niña. Pasado el concurso había coqueteado con el conocido expelotero Potro Agachao, trató de incursionar en el modelaje con un desnudo en la revista *Playboy Venezuela* y desafinó en un video junto a otro grandeliga.

Anastasia y Romel se enteraron de que Eleonora se casaría con un actor mediocre, cuyo hermano había tenido un romance con una de las hijas de Chávez y pensaron que la chica se había aquietado.

Ya fuera del concurso, Eleonora mantuvo la costumbre de publicitar sus bienes de riqueza. Ropa de firma, vehículos de lujo, viajes en avión privado, fueron descripción espontánea de testigos al ser interrogados. Sus privilegios cesaron el día en que funcionarios del Destacamento 14 de Seguridad Urbana de la Guardia Nacional Bolivariana, la detuvieron en la autopista José Antonio Páez en el estado Barinas cuando se trasladaba en su camioneta Ford Explorer, con su bebé de un año y una señora que trabajaba a su servicio. Seguía la ruta de Barquisimeto a Mérida y los investigadores presumen que sabía que estaba solicitada y trataba de ejecutar un plan de fuga. El «Loco Barrera» ya estaba preso.

En las actas del juicio quedaron registradas una declaraciones de Eleonora tan cargadas de candidez que cualquiera podría pensar que era inocente, de no haberse visto incriminada por evidencia irrefutable. No pudo justificar cuentas bancarias que ella manejaba en los estados Aragua, Carabobo, Falcón, Mérida, Miranda, Táchira, Zulia y el Distrito Capital.

Eleonora en su defensa aseguró que el «Loco Barrera» era un ganadero tan sencillo que la había invitado a tomar un refresco y comer un perro caliente. El encuentro fue en el centro comercial Paraguaná Mall en Punto Fijo, estado Falcón.

Eleonora ignoraba que el gobierno había decidido entregar la cabeza del «Loco Barrera» a solicitud de las FARC, que le tenían una factura pendiente. A la vez, era una manera de congraciarse con Juan Manuel Santos, con quien las relaciones estaban cargadas de contradicciones. En adición, los cubanos estaban involucrados procurando sacar provecho de la pacificación de la guerrilla colombiana.

El «Loco Barrera» sabía cuál era su destino. Desde que lo apresaron se concentró en negociar información a cambio de la esperanza de salir de la cárcel alguna vez. Tenía bajo su manga la carta con la cara de Hassam Fachal, funcionario del gobierno venezolano comprometido con el narcotráfico y el terrorismo. El acuerdo lo logró, porque a pesar del argumento de la Fiscalía de que se trataba de uno de los narcotraficantes más prolíficos y violentos, acusado de dirigir una descomunal red de tráfico de cocaína de miles de kilogramos al año, que expandió su negocio por todos los continentes por más de una década y que le produjo ganancias de millones de dólares anuales, el «Loco Barrera» fue condenado a treinta y cinco años de prisión. Para «el Loco», que tenía 48 años de edad, esa sentencia era un triunfo ante la perspectiva de cadena perpetua.

Eleonora, juzgada en Venezuela, no admitió su culpabilidad. La cobertura de su sentencia —tan solo diez días después de la del «Loco Barrera»— informó que la Señorita Venezuela 2008, la muñeca del capo, había sido condenada.

Belén Zamora, la segunda en ocupar titulares de medios y a quien mencionaron como otra de las muñecas de Romel, no había participado en el concurso. Belén salía en pantalla por la televisora de cable Beside en un programa llamado «Sin ropa». Quien la conocía, la describía como una chica callada y tranquila, aunque su aparente timidez la equilibraba con los escotes. Sus compañeros de la Universidad Santa Rosa, donde cursaba Comunicación Social, le decían «la maestra», «porque enseñaba todo». Belén había sido detenida dos semanas antes de la llamada de Anastasia a Romel. Ocurrió en un operativo del CICPC en la posada La Granada en la población de Higuerote, a una hora de Caracas. Fue apresada junto a su novio Javier Negreti. En el jardín de la posada se encontraron cuatro vehículos: un Kia, dos camionetas Toyota Land Cruiser con letreros que decían «Ministerio para el Poder Popular de las Comunas» (una de ellas registrada a nombre de PDVSA Gas) y una Chevrolet Van en la que encontraron 10 sacos de lona, 7 verdes y 3 negros, con 201 panelas de cocaína. Los investigadores se orientaron a probar su vinculación con el narcotraficante Walid Makled.

Makled, conocido como «el turco» o «el árabe», había alcanzado en menos de cinco años —entre 2004 y 2008— junto a sus hermanos, un enorme poder económico y político en el centro occidente del país. Era propietario de la aerolínea Vuelapostal y tenía negocios en el sector de alimentos y electrodomésticos. A través de la empresa aduanera y de transporte Trancar, logró la concesión del puerto más importante, Puerto Cabello, y del aeropuerto de Valencia, mediante sobornos a funcionarios militares y civiles. Makled encontró una oportunidad para incrementar su fortuna cuando Chávez se asoció con las FARC. Su trabajo era entregar armas a cambio de cocaína y el gobierno colaboró para que cumpliera con su objetivo.

Abdalá, uno de los hermanos de Walid Makled, se había postulado para la alcaldía de Valencia en las elecciones regionales de 2008. Cuando fue arrestado faltaba poco para la realización de los comicios. En un operativo muy difundido, fueron allanadas las propiedades de la familia. En una de ellas encontraron 388 kilos de cocaína. Otros tres hermanos fueron detenidos. Recibieron sentencias entre seis y ocho años de cárcel, con beneficios predecibles de libertad.

Walid fue capturado en Cúcuta, Colombia, el 19 de agosto de 2010 y extraditado a Venezuela el 9 de mayo de 2011, con tiempo suficiente para confesar ante las autoridades colombianas y estadounidenses.

Makled reveló cuáles organizaciones terroristas venían operando. Aseguró que las FARC colombianas traficaban con drogas en Venezuela y que Hezbollah desarrollaba actividades en el país.

Walid Makled se expresó como un socio del gobierno. Recordó haber aportado dos millones de dólares para la campaña de Hugo Chávez en el 2007. Informó de los altísimos pagos que hacía a militares y civiles, y detalló su relación cómplice con el general de la Guardia Nacional Nelson Requena, quien se mantuvo en el poder con Chávez y continuó con Maduro, como jefe de la sangrienta represión. Makled también incluyó en sus confesiones a Hassam Fachal, una de las cabezas del régimen.

El narcotraficante detenido se complacía en aportar detalles escandalosos, como que la exsenadora colombiana Peggy Cárdenas cobraba hasta 150 mil dólares para conseguir una cita con Hugo Chávez, sacando provecho económico a la intimidad entre ambos.

Walid Makled fue condenado en febrero de 2015 a catorce años y seis meses de prisión por tráfico de sustancias estupefacientes y psicotrópicas. La sentencia fue calificada de benévola porque desechó los cargos de asociación para delinquir ante su actuación como jefe de un cartel. Descartó también los señalamientos como autor intelectual —el autor material había sido asesinado— de los homicidios del periodista Orel Zambrano y el ganadero Francisco Larrazábal, en enero de 2009. Prerrogativas de libertad le fueron otorgadas ante la impotencia de la decencia.

Javier Negreti, novio de la modelo Belén Zamora, había logrado fugarse pocos días después de su detención. Dejó en el aire el juramento de que rescataría a su muñeca. Una historia de amor y aventura floreció. Las fotos de ella y su novio con espléndidas sonrisas al ser reseñados, se leyeron como un gesto de rebeldía. Los seguidores en las redes de Belén se multiplicaron. «Las reclusas del Instituto Nacional de Orientación Femenina en Los Teques gritaban: ¡Queremos ver a la modelo! ¡Queremos ver a la modelo! La recibieron con aplausos y como no les permitieron mirarla de cerca, designaron una emisaria para que les firmara autógrafos en trozos de papel o en billetes de baja denominación», reseñó la prensa.

Era la primera vez que Belén estaba detenida. Afectada, meditaba a diario en un proceso de conversión personal y prometió sumarse a la lucha de enfermos contra el cáncer. Su novio, Javier Negreti, estaba en sus pensamientos y lo abrazaba en su almohada rosada en forma de corazón que él le entregó al ser detenido. *Love me*, tenía tejido el cojín. Soñaba con el momento en que sería rescatada por su enamorado.

Año y medio en el Inof cumplía Belén cuando fue trasladada a una prisión en Coro. La consolaron diecisiete hombres, clasificados de gran peligrosidad. «Habrán matado, secuestrado, pero conmigo se portaron bien, súper respetuosos, me escuchaban llorando y me consolaban», recuerda la modelo.

Belén en 2017 no había podido cerrar el capítulo con Negreti. Arrepentida de la relación, asegura que un sentimiento puro la inspiró, que no se enamoró de él por el yate o por el carro y que sufrió al entender que nunca la rescataría. El príncipe desapareció luego de su fuga de la Penitenciaría General de Venezuela. Belén fue la única detenida como cómplice para delinquir en ese caso de tráfico de sustancias estupefacientes y psicotrópicas. Logró un beneficio procesal en el 2014. Promete que junto a su hija enrumbará su futuro. Incursionó en una radio como animadora.

Alberto Armas y su esposa, Valentina, querían legitimar su estatus social en Estados Unidos. Necesitaban limpiar su pasado y perfumar su presente para disfrutar de su fortuna. Romel hacía efectivas diligencias para ello, propiciando la organización de eventos de moda que fuesen de interés para esposas de mandatarios, amigos de miembros de la realeza europea, empresarios y personajes del espectáculo.

Para Romel Bustamante era una relación productiva. Él quería vivir como millonario, y con unos buenos amigos podría lograrlo. Pasando los 70 años, su habilidad estaba en diseñar a la mujer perfecta, partiendo de unos atributos innegociables: juventud, delgadez, altura, pelo y buena piel. El resto lo dejaba a un ejército de cirujanos que moldeaban a la niña según sus indicaciones.

Romel solía relatar haber sido víctima del maltrato de sus padres, que luchaban contra su feminidad y su limitada capacidad de aprendizaje. La oportunidad tocó su vida al ingresar como dibujante de publicidad en la agencia del Señorita Venezuela, donde fue ascendiendo hasta que al morir su jefe se hizo del control. Convirtió el concurso de belleza en una máquina de producir muñecas que ganaban en eventos internacionales, generaban dinero y propiciaban negocios.

Las pocas frases que Romel expresaba en público eran controversiales: «Las mujeres de más de 25 años son horribles, la belleza interior es basura, las mujeres sin maquillaje son espantosas, los fluidos de un cuerpo son asquerosos».

Había sido amigo de las amantes de presidentes de Venezuela. De Cecilia Matos, que se casó con Carlos Andrés Pérez, y de Blanca Ibáñez, que fue esposa de Jaime Lusinchi. Eran cuentos privados que Romel compartía con sus íntimos y que repetía con picardía ante Rita Blanco, amante de Hugo Chávez.

Alberto Armas lo había invitado a su casa en Wellington porque un socio en Roma tenía interés en la nueva Señorita Mundo y quería enviársela de regalo. Además, sabía del afecto que Rita le tenía desde cuando había sido candidata por el estado Mérida.

Romel le repetía a Alberto durante la cena que su vida era digna de ser escrita como una apasionante novela. Alberto había acompañado a Hugo Chávez en la aventura golpista en 1992. Desde entonces se convirtió en su sombra. Era uno de los muchachos de confianza del presidente. Tan amigo era, que lo designó junto al exgobernador de Aragua, Rodrigo Campos, albacea de sus hijos. Nadie tiene claro cuánto es el patrimonio de Alberto y cuánto habría sido del comandante. Vive como un potentado.

De origen humilde, el teniente Alberto Armas nació en 1964 en la parroquia de Coche, en Caracas. En la campaña presidencial acompañaba a Chávez, cargaba el maletín, escogía su ropa. Se le veía dos pasos atrás cuidándole la espalda. De expresión risueña, perdió el pelo a temprana edad.

La intimidad con el comandante lo llevó a compartir diversiones como la del béisbol. Un día, rememorando juegos infantiles, el presidente bateó una chapa (la aplastada y afilada tapa de metal de una botella), con la calamidad de que fue directo a uno de los ojos de Alberto, causándole una lesión irrecuperable. Quedó como el «tuerto Armas», condición que disimula con lentes oscuros de marca.

Durante los primeros tres años de gobierno, Alberto tuvo una participación discreta como secretario privado de Chávez. En el 2002, al ser nombrado presidente del Fondo Único Social, a Alberto le creció un apasionado interés por los negocios. Trascendieron sin consecuencias denuncias de corrupción en su contra. En el 2007 dio un gran salto al ser juramentado tesorero de la nación, viceministro de gestión financiera del Ministerio de Participación y Desarrollo Social, y presidente del Banco de Desarrollo Económico y Social, Bandes.

En posición privilegiada, Alberto planificó la operación financiera que multiplicaría su fortuna a niveles incalculables. A cambio, garantizaba financiamiento al partido de gobierno, PSUV. El esquema ilegal se sostenía en certificados en dólares y la manipulación de la deuda externa del país. Él y sus cómplices diseñaron la realización de operaciones financieras con papeles del Estado —notas estructuradas y bonos de la deuda externa que el gobierno venezolano compró a Argentina, Ecuador, Bolivia y Bielorrusia— que favorecían a su camarilla de socios en bancos y casas de bolsa. Esos movimientos ilegales ejecutados desde entes del Estado, le costaron al país entre 7 y 10 millardos de dólares.

A Romel le encantaban las veladas en casa de Alberto. Era de lujo estar en la intimidad con gente que le interesaba. Ese día había tomado el primer vuelo para salir de Maiquetía vía Miami. Sus amigos sabían del pánico que le tenía a los aviones, así que cuando llegaba de un viaje le brindaban el confort para que descansara.

Entre una deliciosa brisa y un té helado, estaba dormitando en una de las terrazas de Alberto, cuando llegó Rita. Observó que se mantenía en buena forma y que las cirugías le prestaban. «Eres la excepción de mi prédica», la saludó con un beso de lado y lado. «Tienes que casarte», fue la segunda frase que le soltó Romel. «Preserva tu fortuna, bien ganada, no puedes seguir sola por ahí. Ya a tu edad, eso no se ve bien. ¿Cómo está el comandante?», terminó preguntando.

A Rita le molestaba esa manía de Romel de hablar de la edad. Bajó la cabeza suspirando. «Al comandante le queda poco tiempo, ¿sabes?», aseguró en voz baja con los ojos llorosos. «Lo sé —respondió Romel, tomando una de sus manos—, por eso te insisto en que son muchos los zamuros que andan por ahí y hay que prepararse». «Ay, Romel, no te preocupes. Si los rusos perros de la guerra, las mafias chinas y los guerrilleros y narcos colombianos no han podido conmigo, menos lo harán esos corruptos venezolanos que salivan cuando oyen unas monedas».

A la conversación se sumó Alberto con una copa de champaña para Rita. Al verla sentenció: «Recuerda que en mi casa nadie llora, mi apreciada». Brindaron.

El agite de Rumilda y Pepe había despertado a Tim. No tenía idea de la hora. Notó que el sol ya calentaba. Encendió su iPad, se sirvió un poco del café que habían preparado en la cocina del área de servicio y siguió a su cuarto a desperezarse, ver algo de televisión y bañarse. Hoy llegaba su amigo Armando y quería estar impecable.

Sus ojos se deslizaron sobre la siguiente información:

«La exasperante a Señorita Venezuela, modelo y actriz cómica, Susana Gutiérrez, mejor conocida como Margarita, rol que interpreta en el programa "Ríete, pues" que se transmite los jueves a las 8 de la noche en el canal VistaTV, está solicitada por las autoridades policiales como sospechosa en la fuga de Héctor Cacique, apodado el "Indio Cacique", quien logró evadir la seguridad del penal de Tocorón hace más de tres semanas. Según fuentes del Cuerpo de Investigaciones Penales y Criminalísticas, Margarita es acusada del delito de encubrimiento y fuga de detenido en grado de cooperador, los cuales están previstos en los artículos 83 y 254 del Código Penal. Precisan los investigadores que Margarita mantenía una relación con el "Indio Cacique" desde antes de que este ingresara a prisión. ¿Quién es el "Indio Cacique"? Registros policiales refieren que había sido capturado hace ocho meses en la avenida Intercomunal de Maracay, a la altura de la plaza Las Banderas, presentando tres registros desde el año 2005, uno de ellos por homicidio. Está clasificado como cabecilla de una banda que asaltaba quintas, unidades de transporte, secuestraba ciudadanos y traficaba con drogas en el estado Aragua. Su detención se produjo junto a uno de sus compinches, "el Osito", con registros por el delito de hurto. Ambos estaban en posesión de una granada tipo piñita modelo 6PM75, una pistola MT calibre 9 mm, un facsímil calibre 4,5 y dos envoltorios de presunta marihuana con un peso total de 500 gramos. Fueron incautados también dos automóviles, un Ford Fiesta placas JBF 789 y una camioneta Cherokee negra placas BA69L02G, en los cuales se movilizaban por diferentes áreas de la región burlando la justicia. En el allanamiento a la residencia del cabecilla del grupo, se hallaron pulseras de oro, equipos médicos, 40 dólares en efectivo y algún dinero de moneda nacional».

Tim se interrumpió. Sentía que estaba hiperventilando. «¿Qué hiciste, Susana Henriqueta Gutiérrez? ¿Es que no tienes miedo de Dios? ¿Por qué te has metido en este problemón? ¡Ay, San Judas Tadeo, te prometo dejar de fumar si me cumples este ruego! ¡Que este hecho no me aboll! ¡Pero qué bochorno el de esa niña! ¡Yo aquí en Miami, en la boca del lobo! ¡Con el presidente del Señorita Venezuela roncando al lado! Por eso es que Anastasia lo ha estado llamando. ¡Rita sabe que Margarita es mi prima! Y yo, en la casa del mismísimo Alberto Armas, uno de los hombres más mentados de la boliburguesía. Qué escándalo. ¡Es que hasta me pueden matar! ¡Santo Dios bendito! ¡Por los clavos de Cristo! ¿Qué te hice yo para recibir este castigo?».

# {V}

Solo cuando Jenny salió de la *suite* para atender a sus clientes, a Tim se le detuvo el temblor que le produjo ver a Douglas Molina entrar en la habitación con su llave, asomando su rostro bonachón y su cuerpo recién bañado y aliñado con tragos. El presidente del BCV encontró a Jenny deslumbrante, haciendo honor a su apodo, «la Barbie». Tim se había esmerado. El traje de seda blanca dejaba claro que nada había abajo. Destacaban unas tiras doradas que cruzaban de manera desordenada la espalda desnuda hasta la raya del trasero de Jenny. Unas sandalias doradas la alzaban quince centímetros, dejando al aire unos pies cuidados. A su lado, Douglas Molina se veía aún más pequeño. El pelo batido como una leona le aportaba el aspecto salvaje necesario para una noche de juerga. Estaba muy maquillada, con un toque final de polvo brillante que al descuido caía cual rocío en brazos y piernas. En su mano izquierda llevaba el Rólex de nácar con oro blanco y brillantes que papi le había regalado. El mismo modelo de reloj de treinta mil dólares que una Señorita Venezuela había rechazado.

Lanzando besos al aire y deseándole diversión a la pareja, Tim pensó: «Pobrecita mi Barbie, que tiene que andar con ese tipo tan horrendo».

Douglas Molina era para Tim uno esos funcionarios que roban con trampas, con artimañas. Por tratarse del presidente del

Banco Central de Venezuela y por los beneficios que disfrutaba Jenny, Tim lo clasificaba como un corrupto merecedor de prisión. La mente del estilista estaba aprendiendo a juzgar la amoralidad de esa clase de personajes que trabajaban en el gobierno, para quienes las muñecas del Señorita Venezuela eran parte del botín.

Jenny había sido la amante oficial de Molina con ocho millones de dólares en su beneficio. A sus 30 años estaba forrada en dinero.

Tim tenía más de cinco años como estilista de Jenny, conocía su intimidad. Disfrutó el regalo del penthouse valorado en tres millones de dólares, ubicado en el pico de La Castellana. Fue con Tim con quien Jenny brindó por primera vez en su apartamento.

Tim desayunaba, almorzaba y cenaba con Jenny, cuando el tiempo se lo permitía. A veces Douglas iba a las 2 de la tarde y cual novio, se tomaba una sopa, se comía un pollito, conversaba con Jenny.

Habían viajado veintinueve veces, Tim, Jenny y la perrita Matea. Lo hacían en aviones del Estado. Volaban a Italia a comprar zapatos, a México a hacer un *casting*, a Nueva York para buscar un vestido. Él era testigo del derroche de dinero.

Su vecina Yusmeli le advertía: «Tenga cuidado, mijo, esa gente es peligrosa y mala». Por eso en una ocasión, en la puerta del Banco Central de Venezuela, cuando Jenny le preguntó: «¿Vienes conmigo?», él, prudente, respondió: «Yo te espero afuera». Se quedó en la camioneta Mercedes Benz blindada, regalo de Douglas, igual que una BMW y otros dos apartamentos que entregó a su mamá.

Incorporado a su rol de espía, en la *suite* del Caesars Palace Tim no resistió servirse otra copa de la costosa champaña cuya botella Jenny había dejado por la mitad. «Esto no se puede perder», brindó con la felicidad de la inocencia.

Tim ansiaba darse un baño. Sentía sobre sí el olor de la resaca, la contaminación del aeropuerto, el aliento de los policías. Estaba poseído de desesperación por evaluar —bajo el personaje de agente encubierto— qué delitos había cometido Douglas Molina. Decidió llenar la bañera e intentar relajarse para reconstruir la película con los hechos y personajes relevantes en el poder, a los que había tenido privilegiado acceso con las muñecas.

Atando cabos, su memoria le mostró la imagen de Douglas ebrio llegando al apartamento de Jenny en abril de 2009. Lo recordó con precisión porque ese día Tim tenía prisa en ir a peinar a Samantha para un *casting*. La misma Samantha que luego fue señorita Amazonas y se casó con el presidente del Tribunal Supremo de Justicia.

Douglas venía de celebrar la designación en un nuevo cargo. Se enteró por Chávez en cadena nacional. Molina había ocupado el Ministerio Ciencia y Tecnología, y dos veces el de Finanzas. El final de la segunda ocasión había resultado infeliz porque Chávez lo despachó bajo rumores que lo señalaban por fraude en operaciones cambiarias. Como titular de Finanzas los regalos millonarios para Jenny se habían incrementado. Ella comentó con resquemor cuando Douglas fue despedido, que a Chávez no le importaba que la gente robara. «Lo que no perdona es que lo hagan a sus espaldas porque para él lo fundamental es mantener el control del negocio».

Era cierto. Chávez trataba a los corruptos como rehenes y quien se atrevía a revelar autonomía era humillado o desterrado. A casi ningún subalterno envió a prisión. La cárcel fue el destino para sus adversarios políticos y sus enemigos personales.

Presidir el Banco Central de Venezuela era la gloria para Douglas Molina. Le repetía a Jenny: «¡Ahora sí me voy a perder de vista!». Eufórico bailaba, bebía y hablaba. En completo desastre, escupía la champaña sobre Jenny. Tim consideró prudente retirarse. La despedida de Molina fue entregarle una paca de billetes arrugados de bolívares, dólares y euros de distinta denominación que al llegar a su casa Tim alisó con cuidado.

«Soy uno de los hombres más poderosos del país. ¿Quién lo diría, mi muñeca? De Naiguatá a la cima del poder», fue lo último que escuchó Tim antes de cerrar la puerta.

Tim se preparó para disfrutar la bañera de esa *suite* en Las Vegas. La cargó de polvos y esencia de grapefruit con pamplemousse, e ingresó al agua tibia acompañado con George Benson cantando «On Broadway». Y de pronto: «¡Sí, el kino! ¡Douglas Molina habla con frecuencia de un kino!», celebró Tim su memoria, golpeando el agua como los muchachitos.

Tim encontró varios artículos que referían que el «kino o las llaves» de Chávez había sido un ardid matemático aplicado para la elección de los miembros de la Asamblea Nacional Constituyente en abril de 1999 para la reforma de la Constitución.

Molina, matemático y profesor de la Universidad Central de Venezuela, es percibido como mediocre y astuto. Para el kino se procuró la asesoría de un colega de izquierda, quien elaboró la fórmula electoral que sería utilizada en el proceso. Con ese método consiguió que el gobierno obtuviera 95 por ciento en la distribución de los escaños con solo 52 por ciento de votos obtenidos. Molina se ganó el abrazo de Chávez, oportunidad que aprovechó para disfrazarse de experto en economía.

Molina fue designado ministro de Finanzas y en la universidad anunciaron lo que resultó premonitorio: «¡Venezuela va a terminar en un desastre!». La élite de militares y un selecto abanico de amigos empresarios, aplaudió. Sus fortunas engordaron en perjuicio del país.

Tim sublimó la idea de convertirse en un espía que rescataría a Venezuela de malos y corruptos. Sintiéndose mejor, superado el susto y los estados alterados, y cumplida la labor de poner muy mona a Jenny, fue dibujando un mapa de teorías acompañadas de personajes. Sus ideas llevaban a una misión: desenmascarar a ladrones que robando sentenciaban a Venezuela al destino de la miseria.

Dios había puesto en su camino a las autoridades americanas con quienes colaboraría denodadamente. Sería el más disciplinado de los espías y muy reservado en su proceder.

Tim tuvo conciencia de que encarnaba la posibilidad de penetrar los escenarios más complejos del poder y a quienes casi nadie tiene acceso.

Trató de esperar despierto a Jenny para enterarse de la tenida. Quería saber el rol que había interpretado en la juerga Douglas Molina. No pudo, el sueño lo venció. Se durmió recordando historias de Jenny burlándose de los jaleos que montaba con muñecas el presidente del Banco Central de Venezuela.

Douglas Molina es un hombre parrandero. Con el complejo de no tener mayor tamaño, su tendencia al sobrepeso y que su calva apareciera primero que su fortuna, apeló a su simpatía, que acompañó con el placer por las fiestas. En su parroquia de origen, Naiguatá, estado Vargas, se convirtió en un personaje popular y benefactor. Jolgorios y manifestaciones folklóricas como los Diablos Danzantes, el Velorio de Cruz de Mayo y el día de San Juan, han contado con su presencia protagónica tocando tambora o maracas. El volumen de sus escándalos fue subiendo tanto como los senos y los traseros de las mujeres con las que salía. Lo único que descendió fue la edad de ellas. Los vecinos de Vargas han procesado ruborizados las peculiares obras caritativas de Molina, como la remodelación por delante y por detrás de quince niñas a quienes, una vez recuperadas, invitó a las playas del litoral para disfrutar sus cuerpos. Hacía valer su lema favorito: «Las mujeres son como el kino, después de 12, pagan».

Douglas allanó un atajo para satisfacer sus deseos. El funcionario había logrado vincularse con el concurso Señorita Venezuela. Fue sencillo para Molina acercarse a Romel Bustamante. Disponiendo de la abultada billetera ajena, se convirtió en promotor del principal concurso de belleza y de otros, como el Señorita Deporte y su red equivalente internacional.

No solo Douglas Molina se interesaba en este tipo de eventos. Alcaldes, gobernadores, ministros, competían con sus propias candidatas. Romel las recibía, las evaluaba y las ingresaba al quirófano para hacerles cirugías. El presidente del Señorita Venezuela se hizo valer ante el chavismo.

Cuando Jenny conoció a Douglas, aún adolescente, hacía lo que fuese necesario por un espacio en televisión. Se inscribió en talleres de oratoria, modelaje, canto, expresión corporal, pasarela, baile, lo que sirviera para que la aceptaran en un *casting*. Douglas se prendó de ella y no cejó hasta llevarla al Señorita Venezuela. Quedó entre las primeras diez finalistas, distinción que exprimió al participar en cuanto concurso internacional Romel tuviera en agenda. Pasados cuatro años, todavía Jenny viajaba con la banda del país.

Molina resultó un amante generoso y Jenny se aferró a él. Como ella insistía en su sueño de ser actriz, él presionó para conseguirle papeles menores en el canal VistaTV, que desde 2004 había cedido ante el chavismo. Jenny fue presentadora en diferentes actividades. «La belleza es un poder que hay que saber utilizar», recitó ella cuando animó un show del Señorita Deporte.

Cuando Tim en la mañana se levantó en la *suite* de Las Vegas, lo primero que hizo fue acercarse a la habitación de Jenny. La vio en la cama rendida, a medio vestir, y desmaquillada. Tim le terminó de quitar la ropa y la arropó con doble manta. Ella ronroneó cambiando de posición. Cual madre hacendosa, Tim recogió la cartera tirada, guindó el vestido, colocó el reloj y los zarcillos sobre la mesa. Notó que asomado bajo un cojín estaba el celular de Jenny. Se detuvo. Recordó la cantidad de veces que al despertarse, con la intimidad que existía entre ellos, Jenny le mostraba videos de personajes ebrios o drogados, enloquecidos con cuerpos de mujeres y a veces de hombres. Eso sucedía en ocasiones. Al terminar, Jenny los borraba. Sabía lo delicado que era mantenerlos. Solo los dejaba cuando Molina se lo pedía. «Le excita verse», contaba Jenny. Más allá de las escenas de sexo, o que en las gráficas estuviesen menores de edad, a Tim le llamaba la atención el comportamiento. Lanzar billetes parecía una obsesión. Las bebidas desbordaban. En general los hombres terminaban siendo femeninos o agresivos. Lo que comenzaba con un pellizco o una nalgada, acababa en halada de cabellos con las chicas arrastradas por el piso. Las imágenes de Douglas Molina probaban su debilidad por las niñas. Incluso a las mujeres adultas las quiere vestidas de niñas, peinadas como niñas, hablando como niñas y que lo traten con veneración, que le soben y besen los pies, y que ante él, bajen su cabeza.

Compartir los videos servía a Jenny de catarsis, y Tim, que en el proceso sentía un dejo de vergüenza, transformaba la circunstancia en un pasaje gracioso burlándose de los hombres, de sus barrigas, sus gestos, sus torpezas, convirtiendo el rato en diversión sanadora. Jenny cerraba la ceremonia eliminando del aparato y de su memoria las imágenes. Como si nunca hubieran existido, como si nada hubiera sucedido.

Tim tomó el teléfono, cerró la puerta del cuarto con sigilo, casi caminaba en puntillas. De su bolso extrajo su *laptop* y un cable data USB. Le habían explicado que en caso necesario podía usar como alternativa la conexión inalámbrica vía *bluetooth*. Optó por utilizar un sencillo duplicador de data que los americanos le habían dado y que se consigue hasta en el mercado negro. Permite clonar del teléfono cuanto está almacenado: fotos, videos, wasaps, notas de voz, documentos, historial de mensajes de texto no borrados, contactos, con excepción de los mensajes de voz alojados en los servidores de la compañía telefónica que presta el servicio y que quedaban por cuenta de los agentes americanos.

En Miami los funcionarios que aleccionaron a Tim le explicaron que la intimidad con Jenny permitía copiar con ese sistema. Le advirtieron que con Rita el proceso sería más complicado. Debía enviar vía email, por mensajería instantánea o a través de redes sociales, un link malicioso que al hacerlo instalaría una aplicación con un troyano *backdoor* que transmitiría los datos del celular infectado a otro terminal.

Tim sintió que el corazón le saldría por la boca. Trató de calmarse.

El comisario Orlando Arias recibió satisfecho el material enviado por Tim. No habían transcurrido veinticuatro horas de haber despachado al joven estilista rumbo a Las Vegas y ya habían logrado material esclarecedor.

El informe preliminar de varios videos lo tenía en sus manos el veterano policía:

«En registro de las 02:39 a.m. se activa la grabación de un teléfono celular a nombre de la ciudadana venezolana Jenny Moreno, quien en tono de diversión gira instrucciones para que seis personas del sexo femenino vestidas parcialmente, jugueteen, se sienten en las piernas y posen junto a tres sujetos del sexo masculino de aparente procedencia iraní. Fueron seis videos consecutivos los realizados y en dos de ellos se observa que están en una esquina sentados, conversando en inglés y consumiendo licor, el presidente del Banco Central de Venezuela, Douglas Molina, junto al *Governor* del Central Bank of the Islamic Republic of Iran, Majid Jafar Seif».

«Los sujetos se muestran relajados y a pesar del ruido, se alcanzan a escuchar algunas ideas que intercambian, por lo que procedemos en este primer informe a transcribir frases —ya traducidas— a la espera de que los expertos depuren el audio para documentar la conversación en su totalidad. Quien más habla es Douglas Molina, identificado como DM. El resto del diálogo está siendo procesado por el experto en el acento inglés de los iraníes, para que ilustre con certeza las acotaciones de Majid Jafar Seif, quien será identificado como MJS».

«DM: Sobre el apoyo para entregar la documentación y proteger a los suyos con estatus legal, el responsable sigue siendo Hassam Fachal, a quien ustedes conocen. Eso avanza en simultaneidad. Lo mío son los acuerdos financieros a los que podemos llegar (...) Tenemos la oferta de amigos para garantizarles que tengan la posibilidad de adquirir divisas. Entendemos las dificultades por las que transitan como consecuencia de las sanciones de los americanos (...)».

«MJS: Ha sido muy difícil. Agradecemos también su colaboración para ubicar nuestro petróleo (...)».

«DM: (...) Es de mucho interés para el presidente Chávez el funcionamiento de la planta para fabricar vehículos aéreos no tripulados. Los otros trabajos que se realicen en el Complejo Industrial Cavim (siglas de Compañía Anónima Venezolana de Industrias Militares —acotación nuestra—) en Maracay, serán de estricto secreto. Sobre eso no podemos hablar ni siquiera nosotros. Ese tema es de nuestros jefes presidentes (...)».

«DM: (...) También queremos avanzar con la planta para la producción de pólvora, nos da la coartada necesaria... necesitamos continuar con la formación de personal de funcionarios venezolanos en su país (...)».

«Informamos que los personajes del diálogo no se integran al intercambio social entre los representantes de Irán y las ciudadanas venezolanas. Para el momento del cierre de la grabación, los que aparecen en pantalla están desnudos, con excepción de los dos funcionarios protagonistas de la conversación. Es todo».

El equipo que se había conformado para hacer seguimiento a la misión de Tim Black, apenas había tenido tiempo de descansar cuando fue convocado de urgencia.

Tim había enviado el contenido del teléfono de Jenny Moreno. Los agentes federales trabajaban en clasificar y cruzar la información. Los datos de la agenda de teléfonos lo revisaban los jóvenes venezolanos que ubicaban con familiaridad los nombres. Los mensajes de texto y los abiertos en WhastApp, Telegram e imágenes, serían evaluados con rigor.

Cuando Jenny despertó, cerca del mediodía, notó que su cuarto estaba arreglado.

«Tim... ¡Tim!», alzó la voz de niña malcriada.

—Voy, mi Barbie, deja el escándalo que estamos a tres metros de distancia. Estaba esperando que abrieras tus ojitos para ponerte unas compresas de manzanilla. ¿Quieres café?

—¿Y mi teléfono? —preguntó Jenny colocando a tientas su mano en la mesa de noche.

—Ahí lo tienes, te va a picar. Estás como los viejitos que no consiguen sus lentes y los tienen puestos. Estira más tu manito y lo encontrarás. Te lo puse a cargar.

—Eres un sol, Tim. Vámonos hoy de rumba por los casinos, compremos entradas para un show, ¡quiero mover mis energías!

—Mi Barbie, yo tengo que trabajar mañana. Debo irme preparando para volar.

—Tu viaje fue postergado varias semanas, papi me lo dijo anoche. Estarás en la gira presidencial al Medio Oriente. La reunión de ayer con los iraníes fue de calentamiento. El trayecto va a ser largo, tocará en Rusia. Aprovecha y tómate este día de descanso. El avión lo tenemos solo para nosotros y para mi Matea, suspiró, mientras internaba su mano en el pelo de su perrita simpática con quien compartía la cama.

Tim le comentó a Jenny para buscarle la lengua: «Amaneciste con buen humor. Me alegra que te haya ido bien anoche».

—Así fue. Papi anda tan contento que me está comprando un apartamento en Miami. En el próximo viaje veré por cuál me decido. Ya papi encargó a una *realtor*. A mí me gustaría en Boca Raton.

—¡Qué gran noticia! ¿Y qué tal la noche? —siguió indagando Tim.

—Estuvo bien, tuve que hacer muy poco, solo fui animadora.

—¿Y esos iraníes no tienen prohibido hacer ciertas cosas? ¿Su religión no es severa? —preguntó él, con sincera curiosidad.

—Pues estos no tienen límites. Ya tú sabes que los que están en el poder no creen que exista un Dios diferente a ellos mismos. Lo que diga Alá o Jesús, lo interpretan como les viene en gana, a su conveniencia. Estos iraníes beben, fuman, esnifan, tienen relaciones entre ellos, con mujeres, quizás hasta con camellos, hacen cualquier cosa. Aunque supongo que no todos son así —aclaró Jenny—, los de anoche son unos falsos.

El equipo de investigadores en Miami reconstruyó la relación entre Irán y Venezuela destacando la sólida alianza entre Hugo Chávez y Mahmud Ahmadineyad a partir de 2006.

En una intervención en la Universidad de Teherán, el presidente venezolano declaró: «Si el imperio de los Estados Unidos tiene éxito en consolidar su dominación, entonces la humanidad no tiene futuro. Debemos salvar la humanidad y poner fin al imperio americano».

A su regreso se iniciaron vuelos Caracas-Teherán con escala en Damasco. Una ruta encubierta para actividades ilícitas.

Los americanos intentaban limitar el programa nuclear de Irán procurando frenar el acceso de ese país a la bomba atómica. La cercanía y osadía del comandante eran un obstáculo. Chávez y Ahmadineyad disfrutaban mostrándose juntos y ofrecían gestos de solidaridad entre ellos que retaban la paz.

El valor de los proyectos de desarrollo industrial entre Irán y Venezuela fue calculado en cuatro mil millones de dólares.

Cavim había proporcionado equipo y tecnología a Irán para contribuir a que se hiciera armamento no convencional o sistemas de misiles balísticos. Douglas Molina y su homólogo iraní hablaron al respecto en la reunión documentada por Tim.

La prueba de la relación de funcionarios venezolanos con el terrorismo fue valorada en la grabación. Los americanos conocían del ingreso de yihadistas a Venezuela que legalizaban su situación migratoria con pasaportes. El material aportado por Tim confirmó la entrega de visas y certificados de nacimiento a extremistas del Medio Oriente.

Tal como lo comentó Douglas Molina, la ruta enfocaba a Hassam Fachal y su línea familiar, con quienes había construido una red financiera que lavaba dinero para esos grupos. Fachal ha usado su prominencia política para establecer canales de inteligencia y de finanzas con los países islámicos, en especial con Siria, Líbano, Jordania, Irak e Irán. Se trata de una red sofisticada y de múltiples niveles que funciona como una tubería criminal-terrorista para trasladar militantes islámicos a Venezuela y países vecinos, y para enviar fondos ilícitos desde América Latina hasta Oriente Medio.

Cuando Tim logró estas evidencias, Hassam era ministro del Interior y Justicia con control del sistema de inteligencia, identificación y seguridad del país. En su ascenso llegaría después a la Vicepresidencia de la República. En ejercicio de esas funciones fue sancionado por el Departamento del Tesoro. En agosto de 2017, Hassam Fachal fue propuesto por la cadena de televisión libanesa Al-Manar, órgano oficial del grupo terrorista islámico Hezbollah, como la alternativa para sustituir a Nicolás Maduro. La opinión se fundamentó en informes afines a Hassam en Siria y Venezuela. Fue definido como el «hombre fuerte en las sombras y gran amigo de la resistencia libanesa y del régimen sirio de Bashar al-Assad».

Jenny daba vueltas en la *suite* arreglándose para salir a pasear y Tim se actualizaba con sus mensajes. Revisó con Anastasia la agenda pendiente. Trabajaron con diligencia, aun cuando a ella le costaba ocultar cuánto le irritaba que le mencionara a Jenny.

Con Rita se reportó por WhatsApp: «Todavía en Las Vegas, regreso mañana. ¿Necesitas algo? Nos vemos en pocos días. Besitos muchitos».

Cuando ya se anunciaba una tarde luminosa, Jenny, Tim y Matea salieron del hotel abrazados, decididos a disfrutar la ciudad. Él se dejó llevar por Jenny. Salieron del Caesars Palace hasta el Hotel Venezia. ¡Era tan romántico! Se sentaron a tomar vino y ver pasar a la gente. Esta vez no jugaron a hacer películas imaginando la vida de los personajes que los rodeaban. Era evidente que Jenny tenía ganas de conversar.

—Estoy considerando separarme de papi.

—¿Estás loca? —saltó Tim de la silla. ¡Si te va a comprar un apartamento en Miami!

—No te estoy diciendo que lo voy a dejar *right now*.

—De todas maneras. Ya comenzaste a ponerme nervioso —protestó Tim, bebiendo de un solo golpe la copa de vino.

—Lo he venido pensado, continuó Jenny. He notado que ya no ocupo el lugar privilegiado de antes. Las mujeres sabemos. Los chismes de farándula no hacen más que hablar de su último capricho. Y no es que me importe, pero puede ocurrir que él se enamore y me bote de una sola patada, como le hizo a la que me precedió. Yo no debería esperar a que eso me suceda. Me enteré que anda encaprichado con una muñeca que piensa llevar al Señorita Universo.

Tim no sabía qué decir. Tomó su mano transmitiéndole apoyo, alentándola a que desahogara sus penas.

—No creas, yo sí pienso, aseguró Jenny. He visto los cambios de papi con el poder. Sus amigos se comportan como Al Pacino, en *Il Padrino*, la película que tú y yo vimos el otro día. Presiento que esto va a acabar muy mal. Suelo ser muy flexible y sin embargo hay cosas que no me gustan. El entorno de papi me parece demoníaco. Es gente sin sentimientos, obsesionada con poder, sexo y dinero.

—¡Muchacha! —exclamó Tim sorprendido por tanta severidad—. ¿Y qué piensas hacer?

—Voy a montar una empresa en Panamá de trajes de baño, sabes que me encanta el diseño. En Caracas creo que puedo resolver con trabajos especiales para David Rincón.

—Anastasia no te va a permitir que tú le pises ese terreno, querida. Ese petróleo es exclusivo de Romel y ella. Rincón es la gallinita de los huevos de oro —acotó Tim.

—Eso lo puedo arreglar, estoy segura. No tengo prisa. En un par de años voy a tener resuelta mi vida, y quién sabe, quizás consiga alguien con quien me pueda casar y tener hijos.

—¡Amjá! Se te activó el reloj biológico, confiésalo —la atajó Tim con cariño.

—Puede ser, aunque eso no es lo fundamental. Necesito un marido que me mantenga para cuando ya no sea joven y que me asegure mi ritmo de gastos y caprichos.

—A ti te pasó algo más, mi Barbie. ¿Qué sucedió con el matemático retaco?

—Son cosas que se van acumulando, afirmó con un mohín que se acercó a una sonrisa. ¡Tú sí que me conoces!

—Vamos, desahógate —la animó Tim. Lo hacía con sinceridad, le tenía aprecio a Jenny, aunque lo admitía, estaba incorporado en su personaje de superhéroe y le interesaba indagar qué había sucedido con uno de los hombres más poderosos del país.

—Nunca he interferido en la vida de papi —habló Jenny decidida—. No pretendo fidelidad ni decoro, pero hay situaciones que se van volviendo realmente incómodas. ¿Recuerdas el robo en su casa en Naiguatá?

—Perfectamente —respondió Tim con el ceño fruncido.

Fue un evento penoso. Douglas Molina se había ganado el mote del «hermano Cocó», un famoso personaje del programa cómico de tradición en Venezuela, Radio Rochela. Se trataba de un estafador religioso que se valía de la buena fe de sus seguidores para conseguir dinero y mujeres voluptuosas. Los escándalos de Douglas Molina se habían incorporado al morbo de la cotidianidad como un chiste popular. Sin embargo, los detalles del hurto de varios objetos de valor de su casa, le restó gracia al funcionario. Con el suceso estaban vinculadas una menor de 17 años con quien mantenía una relación y su madre. Y aun cuando Douglas Molina vivía cómodo en su parroquia, con simpatías garantizadas con favores y dinero, el bochorno lo sintió Jenny como un vaho de fuego. La sensación empeoró al enterarse de que papi, en fecha reciente, había internado a treinta niñas con sus respectivas madres para aumentar el volumen de sus senos. Los hombres del barrio celebraron durante diecinueve días a bar abierto pagado por Douglas Molina. Así, con el apoyo de padres y madres, el presidente del BCV montaba la coartada para evitar ser acusado de pedofilia masiva.

Sobre el hurto en su casa ubicada en Tanaguarena, el presidente del Banco Central intentó esclarecer el asunto por su cuenta. Contrató a funcionarios de la policía de Vargas para la investigación. Trataba de evadir la explicación por tener en su casa más de treinta mil dólares y quería evitar que trascendiera que su suegra, la madre de la niña con la que se acostaba, era quien lo había robado.

Eso no garantizó el silencio. La joven menor de edad se convirtió en protagonista de las redes sociales, al ser capturados mensajes en los que se expresaba sobre el presidente del BCV y polemizaba con quien la criticaba. «No hablo con ignorantes, mis amores. Quiero que sepan que sí estoy bien agradecida y cómoda con todo lo que me da mi querido Douglas Molina». En la progresión de fotos, una criatura se fue transformando o deformando, hasta anunciar ser una muñeca, aspirante al concurso de belleza SupraInternacional.

—Como tú sabes, hizo énfasis Jenny, de ese concurso papi es patrocinante, igual que en el Señorita Deporte, Turismo, y otros ocho eventos de belleza en el estado Vargas. Estoy segura de que a esa niña Romel debe haberle dirigido las cirugías estéticas. La convirtieron en una cosa rara. Y lo digo yo, que llevo sobre mí nueve operaciones.

—No solo eso me ha cargado de indignación —siguió Jenny sin detenerse. La mamá de esa criatura está involucrada en un accidente automovilístico que le quitó la vida a una madre de 22 años y dejó huérfana a una niña de 3. La camioneta Ford Tuner que manejaba, dicen que bajo los efectos del alcohol, fue quemada por testigos y vecinos furiosos. ¿Y por qué crees que lo hicieron? Porque sabían que papi la protegería una vez más.

—¡Ay, mi Barbie!, eso es muy feo —alcanzó a decir Tim.

—Y aunque eso me molestó, yo no dije nada. ¿Recuerdas que preferí viajar un tiempo a Miami? Papi me mandó a buscar, y bueno, yo lo perdoné. Nunca hemos hablado del tema. A mí esto me ha servido para pensar. Estoy más atenta a lo que sucede en el país. Hay molestia en la calle y a mí me tiene en la mira el antichavismo —siguió sin detenerse Jenny—. Esa carta que circuló en las redes dirigida a papi por parte de los trabajadores del Banco Central de Venezuela, fue un golpe fuerte. Yo no soy de hierro, Tim, tú me conoces. Vengo de abajo y he trabajado duro. Y he estado dispuesta a hacer lo que sea para no pasar hambre. Tampoco quiero quitarle a un pobre el pan de la boca. Yo leí esa carta en la que los técnicos del BCV acusan a papi de manejar un presupuesto paralelo con ayudas sociales con fines políticos y hablan de corrupción. Aquí la tengo grabada —tomó su teléfono para leer—, se refieren al «clan de las señoritas» y al poderoso grupo delictivo «las lobas del PSUV» con conexiones en el BCV, Miraflores y Cadivi. Aseguran que yo tengo acceso directo y libre a la emisión de bonos de la deuda pública y a las asignaciones de Cadivi y que me beneficio por asesorías de imagen, afiches y hasta un calendario (lo último es verdad, y que quede claro, es un trabajo legal) —se interrumpió Jenny—. Y te digo, yo no sé si el dinero que saca papi es con fines políticos, supongo que sí, porque Chávez lo sabe, y papi suele hablar de negocios con hombres poderosos. Lo que sí puedo asegurar es que papi también toma para él, y como yo me he visto beneficiada, quiero estar muy lejos para cuando esa torre se caiga, porque va a caer.

Tim estaba sorprendido por la confesión de Jenny. Vaciaron otra botella de vino.

—Yo sé que todo el mundo piensa que soy una rubia tonta. Tú sabes que no soy rubia y que tonta tampoco. He ido cuadrando datos sobre eso que han llamado las notas estructuradas. —¿Notas estructuradas? —De eso Tim no tenía la menor idea. Jenny había prendido el iPad y arrancó a leer un reportaje sobre Douglas Molina que había publicado el portal «Runrunes». «Las notas estructuradas es uno de los escándalos más grandes de corrupción del chavismo. Son unos instrumentos financieros para supuestamente reducir la liquidez y estabilizar el precio del dólar paralelo que resultaron en un gigantesco fraude, ya que se creó una red que benefició a un grupo de banqueros, casas de bolsa, intermediarios y funcionarios públicos. La operación colocaba para especulación dineros públicos en bancos privados y obtenían ganancias por el diferencial cambiario en perjuicio del patrimonio de la nación».

Este procedimiento delictivo lo había activado Douglas Molina en su segundo período como directivo del Ministerio de Finanzas: «Se calcula que las notas estructuradas movieron más de 10 mil millones de dólares sin supervisión y permitió ganancias de más de 1.500 millones a los operadores financieros. Jamás se logró equilibrar el dólar paralelo que fue el argumento para la creación de dicho instrumento».

«El negocio estaba en la adquisición de las notas estructuradas por parte de casas de bolsas y bancos (previamente escogidos por Douglas Molina, es decir, sus amigos), acotó Jenny, que eran pagadas en bolívares al cambio oficial para luego ser negociadas en el mercado internacional de divisas a precios de mercado negro. Las ganancias por el diferencial cambiario se repartían entre el gobierno que emitió las notas estructuradas y las entidades financieras que participaron en la transacción».

—Y no sigo leyendo para no estropear este hermoso día, concluyó Jenny cerrando el iPad. He sido amante de un hombre poderoso. He invertido mi dinero para no volver a caer en la pobreza. Ahora tengo que tomar previsiones para irme alejando de él, sin convertirme en su enemiga. No quiero que me sienta peligrosa por los secretos que manejo. Tengo que seguir cuidando mi imagen de chica vacía e inocua.

Jenny canceló la cuenta y un silencio se hizo entre los dos. Se despedía la tarde y estaba bajando la temperatura. Venía la hora que Tim amaba de Las Vegas. Habían bebido y comido delicioso y la cabeza le daba vueltas entre el vino y la información.

Jenny se puso de pie y elevó los brazos. «¡Te tengo una sorpresa! ¡Tenemos entradas para ver esta noche "Love" del Cirque du soleil! ¡Vamos a escuchar a tus amados Beatles en primera fila!».

—Aún es temprano. Caminemos hacia el hotel para ponernos hermosos —propuso Jenny agarrándolo por la cintura.

Tim no podía creer tanta felicidad.

{ VI }

Esa llamada era de Margarita, lo presentía. La pantalla registraba número desconocido y él tenía miedo de atender. Cual escena de telenovela —a Tim le encantaba—, se quedaba mirando el móvil. La llamada colapsaba y Margarita volvía a insistir. Su prima no lo dejaría en paz hasta lograr hablar con él.

Tim también pensaba que podían ser los policías gringos. «¿Qué dirán los americanos con este escándalo de mi prima? ¿Se molestarán?». Con seguridad ellos manejaban más información que él sobre lo que estaba sucediendo. Tim había escuchado a Rumilda y Pepe en el ajetreo y al navegar en las redes le dio el soponcio. Temía que el escándalo lo llevara a perder lo que había alcanzado.

Era incomprensible para Tim que Margarita se metiera en ese lío. Su fama había crecido desde la televisión, y había alcanzado expandir sus actividades hacia espectáculos privados en teatros y como modelo de cuñas de televisión y vallas. La suerte solía acompañarla. Al incidente de ella por una foto con un sujeto armado hasta los dientes, Margarita le había sacado provecho. Su popularidad y el tiempo en pantalla se incrementaron junto a la audiencia. Confiada en su estrella exigía condiciones que le acreditaron fama de pretenciosa. Las rivalidades con excandidatas al Señorita Venezuela eran comentario en la farándula.

Después de Las Vegas, Margarita logró acercarse a Jenny. Se convirtieron en aliadas para tratar de apoderarse del espacio que ocupaba Anastasia en la atención de clientes extranjeros. Sabían que Romel como jefe del Señorita Venezuela ejercía el monopolio para administrar los talentos ocultos del concurso. Ellas le prometían obtener más servicios de las muñecas.

Una vez que Margarita estuvo en posesión del secreto de la relación de Tim con los gringos, lo presionó para que la incorporara a las actividades. A ella, su primo nunca podía decirle que no. El planteamiento lo aguardaban los americanos. Conocían la vulnerabilidad de Tim. Los investigadores habían discutido la necesidad de fortalecer a quien había resultado un agente tan productivo. Margarita era el personaje ideal en términos de inteligencia policial. Una buena chica sería difícil que hiciera lo que ella estaba dispuesta. Tenía agallas y caminaba con espontaneidad entre lo legal y lo ilegal.

Que Margarita conviviera con delincuentes no era inconveniente para los federales. Los agentes encubiertos más eficientes suelen mimetizarse con los espiados. La intimidad de ella con los criminales más rudos, a quienes el gobierno trataba con consideración, resultaba un aval. Los oficiales gringos instruyeron a Margarita en su misión de acceder a temas claves y la entrenaron en el conocimiento general de asuntos de política y seguridad. Hicieron énfasis en que debía mantener la boca cerrada. En un viaje a Miami sobre el que Margarita dijo en las redes que era para estudiar inglés, recibió entrenamiento. Le asignaron misiones de prueba que superó con creces.

A Tim le costaba entender cómo la policía gringa depositaba un asunto de tanta responsabilidad en su prima, aunque le agradaba sentirla cerca en la misma actividad.

Para Tim, su primo Santiago, el papá de Margarita, era un buen hombre. A su esposa Ángela, de origen colombiano, la conocía menos. Era muy popular en Maracay por vender prendas de oro y plata de dudosa procedencia. Había nacido con un problema en las articulaciones. El dolor que la aquejaba solo parecía aliviarlo con la fe en la santería y unas rígidas rodilleras.

Margarita había asumido el sustento de su mamá y en lo que sus ingresos le permitieron adquirir su primer apartamento, se lo entregó. Sus estudios de primaria y bachillerato los cumplió en Maracay. Intentó cursar Comunicación Social en la Universidad Bicentenaria de Aragua, sin éxito. Encontró la alternativa de ser auxiliar de preescolar. Desde adolescente aprendió a sacar provecho a su cuerpo voluptuoso. Su popularidad local con los hombres se la ganó con una vida nocturna intensa y en las camas del equipo de béisbol los Tigres de Aragua.

Cuando Margarita debutó en televisión ya operaba con bandas de malandros. Entre compañeros de trabajo corrió pronto la versión de actores seducidos que en sus casas habían sido drogados y asaltados por ella y sus compinches. Como negocio formal se asoció con unos amigos en una línea de taxis. Tenía a su disposición una camioneta Ford Runner oscura en la que se le vio ingresar varias veces a la cárcel de Tocorón. Iba a visitar a su amigo y socio el «Indio Cacique».

La sociedad con Cacique se había iniciado en las calles de Maracay y continuó cuando él cayó preso. Margarita, si no lo visitaba, lo llamaba por teléfono. Ellos ingresaban prostitutas al penal y repartían la ganancia por la mitad. Fuera de los barrotes se prolongaba la sociedad. Margarita ofrecía servicios de masajista y actuaba de señuelo para que sus clientes fueran secuestrados por delincuentes bajo las órdenes del «Indio». Se trataba del jefe de una red delictiva con dinero y poder.

Al ser señalada como cómplice en la evasión del «Indio Cacique», Margarita asumió la clandestinidad.

Por la fuga del pran estaban señalados, además de Margarita, el director del Internado Judicial de Aragua, el custodio penitenciario, otros dos funcionarios de bajo rango de la Guardia Nacional y el hermano y cuñado del «Indio». Antes de la evasión, Margarita había organizado un show en el penal, con lo que distrajo la atención del personal de seguridad. Fue señalada por haber suministrado carros para la fuga. Cacique salió de la cárcel por la garita número 4, a la vista de todos.

Al Margarita no presentarse a las grabaciones en el canal, los periodistas de la fuente de espectáculos, tribunales y sucesos, especularon que había salido del país. Su mánager se mostró sorprendido y su declaración maltrató a su cliente: «Yo solo me encargaba de sus contrataciones artísticas, nunca imaginé que ella andaba en esos malos pasos que le arruinan la vida a cualquiera».

La vedette arreglaba las cosas a su manera. «Ya Cacique está a buen resguardo. Tú sí vas a tener que entregarte. No te preocupes por el lugar de reclusión que yo te garantizo protección. Como máximo estarás una semana detenida, así que, mujer, aprovecha este escándalo para sacarle más punta a tu fama. Te recuerdo que jamás podrás decir una mala palabra contra el gobierno revolucionario chavista. Y en lo posible, hablarás a favor del sistema penal y de justicia», ordenó a Margarita la ministra de Prisiones, Bilis Barrera. Esa conversación fue grabada, lo que ayudó a documentar cómo el Poder Judicial ha estado al servicio del Poder Ejecutivo y de grupos delictivos.

Tim tenía que contárselo a alguien. Recluido en la habitación imaginaba a Rita, Alberto y Romel, impacientes por incriminarlo, enterados de que Margarita estaba solicitada por las autoridades policiales de Venezuela. Frente a esa angustia marcó el número del comisario Arias.

—¿Estás solo? ¿Puedes conversar sin ser escuchado? —fue el saludo del policía.

—Sí estoy solo, en un lugar seguro y voy a hablar bajito —contestó obediente Tim.

—¿Qué te sucede amigo? ¿Estás preocupado por tu prima? ¿Te has comunicado con ella?

—Acabo de hacerlo, por eso lo llamo, comisario —dijo Tim nervioso.

—¿Cómo te sientes? —le preguntó con calma el experimentado policía, dándole aliento para que recuperara la confianza.

—Creo que me van a acusar de todas las cosas terribles que ha hecho mi prima y que mi vida se desbaratará —confesó Tim.

El comisario Arias sabía que tenía que insuflarle fortaleza y ánimo a Tim. Lo de Margarita no debía entorpecer la ruta de las importantes investigaciones encaminadas. Los delitos de los pranes quedaban pálidos frente a las dimensiones de los crímenes de quienes estaban más allá de la puerta de servicio de la casa donde el estilista estaba alojado.

Al comisario le agradaba Tim. Si bien el chico mostraba tendencia a reproducir el facilismo venezolano, a aprovecharse de los otros si se descuidaban y a lograr dinero con el menor esfuerzo, Arias valoraba su honesta intención de ayudar y su deseo de procurar lo mejor para el país.

El comisario y el equipo de investigación habían evaluado la situación y la conclusión fue unánime: «No hay peligro, pero hay que tranquilizar a Tim». Le habían solicitado a Margarita que le bajara el nivel de angustia. Ahora era el turno de ellos.

—El único que está a punto de colapso es Romel Bustamante, quien ya salió de la casa en la que tú estás. Te aseguro que otros asuntos le preocupan más que el hecho de que Margarita sea prima tuya. Por otro lado, ni a Rita ni a Alberto les interesa un problema tan soez como ese. Ya están reunidos y tu grabador pronto será activado. Al sacarlo debes ser tan cuidadoso como cuando lo ingresaste en el maletín de Rita. Y te tengo una buena noticia: el vuelo privado de tu amigo Armando ya aterrizó en el aeropuerto de Fort Lauderdale. En menos de una hora estarán juntos. Relájate y pasa una tarde placentera. Bota los nervios y aleja la paranoia. Te aseguro que lo de Margarita no tiene la trascendencia que tú le estás dando.

—¿Usted se molestó porque yo lo haya llamado? —interrogó Tim preocupado.

—Para nada. Al contrario, valoro tu confianza. Eres un buen chico, Tim, pienso que eres noble de alma y que tratas con responsabilidad tu trabajo.

—Comisario, ¿ustedes me van a cuidar, estarán pendiente de mí, verdad? —insistió Tim con voz aniñada.

—Siempre te vamos a proteger, Tim, no tengas la menor duda.

—Gracias, comisario.

Orlando Arias trancó el teléfono con una desagradable sensación en el estómago, de esas por la que los policías se movilizan ante el impulso de que alguien está en peligro.

Margarita venía caminando por la avenida principal de la urbanización Calicanto en Valencia. Después de hacer sus ejercicios matinales, salió a un pequeño mercado cerca de la casa de un familiar que le había ofrecido abrigo un mes atrás. Necesitaba comprar tinte para el cabello. «Primero muerta que bañada en sangre». De regreso, al cruzar la esquina, vio a una docena de patrullas y más de veinte efectivos policiales, algunos —le pareció a ella— hicieron amago de desenfundar su arma. Cerca de cincuenta vecinos y curiosos ocupaban las aceras rodeando las patrullas de PoliCarabobo y grababan desde sus teléfonos lo que sucedía. Margarita se acercó desfilando, levantó sus manos y anunció: «Señores oficiales, estoy desarmada y me entrego voluntariamente». Eran pasadas las 9 de la mañana.

Margarita, vestida con jean y franela blanca, estaba sin maquillaje. Cuando los funcionarios se acercaron a ella, se desvaneció en los brazos del más joven y corpulento. «Está más delgada», «me pareció notarle un ojo enrojecido, puede ser la presión», susurraron los presentes. Miembros de la Dirección de Atención Integral a la Salud de PoliCarabobo se presentaron para asistir a Margarita, quien al recuperar la conciencia atribuyó su desmayo a una subida de tensión que la había descompensado. Las amigas que la rodearon le compraron una sopa, pollo al horno, plátano y ensalada para su almuerzo.

Una vez atendida, la trasladaron esposada hasta la unidad blindada que la llevó a la Comandancia en Valencia.

Nada complicado había sido el trabajo de inteligencia para localizar a Margarita, a pesar de que los efectivos aseguraron haber desplegado un cerco policial y un riguroso seguimiento a los residentes del sector. Margarita sabía que la iban a detener. Hasta que fue apresada, sus abogados habían repetido esta declaración: «Margarita no está evadida de la justicia, ella es inocente, no tiene contacto con el pran de Tocorón ni está implicada en la fuga de ese sujeto. No ha prestado un vehículo, tampoco ha permitido que este individuo se oculte en su residencia. La hicieron huir porque ella teme por su vida».

Margarita había expresado a sus abogados su preocupación por la congelación de sus cuentas bancarias personales. Ellos habían insistido en que lo recomendable era ponerse a derecho porque estando en fuga, la defensa se complicaba y corría el riesgo de ser imputada por los delitos de asociación para delinquir y legitimación de capitales, además de la evasión del «Indio Cacique».

Margarita había logrado filtrar una grabación en la que le solicitaba ayuda al presidente de la República. Le aseguraba haber sido amedrentada y que, por tal razón, no se había presentado ante los tribunales. «Temo por mi integridad física», aseguró.

Los mensajes de la vedette se convertían en virales en las redes sociales apenas aparecían. Los portales electrónicos colapsaban.

Margarita fue trasladada a la Policía de Carabobo. La ubicaron en una sala aparte, alejada de los calabozos de los tribunales. Horas después, en la madrugada, la llevaron a la presentación en el Palacio de Justicia. En esa audiencia, los fiscales 21 Nacional Auxiliar y 9° de Aragua la imputaron por encubrimiento y fuga de detenido en grado de cooperadora, y por el negocio de tráfico sexual, delitos sancionados en el Código Penal.

El Tribunal 3° de Aragua acordó medidas cautelares que garantizaron su juicio en libertad. Tendría que presentarse cada 15 días en el juzgado y debía mantenerse en la jurisdicción del Estado. Le exigieron tres fiadores con ingresos iguales o superiores a las noventa unidades tributarias.

Los abogados corrieron para cumplir con los requisitos que exigía el tribunal para que Margarita saliera de prisión. La trasladaron al Centro de Coordinación Policial Maracay Sur, llamado Cuartelito, donde pasaría la noche con treinta y nueve detenidas.

Al final de la audiencia, saludando con un rostro fresco, Margarita prometió: «Mañana salgo en libertad».

Apenas se conoció la decisión del tribunal, llovieron ofertas para pagar la fianza de la vedette. Sin embargo, surgieron inesperadas trabas para sorpresa de la defensa. Los abogados presentaban fiadores que el tribunal rechazaba sin explicación. Los días transcurrían y Margarita seguía tras los barrotes.

Margarita era el centro de un enfrentamiento político en el que estaba involucrado el juez de la causa —militante del partido de gobierno, PSUV— y los miembros de otro partido oficialista, Podemos, que había asumido su defensa.

El conflicto se resolvió transcurridos diez días. Margarita salió cargada en brazos de Gumersindo Navarro, dirigente de Podemos. La identidad de los fiadores se mantuvo oculta.

Gumersindo Navarro y la vedette ofrecieron una rueda de prensa. «Triunfó la verdad», dijo el representante político, quien trataba de ocupar pantalla. «Se demostró que Margarita confía en las autoridades y en el sistema de justicia venezolano. Ella es símbolo de la mujer sencilla y luchadora», aseguró al solicitar a sus seguidores que continuaran apoyándola.

«Ha sido muy doloroso ser objeto de falsas acusaciones», tomó la palabra Margarita, con gesto afectado y destacando que había perdido siete kilos de peso.

Se refirió a que no tuvo privilegios en su lugar de reclusión y que padeció la misma rutina que las demás detenidas. Expresó estar segura de que su carrera no se vería perjudicada por tan molesto incidente. Reiteró que militaba en el partido Podemos, aunque nadie lo sabía. Anunció que en esa tolda política trabajaría en la dirección de derechos humanos. «No he hecho ningún estudio, pero la vivencia es suficiente», afirmó. Decenas de seguidores en las redes llegaron a proponerle que se lanzara al cargo de diputada.

«Es buena», comentaron los policías americanos. «Yeah», «Great!», celebraron los agentes federales al Margarita finalizar su declaración ante las cámaras de televisión.

No pensaban igual los ejecutivos del canal VistaTV, a quienes la presencia de Margarita comenzaba a incomodar. La chica lo sabía. Al ser citada a una reunión, se limitó a enviar a sus abogados: «Si no mantienen a Margarita en el aire, se verán con el gobierno», amenazaron. Una nueva oferta hizo el canal: aumentar tres veces su salario y esperar a que bajara el volumen del escándalo. Margarita se resistió a esta propuesta. Para ella era vital aparecer en pantalla. Los abogados la convencieron de que se trataba de un arreglo conveniente. Los agentes federales coincidían con sus abogados. «Es tiempo de bajar el perfil en los medios», fue el mensaje desde Estados Unidos que recibió y acató Margarita. Redujo la frecuencia de fotos y comentarios en las redes y no aceptó ninguna entrevista hasta transcurrido casi un año.

Margarita mantuvo su doble vida. Era espía con los americanos y amiga de las bandas criminales de Venezuela. Agregó la actividad de diyéi, que le permitía divertirse mostrando sus atributos.

El «Indio Cacique» era jefe de una de las bandas criminales más temidas en el país, «El tren de Aragua». Encabezaba un gobierno paralelo en un sector empobrecido con el chavismo.

La edad del «Indio Cacique» era imprecisa ante tanta identificación falsa. Debía tener más de 50 años, según él mismo había contado. Se creía una especie de Robin Hood, al arrebatar la riqueza a otros para repartirla entre los necesitados. Su discurso rozaba con el de un líder político bajo la arbitrariedad de imponer miedo. Ofrecía beneficios sociales a los habitantes de su pueblo, San Vicente, orientaba a los jóvenes sobre lo dañino de consumir drogas o alcohol, y garantizaba orden y seguridad; paradójicamente, bajo el terror de las armas y la violencia. Los pobladores lo querían, y los que no, huérfanos del Estado, habían asumido la obediencia como alternativa para sobrevivir.

En San Vicente nadie se movilizaba sin la autorización del «Indio Cacique». Quienes lo apoyaban aseguraban alimentos y servicios. Los funcionarios de seguridad o políticos que intentaban enfrentarlo, terminaban arrepentidos. Iba contra ellos y sus familias.

Cacique controlaba poderosas bandas de secuestradores y mafias con la distribución de decenas de productos. A pesar de su discurso aleccionador, organizaba estruendosas fiestas en las que desplegaba su estilo reggaetonero con el rostro medio oculto bajo su infaltable gorra y acompañado de la chica preferida, Margarita, quien mostraba su cuerpo garantizando el buen rato. Las autoridades insistían en que seguían procurando la captura del «Indio Cacique». Si así era, la población de San Vicente no existía en su mapa.

La vedette mantuvo sus vínculos con la cárcel de Tocorón. Allí estaban sus amigos y con ellos podía acceder a una parte de la red criminal sobre la que se sostenía el gobierno de Chávez. Margarita en ese territorio era muy productiva para los investigadores americanos.

Los privilegios de la cárcel de Tocorón trascendieron a través de la narrativa periodística. Se conoció de presos que se negaban a salir porque adentro se sentían más cómodos y seguros. Era política del gobierno mantener privilegios a los jefes de redes delictivas y facilitarles temporadas de libertad. La ministra Bilis Barrera solía mostrarse abrazando a los pranes más temidos del país, a quienes garantizaba rutilantes beneficios.

La discoteca de Tocorón pasó a ser la envidia de los fanáticos de esos centros de diversión. El penal dispone de una notable variedad de restaurantes, tiendas de ropa, un banco, gimnasio, un centro hípico y galleras, campos de béisbol, de futbolito y de baloncesto, y un zoológico. Los familiares de los presos pueden alojarse allí junto a sus mascotas.

Los pranes son el gobierno en la cárcel de Tocorón. Manejan altas sumas de dinero producto de los negocios dentro del penal, porque los presos tienen que pagar por protección. En la calle, los pranes coordinan secuestros, robo de vehículos, venta de droga, extorsión y otros delitos.

Hassam Fachal quería controlar el estado Aragua, «cuna de la revolución bolivariana», en cuyos cuarteles germinó la conspiración para el alzamiento del 4 de febrero de 1992, encabezado por Hugo Chávez.

Hassam mostraba lealtad al comandante y eficiencia en las misiones de riesgo que le encomendaba. Su desempeño como ministro de Relaciones Interiores, Chávez lo valoró por tener mano dura contra los opositores políticos y por organizar grupos colectivos armados que defendieran la revolución. Hassam fue fundamental en la distribución de armas y en solidificar la industria del preso.

Desde su gestión como ministro del Interior y Justicia, Hassam afianzó la figura del pran y garantizó a las bandas criminales un canal permanente de negociación para acuerdos —con familiaridad y confianza— y componendas. Los jefes de las bandas quisieron más, y exigieron extender su poder a los barrios y ciudades. Hassam convirtió al pran en un monstruo sin leyes, sin piedad y con poder.

Hassam Fachal manejaba varios tableros para Chávez. Desarrolló una sofisticada red financiera para soportar actividades de terroristas, a quienes facilitaba transporte y cobijo en Venezuela. Agentes anti-terrorismo han detectado 173 ciudadanos del Medio Oriente, portando documentos de identidad venezolanos.

En Hassam ha sido fundamental mantener los vínculos de su familia. Su padre fue un asociado militar de Saddam Hussein y su tío se desempeñó como funcionario de ese régimen.

Hassam, desde el Ministerio del Interior y Justicia, coordinó Misión Identidad, un plan ideado para operaciones de legalización de extranjeros y con el que se regularizó el estatuto de indocumentados. Sobraron testimonios de coaccionados en elecciones para que votaran a favor del chavismo.

Como mandatario, Hassam mostró poca eficiencia. Ninguno de los 21 planes de seguridad que implementó redujo la tasa de homicidios. Al contrario, aumentó 60 por ciento.

El gobierno de Estados Unidos reunió evidencias de que Hassam como Ministro dirigió operaciones con el narcotráfico y recibió pagos para permitir el recibimiento de la droga en Venezuela.

Con ese dossier, Chávez apoyó a Hassam como candidato a la gobernación de Aragua. El comandante había considerado enviarlo a Táchira, al occidente de Venezuela, pero Hassan aspiraba a estar cerca de Miraflores y le interesaba mandar en una plaza castrense, en un país gobernado por militares.

Hassam recibió la gobernación de Aragua de manos de Rodrigo Campos, un militar retirado del Ejército que había sido asistente de Chávez, miembro del primer anillo de amigos que lo acompañó desde la conspiración del 4F.

Al asumir la gobernación de Aragua, Hassam se propuso horadar el afecto que Chávez tenía por Rodrigo Campos, sobre quien solicitó investigar su gestión. Hassam procuró pruebas y testimonios que mostraran a Campos como un traidor.

Rodrigo Campos, con acceso a la información de contrainteligencia militar, huyó. Tuvo la previsión de adelantar contactos que le permitieron convertirse en testigo protegido de la DEA. Entregó información sobre tráfico de droga y lavado de dinero hacia Estados Unidos por parte de funcionarios del gobierno, desde donde se construyó el Cartel de los Soles, con Hassam Fachal como uno de sus más relevantes colaboradores.

Margarita organizó junto al «Indio Cacique» la «Fiesta del pueblo de San Vicente». El «Indio» coordinó cada detalle. Cacique era perfeccionista, y de nuevo en la cárcel, tenía el control. Ella estaba orgullosa de ser la asistente de su amigo, en una actividad que le iba a ser productiva en varios aspectos.

A Cacique le interesaba producir dinero en una orgía de diversión. Y necesitaba evidenciar poder. La banda del «Picure», originaria del aledaño Guárico, había crecido en territorio y actividades. Al robo de automóviles sumó la extorsión, los secuestros y la venta de drogas. La imagen del «Picure» era tan temida que el mismo gobernador del estado se comportaba como su escolta personal.

El «Indio» y «Picure» eran jefes de bandas rivales. Dos pranes no pueden convivir en una prisión. Cacique sabía que si encarcelaban a «Picure» lo trasladarían a Tocorón, lo que llevaría a la guerra. Era imperativo para él demostrar autoridad. Por eso la fiesta debía ser comentada en Aragua y sus alrededores.

La logística, Cacique la fue resolviendo con las autoridades locales. El equipo técnico, la tarima y la música, eran responsabilidad de Margarita, quien haría una estruendosa presentación como diyéi. La vedette se había asesorado con amigos técnicos del canal y con experimentados organizadores de multitudinarios conciertos al aire libre. Operarían con seis grandes pantallas y otras tantas cámaras para destacar hasta el último detalle de la piel sudada de la vedette. El escenario sería compartido con ocho bailarines. Luces y efectos de fuego acompañarían la fiesta. De la seguridad y el transporte se encargaría Cacique. Unos buses estarían a la disposición para el traslado desde la cárcel de Tocorón hasta la población de San Vicente. A los habitantes de poblados vecinos les darían facilidades para movilizarse. La venta de entradas se inició con un mes de antelación y se garantizaba una oferta variada de bebidas y comida. Tequeños no faltarían. Ese negocio lo compartiría el «Indio» con sus compañeros de la banda «El tren de Aragua».

En la fiesta, Margarita se sintió como la artista que había soñado ser. El «Indio» dispuso tres asistentes para que la cuidaran y le hicieran fotos.

La noche fue larga y Cacique estaba exultante. El logro mayor fue la visita sorpresa de su amigo, el ministro Hassam Fachal, que andaba en campaña para la gobernación. «El Indio» aprovechó para ofrecerle su apoyo. Margarita se sumó, activada en su rol de espía.

Cacique notó conexión entre Hassam Fachal y Margarita, así que los invitó a la zona privada, destinada a personalidades. Al «Indio» le interesaba que avanzaran en el escarceo. Pero Hassam Fachal estaba enredado con la esposa de un general de brigada que comandaba la zona y no tenía la intención de complicarse más. Sin embargo, Margarita le atrajo por su desfachatez y su habilidad para desenvolverse en un universo de hombres bastos. Ella se integraba a los criminales con sensualidad y fortaleza. Transcurridos muchos tragos, manoteo y lengua, la situación íntima entre ellos no avanzó, aunque sí la conversación. Hablaron de Chávez y de la revolución. Margarita le repetía: «Qué hombre tan bello eres; me gusta que seas un soñador». El ambiente de la fiesta le recordó a Hassam su época de estudiante en Mérida, cuando comenzó a vincularse con grupos violentos. Su familia le había enseñado desde pequeño el uso de las armas, así que con la banda «El tren de Aragua» se explayó en detalles sobre su arsenal. Cuando se sintió cansado, Hassam se retiró. Le entregó a Margarita su teléfono privado y aseguró cumplirle con lo que necesitara, bajo la promesa de un próximo encuentro en completa desnudez. Pasados varios años, Margarita seguiría recordando ese número que tantas veces marcó y por el que nunca dejó de ser atendida.

# { VII }

El sol de agosto entró sin cortapisa a la terraza de Alberto Armas. La piel cuidada de Rita se había refugiado en uno de los tres comedores. Estaba descalza con el pelo a medio recoger y sin maquillaje. Cómoda, con la confianza de la familia, tomaba desparramada en una silla la última gota de un café humeante. «Como a usted le gusta, que le queme la lengua», le dijo Rumilda cuando se lo sirvió. Alberto entró cantando al salón. Tenía el pelo mojado y vestía ropa deportiva.

—«My Burberry Black Parfum», de la colección especial, estimulante para la hora, comentó Rita aspirando el beso que le dio por saludo. A solas se rozaban los labios.

—Cada gota cuesta más de 100 dólares, acotó Alberto.

Abrió una botella de champaña Veuve Clicquot que estaba aguardando en la hielera. «Valentina debe aterrizar en unas tres horas. Pepe, nuestro chofer, la irá a buscar en Fort Lauderdale. Romel se fue temprano a Miami. Muy apropiado que estemos solos, quiero que adelantemos asuntos importantes».

—¿Cómo siguen las cosas entre tú y Valentina? —indagó Rita estirando con sensualidad una de sus piernas para bordearlo con la punta de los dedos de sus pies.

—Mejor. No me atrevo a asegurar que hemos superado la crisis, ni que Valentina me perdonó. Ustedes las mujeres no olvidan una infidelidad y la hacen pagar caro. Diría que hemos recuperado nuestra aburrida normalidad.

—¿Aburrida? ¿Normalidad? Esas palabras no existen en nuestro diccionario —recordó Rita.

Alberto aún conservaba la figura a pesar de estarse acercando a los 50 años. Su desenfadado porte juvenil lo ayudaba. Del equipo íntimo de Hugo Chávez, era el que mejor traslucía una apariencia amable que le había sido de utilidad. Sirviéndole fue un hombre solícito a quien no importaba hacer el trabajo duro. El comandante tenía prohibido a sus hombres de confianza tomar licor en público. Las infidelidades a las esposas debían manejarse con discreción. A los cuatro chicos con acceso a su intimidad, Alberto Armas, Cándido Aguiar, Pablo Carmona y Rodrigo Campos, les castigaba si propiciaban el cotilleo. Por excederse, sentenció a Pablo Carmona a encarnar el rol de verdugo de segundo nivel. Fue él quien denunció a la oposición por espiar a través de DirecTV, quedando catapultado en el ridículo. Eso no impidió a Carmona hacer negocios financieros facilitados por su amigo Alberto Armas.

Carmona es vanidoso. Acomplejado por su físico —deteriorado aún más por una cicatriz en el rostro, causada el 4F— se cubre de lujos: Rolex, corbata Louis Vuitton, zapatos Gucci. Él y sus familiares restriegan su riqueza con fiestas, avionetas, yates e inmuebles en zonas de millonarios. Las empresas de maletín han funcionado para Carmona, quien tiene antecedentes de corrupto desde la Academia Militar. Los 15 años de su hija terminaron con un derroche de fuegos artificiales y el regalo de entradas para el área VIP de una carrera de Fórmula 1.

Otro miembro del primer anillo, el capitán Cándido Aguiar, ocupó la dirección de la policía política, Disip, a la que renunció superada la intentona golpista de 2002.

De pocas palabras y bajo perfil, Aguiar es el que menos tiene apariencia de militar en ese grupo. A sus amigos confiesa que habría preferido otra profesión. Como funcionario arrancó en el Fondo de Pensiones de los empleados públicos y siguió como director de Relaciones Presidenciales, secretario del presidente, viceministro de Gestión Comunicacional y miembro del Ministerio de Secretaría de la Presidencia.

Como todos ellos, vive como millonario. Planificó su destino itinerante en Europa desde donde se informó que la Banca de Andorra detectó que se había embolsillado noventa millones de euros por la comisión de un contrato de rehabilitación del Metro 1 de Caracas.

En cuanto a Rodrigo Campos, el comandante lo promovió como ministro de Finanzas y gobernador de Aragua. Su compañeros se encargaron de manchar su hoja de vida, con alguna información cierta. Enemigo a muerte de Hassam Fachal, acabó en los salones de las agencias federales con útil información del Cartel de los Soles.

Los cuatro chicos del comandante habían terminado desperdigados con la etiqueta de corruptos.

Alberto Armas, como teniente retirado del Ejército, hizo el esfuerzo de mantener un modesto apartamento en la zona militar de Fuerte Tiuna. La voluntad de mostrar sencillez la desbarataba su pinta de acaudalado. Adora las marcas.

Estuvo cerca de Chávez casi toda su vida. En su gobierno comenzó como subsecretario de la Asamblea Nacional y cumplió un periplo por distintas oficinas. En la Alcaldía de Caracas fue asesor de la Red de Mercados Populares. Del Fondo del Pueblo Soberano, organismo estatal para distribuir ayuda económica a los más necesitados, y del Fondo Único Social, fue presidente.

En el 2007, alcanzó la cumbre con tres cargos a la vez: tesorero de la Nación, presidente del Banco de Desarrollo Económico y Social (Bandes) y viceministro de Gestión Financiera.

Desde el 2008, el FBI ha seguido la pista de Armas, al detectar un entramado de transacciones ilegales entre funcionarios del Bandes y operadores financieros en Estados Unidos que llevaron a la detención de Julia Rojas, su adjunta. La gerente se declaró culpable de lavado de dinero por manejos irregulares de 66 millones de dólares. Confesó que por avalar operaciones desventajosas para el Bandes, esperaba recibir nueve millones de dólares que serían cobrados en cuentas en Suiza. Ese crimen no ayudó a Alberto. Le fue suspendida la visa de negocios con la que había estado operando en Estados Unidos. Para resolver ese escollo contrató en completo secreto a reputados abogados.

Los sucesos del 11 de abril de 2002 acercaron a Chávez a su entorno militar. Alberto Armas y Rodrigo Campos eran de los principales. El teniente Domingo Carvallo se había ganado la confianza del comandante y había penetrado a los amigos. Juntos cerraron filas al verse desalojados del poder. La posibilidad de tener que regresar a su antigua vida de pobreza desató una ambición desmedida, que corrompió en el camino a subordinados y pervirtió instituciones hasta lograr su destrucción. Chávez, soportado en los militares, con el control de los poderes y bajo la arenga populista abarrotada de desquiciados y falsos planteamientos del socialismo del siglo XXI, destruyó la economía. En ese esquema arrasó con la moral. La coartada era procurar el bien social. Cantando el himno nacional asaltaron las arcas del Estado para financiar al partido de gobierno y sus actividades proselitistas. A PDVSA la desangraron. Los certificados en dólares se activaron como un mecanismo que fue utilizado para cubrir los gastos del PSUV y multiplicar la fortuna de los jefes del chavismo. Construyeron redes financieras para operar con libertad bajo un esquema ilegal que manipulaba la deuda externa venezolana. Con las notas estructuradas llegaron a perfeccionar el estilo de asalto. Se trataba de un sistema importado de la banca internacional, impulsado en Venezuela por el ministro de Finanzas en el 2005, Toby Natera. La élite financiera y la claque política se enriquecieron de manera bestial. El instrumento lo continuaron aplicando a fondo Douglas Molina, Rodrigo Campos y Alberto Armas. Solo fue en el 2009 cuando Chávez decidió intervenir los bancos y casas de bolsa involucrados. Lo hizo sin detener la especulación y sin investigar a sus funcionarios por fraude.

El ficticio grupo de banqueros, creado a partir del delito, cayó en desgracia por la guerra entre las mafias. Delincuentes al fin, activaron con velocidad a sus cómplices. El primer intento para burlar la justicia fue el 17 de diciembre de 2010. Contaron con Cilia Flores como aliada. La entonces presidenta de la Asamblea Nacional aprobó la Ley del Sector Bancario que excluía el delito de expropiación o distracción de fondos. La norma llevó a la paralización de los juicios contra los banqueros ante una indefinición jurídica. Eso a Chávez le molestó y usando poderes habilitantes restituyó las sanciones penales contra la apropiación o distracción de recursos. Año y medio después el clan de banqueros insistió y lo logró. El sábado 29 de diciembre de 2012, con el presidente en terapia intensiva en Cuba luego de su última operación, la jueza Sonia Barrientos dejó en libertad a 20 exdirectivos de instituciones financieras intervenidas o liquidadas.

Transcurridos casi tres años, el 12 de septiembre de 2015, la juez Barrientos, asociada a Domingo Carvallo, seguiría probando su desprecio al Estado de derecho al sentenciar sin una sola prueba, al dirigente político Leopoldo López a 13 años, 9 meses y 7 días de prisión. Alcanzó, así, ser designada defensora pública general, con los consecuentes beneficios en sus cuentas personales.

Al estallar el escándalo de las notas estructuradas, los políticos opositores arreciaron sus denuncias con pruebas. Chávez, a pesar de las críticas y conspiraciones internas, había sostenido a Alberto Armas en sus cargos. Pero su amor protector se alteró cuando le demostraron que colocaba fondos públicos en bancos del sector privado. Para el comandante eso era una traición.

A Chávez no le importaba que su protegido robara, o que sacara provecho de su investidura para construir su fortuna personal. Lo imperdonable para el comandante era que Alberto trabajara con el enemigo, a quien debía asfixiar hasta lograr su destrucción, en lugar de darle oxígeno.

Armas recuerda con dolor el instante en que el presidente lo acusó de traidor desde su programa de televisión. «Me humilló», repite Alberto. «Ordenó que me investigaran. Me lanzó a los leones ansiosos de comerme». Las palabras de Chávez no pasaron de ser una amenaza.

El *shock* en el sector financiero y la salida de Alberto de la Tesorería el 6 de enero de 2011, alteró el paraíso de Rita y otros más.

A pesar de la sacudida, la relación de afecto entre Chávez y Armas se mantuvo. El presidente lo consideraba un hermano menor. El comandante admitía en privado que nunca había superado la culpa de haberle cegado un ojo en ese juego de pelota. Tal remordimiento se sumaba a otro que arrastraba desde su juventud, cuando Chávez tuvo un accidente manejando un vehículo en el que murió su mejor amigo. El comandante juró dejar de ingerir licor. Lo hacía poco.

Alberto sabía que era tiempo de resolver su vida fuera del gobierno y lejos del país. Su olfato lo había activado para gestionar negocios en Estados Unidos. En Carolina del Sur se afianzó como inversor del mundo hípico, refrendado por respetadas publicaciones especializadas. Su generosidad lo hizo objeto de comentarios halagadores como los del equipo estadounidense ecuestre que disfrutó de un evento organizado por él.

Alberto Armas había aprendido a seducir al sector financiero internacional. En Venezuela, como aficionado a la equitación, resultó un destacado benefactor de clubes que lo fueron llevando a replicar actividades en Estados Unidos. Ni el más millonario de los personajes se resistía a las contribuciones de Alberto para tan noble fin. Con habilidad juntó apellidos de rancio abolengo caraqueño en eventos a los que asistían jinetes de otros países. Alberto se encargaba de que todo funcionara a la perfección, teniendo a disposición camiones del Ejército, si era necesario.

Apenas Armas estuvo fuera del gobierno de Chávez, ordenó a sus abogados que notificaran a las agencias federales americanas que estaba dispuesto a colaborar. Aspiraba a un trato benigno que le permitiera residir en Estados Unidos, donde había estado invirtiendo y disfrutaba largas temporadas.

Armas usaba las dos manos. Incluso viviendo en el Norte, mantenía injerencia directa en el manejo de los fondos excedentes no incluidos en el presupuesto nacional, en las operaciones del BCV y en la distribución de recursos acumulados en los principales bancos de desarrollo estatales. Su posición todavía era privilegiada.

—Cuéntame de ti, Rita —solicitó Alberto.
—Aún no consigo el marido que me interesa —respondió ella con dejo de preocupación.
—¿No será que tú sigues enamorada de Hugo Rafael?
—Lo menos importante es lo que uno sienta, lo interrumpió Rita. Por supuesto que sigo queriendo a mi comandante, como te quiero a ti, como quiero a mis amigos. Mi relación con Hugo como pareja hace rato se acabó.

Un breve silencio se hizo entre los dos. Aprovecharon para un *refill* en sus copas de champaña.

—Logré volver a visitar a Hugo pasadas las elecciones, antes de que se lo llevaran a Cuba —relató Rita expirando con fuerza—. Es un cuerpo disecado. Mujiquita me contó que los médicos lograban revivirlo por espaciados ratos con esas merengadas de suero que le suministraban por las venas y que nadie sabe qué contienen ni las consecuencias de su aplicación. Me dijo que cuando le pasaba el efecto, sufría en extremo. Por eso lo han mantenido drogado. Cuando se resiste a recibir calmantes, el dolor lo hace retorcerse hasta perder el conocimiento. ¡Quién sabe cómo estará ahora!

—Está agonizando —acotó Alberto.

—Entre la mala praxis de los cubanos y la campaña electoral, lo acabaron —comentó Rita con los ojos aguados.

—Hugo se empeñó en tratarse en Cuba. Ni yo ni nadie pudo convencerlo de que cambiara de opinión —se apresuró a sentenciar Alberto—. Prefirió seguir las indicaciones de Fidel y descartar soluciones planteadas por amigos que le garantizaban seguridad y el desarrollo tecnológico y científico de otros países. ¿Has tomado tus previsiones? Nadie sabe qué va a suceder luego de su partida.

—He tomado previsiones, por supuesto que lo he hecho, aunque todavía tengo pendiente el dinero que me deben los Carrillo Beltrán. Desde que la Fiscalía los imputó, ha sido un calvario cobrar lo que me deben. Tal vez puedas ayudarme, sugirió ella.

Rita se refería a los hermanos Germán y Leonardo, con quienes Alberto y ella habían operado en sociedad. A los Carrillo Beltrán las transacciones financieras les venían de familia. Su padre, como ejecutivo de un banco tradicional, había vendido con astucia sus acciones en una oportunidad que aprovechó para consolidar una fortuna interesante. Con Rita habían funcionado en alianza perfecta. Leonardo, encargado de relacionarse con los representantes del gobierno, asumía a Rita como la gestora oficial. Y estaba en lo correcto. Las diligencias de Rita y de amigos comunes como Alberto, les habían garantizado el privilegio de conseguir los depósitos para su banco Banamable y su compañía de seguros. Su mérito fue coaccionar para que los organismos del Estado les colocaran sus fondos. Se trataba de montos voluminosos. Con velocidad, los hermanos hicieron que el negro Alcides Iguana, un profesor que ansiaba dinero y poder, les entregara —con la mano tendida para recibir comisiones— los contratos de los seguros del Ministerio de Educación, despacho del cual era titular. Se trataba de más de 150 millones de dólares, una de las dos pólizas de Hospitalización, Cirugía y Maternidad de mayor cuantía en Venezuela. Otros dirigentes del mismo partido de Iguana se fueron por el mismo camino, como Remberto Sáez que tenía el control de Bauxiven y Bauxilum.

Tan grandes eran los montos manejados, que una bruma de mafia se depositó sobre la cabeza de los involucrados, haciéndolos sospechosos de hechos extraños, como fue la desaparición de un personaje de apellido Ceballos, encargado de conseguir contratos millonarios del Estado, el mismo trabajo de Rita. Ceballos murió en un accidente aéreo como consecuencia del sabotaje ejecutado por un deshonesto funcionario policial, confirmaron las investigaciones. El móvil no se aclaró. Lo relevante es que fue asesinado antes de cobrar la abultada comisión que se había ganado.

Rita como gestora de los hermanos Carrillo Beltrán garantizó la colocación de fondos de ministerios, instituciones, gobernaciones y alcaldías de peso, como la de Caracas y la Metropolitana. El hermano mayor del comandante también manifestó deferencia hacia Rita, expresada en el otorgamiento de contratos a quienes ella asistía. Decirle a Rita que no, era decírselo a Chávez.

Alberto como tesorero ubicaba los montos de dinero en el banco de los Carrillo Beltrán. Armas anunciaba: «Ahí te mando a nuestra barbie», y Rita se encargaba de la operación. Los hermanos tenían una compañía de seguros y una casa de bolsa para legitimar el dinero. La ganancia fue descomunal.

El ataque de ira del comandante contra Alberto Armas afectó a los Carrillo Beltrán. La Fiscalía solicitó cárcel para los hermanos. Fueron procesadas las demandas por usurpación de identidad de clientes que detectaron procedimientos fraudulentos y se encontró evidencia de simulación de operaciones bursátiles, obtención ilegal de divisas y agavillamiento. Sus empresas fueron intervenidas, les suspendieron las operaciones y en mayo de 2010 se ordenó su detención. Ya estaban fuera del país.

La sacudida obligó al reacomodo de los clanes chavistas. Doce entidades bancarias fueron intervenidas por irregularidades en su funcionamiento, media docena de jefes de casas de bolsa y diecisiete banqueros resultaron detenidos, veinticinco escaparon del país. Varios de ellos se declararon perseguidos políticos esgrimiendo ser amigos de la oposición. Los Carrillo Beltrán y otros convivían con personajes de la política opositora a quienes habían financiado en campañas, o concedido favores que esperaban cobrar alguna vez.

En la prisa, los prófugos Carrillo Beltrán dejaron entendiendo a Rita Blanco. Y no es que Rita fuese una desvalida. Ella y Chávez mantenían la amistad y la sociedad en los negocios. Rita —previsiva y con conveniente inclinación hacia los militares— tenía cerca a Domingo Carvallo, hombre del entorno del comandante. La relación de Rita con Alberto Armas cerraba su círculo de protección. Sus tentáculos eran tan poderosos como ella los necesitaba para mantener su estatus tras la desaparición del comandante.

Alberto había consolidado su equipo de cómplices. Domingo Carvallo era uno de ellos, aunque ahora con territorio propio. La suerte le permitió a Carvallo ser el vicepresidente el 11 de abril de 2002. Durante dos días se mantuvo escondido luego de huir en una ambulancia vestido de enfermera. A Carvallo poco le importó que el sector radical del chavismo lo catapultara como cobarde. El 13 de abril, al regresar el mando a Chávez, su lealtad tuvo frutos. Estuvo en el Ministerio de Justicia, el Ministerio de Infraestructura, la Gobernación de Miranda, el Ministerio de Obras Públicas, fue diputado y presidente de la Asamblea Nacional. Se consolidó como uno de los hombres fuertes del partido y del gobierno. Los expedientes de corrupción por cobro de sobornos, contrabando de extracción y especulación financiera con énfasis en el sector alimentos, crecieron en proporción a su poder.

En la Fiscalía reposan más de 20 denuncias —sin respuesta por parte de Carvallo— por corrupción y narcotráfico. En el caso de los llamados eléctricos, tres empresas estatales, La Electricidad de Caracas, la Corporación Venezolana de Guayana y Petróleos de Venezuela, otorgaron al consorcio Rewick doce contratos de obras eléctricas, por obras no ejecutadas en perjuicio de la nación. Carvallo cobró por soborno cincuenta millones de dólares.

La firma de Servicios de Inteligencia privada Stratfor clasificó a Carvallo como uno de los grandes polos de la corrupción en Venezuela.

Organizaciones no gubernamentales califican a Carvallo como un hombre violento y peligroso, que ha ordenado la ejecución de ciudadanos inocentes. Hechos documentados lo responsabilizan por el financiamiento de colectivos armados para atacar manifestaciones, sembrando el miedo para acorralar el descontento popular.

Alberto Armas era el titiritero de la Tesorería. Había tomado previsiones antes de ubicarse a miles de kilómetros de distancia. Dos mujeres resultaron piezas claves en su plan: Carmen Dávila y Carla Molina. Esta historia comenzó en diciembre de 2002, una noche en que Chávez en sus cavilaciones había salido al jardín de Palacio y se detuvo a mirar el pesebre tradicional que se construye cada año detrás de la fuente principal. El tormento se notaba en su cuerpo pesado, en la cabeza que agachaba y agitaba como tratando de alejar temores de ella. Tenía razones para su miedo. Un paro y fuertes protestas de calle amenazaban a su gobierno que aún no se había recuperado de la intentona golpista que lo había sacado del poder por 48 horas. Durante esos días, la gente de Palacio estaba acuartelada y aunque no lo comentaban, temían que la situación política llevara a una nueva caída.

Una mujer, Carmen Dávila, observaba al comandante. Ella asegura que apenas percibió su imagen, sintió que tenía el deber de comunicar al presidente lo que los espíritus le estaban diciendo. La tensión y el gesto de las manos dispuestas a rezar, la empujaron a hacer lo que podría interpretarse como una osadía, tratándose de una empleada que debía mantener distancia de su superior. La alentó saber que Chávez propiciaba la cercanía con los subordinados y solía compartir con ellos intimidades.

Carmen Dávila era espiritista. Nacida en San Cristóbal, estudió bachillerato en la escuela militar de la Guardia Nacional y cursó en la escuela de enfermería de las Fuerzas Armadas con sede en el Hospital Militar en Caracas. Su primera experiencia laboral la tuvo en el sector privado en hoteles y en la clínica Leopoldo Aguerrevere, hasta que fue asignada a la oficina de Atención al Ciudadano del Palacio de Miraflores con la capitana Carla Molina, oficial que alcanzaría altos cargos junto a Chávez y Maduro.

Las oficinas donde trabajaba Carmen estaban ubicadas en Miraflores. Toparse con el presidente esa Navidad de 2002 no era asunto extraño. Carmen narró —porque hasta un libro se animó a publicar— que ella lo miraba y lo miraba, y sentía su angustia en perfecta coherencia con un sueño que había tenido la noche anterior. Y para ella, cosas de Dios, en su sueño estaba el presidente exactamente como lo estaba viendo esa noche. La escena continuaba con ella interrumpiendo a aquel hombre abrumado por sus preocupaciones y problemas. Carmen, tal vez con coquetería, se acercó y le anunció: «Comandante, la victoria está cerca». Carmen siguió hablando, le refirió sobre una joven que había fallecido en un accidente. Si el acercamiento no fue planificado, funcionó como tal. Era conocida la debilidad que Chávez tenía por los espíritus. Compañeros de prisión han comentado entre burlas que solían encontrarlo conversando con un supuesto Simón Bolívar para quien disponía una silla vacía. Chávez practicaba la comunicación con los muertos, costumbre natural entre militares que tienen fama de brujeros. Fidel Castro había profundizado la creencia al involucrarlo con la santería y el trabajo con huesos humanos. Es parte de la explicación a lo que hizo con el cuerpo de Simón Bolívar.

Una manera de acercarse al comandante era mostrando sensibilidad con el tema. Y si lo hacía una mujer atractiva, mejor. Carmen tenía un rostro indio, con un pelo lacio negro que agitaba junto a sus pestañas. La expresión del mensaje tuvo sus resultados cuando meses después el paro fracasó y el comandante retomó el control del país.

Carmen oficiaba como asistente de Carla Molina y recibía entrenamiento. Un día le informaron desde Palacio que debía cumplir con guardias de confianza como enfermera del presidente. Quedaba a disposición del comandante las 24 horas del día. No era una época en la que Chávez pareciese enfermo, igual, ella tomaba su pulso, le suministraba gotas en los ojos y colocaba sus lentes. Chequeos de rutina. A ella le complacía estar a su lado todo el tiempo, en todo lugar. Se encargaba de su comida y lo acompañaba hasta que el cansancio lo vencía. Le escogía la ropa, lo seguía en los viajes, era su asistente. «Donde él reposaba yo cerraba la puerta y lo esperaba afuera», contaba orgullosa. Y los sueños y visiones de Carmen continuaron. Era su apoyo espiritual. Durante siete años compartieron instantes cargados de emotividad.

Carmen estuvo en funciones de enfermera hasta abril de 2010. Había comenzado una relación amorosa con Adán Vásquez, alias «el Trapiche», capitán de la Guardia Nacional que se había desempeñado como edecán de Hernán, el único hijo varón de Chávez. Así, Adán y Carmen como pareja, reforzaron la cercanía con el presidente, para quien su hijo era una preocupación. Hernancito era un joven con problemas de conducta. El tema procuraban manejarlo con discreción, pero no siempre era posible apagar los incendios que causaba en locales nocturnos con violencia y exceso de droga y alcohol. La rotación del personal que lo protegía se hizo muy alta. Sus guardaespaldas se convertían en proveedores de sustancias ilícitas para Hernancito, lo que obligaba al padre a establecer doble vigilancia. Quien cuidara de manera eficiente a su vástago, disfrutaba del afecto del comandante. Prueba de ello fue cuando el empresario Jaimito Urbaneja, presidente del grupo empresarios con Venezuela, estuvo entre los banqueros con orden de captura en la crisis financiera de 2009. Chávez lo perdonó porque su hijo había sido buen amigo de Hernancito.

«El Trapiche» informaba a Chávez sobre los pasos de su hijo. Podía también ser su vengador con los locales nocturnos que le negaban ingreso. «El Trapiche» se encargaba de que los comercios fuesen clausurados, multados y los cuerpos de sus dueños enviados a prisión. En ocasiones Chávez decidía cortar la comunicación con Hernancito. En su esfuerzo por tratar de rehabilitarlo, lo envió a Cuba y Madrid. Hernancito, rebelde, marcó distancia. Mostraba desprecio por la política y hasta en sus fanatismos personales prefirió el fútbol en lugar del béisbol, la pasión de su padre.

Otro militar, Rubén Marlon Terán, fue designado para sustituir a Alberto en la tesorería. Apenas duró tres meses en el cargo, quizás porque mostró muy rápido la ambición de crear su propio clan de las finanzas. Con el campo libre, Alberto lanzó una jugada inesperada que a Chávez le encantó: propuso a Carmen Dávila como tesorera general de la nación. El argumento de Armas es que a pesar de ser enfermera y apenas haber ascendido de sargento técnico a mayor, venía de la mano de Carla Molina, considerada una excelente escuela. «Te lo digo yo, que he ejercido esa responsabilidad», recalcó Alberto. Para cerrar el paquete, Carmen ocuparía la Secretaría Ejecutiva del Fonden. El comandante aceptó nombrarla en los dos puestos.

El capitán Adán Vásquez —pareja de la nueva tesorera— venía de una relación estrecha con Domingo Carvallo. Ambos habían nacido en Monagas y amaban las peleas de gallos. El astuto «Trapiche» resolvió pronto que necesitaba aprender sobre el manejo de finanzas. Con su mujer subió de nivel y entró al negocio de las importaciones. Para operar, la pareja incorporó a unos jóvenes del sector financiero bautizados como los bolichicos, que lograron siete mil millones de dólares de ingresos con operaciones de pago de la deuda externa, títulos valores, especulando con el diferencial cambiario. En ese equipo estaba Ricardo Gámez.

El control de los medios de comunicación tenía obsesionado al comandante. En mayo de 2007 arrebató a sus dueños el canal TVP, Televisión Popular, con el argumento de que la concesión se había vencido. Una arbitrariedad que le pasó factura política. Eso no lo detuvo en procurar el silencio de la crítica, el ocultamiento de la verdad y el monopolio de la información. Medidas administrativas a través de Conatel sacaron del aire a decenas de emisoras de radio. A los empresarios apuntó a sus bolsillos, logrando en muchos casos la autocensura, y en otros, el cierre, al secarlos de recursos. Numerosos medios impresos dejaron de circular. A los que seguían con vida se propuso comprarlos. Para el plan de adquisición otorgó dólares preferenciales.

Había un canal que a Chávez incomodaba de manera especial porque su contenido se había convertido en una bandera política: Centrovisión.

Ricardo Gámez había resultado para Alberto Armas un buen socio. Los primeros pasos de Gámez fueron en el oficio de la abogacía. De manera polémica hizo carrera al lado de siniestros personajes bautizados como «la banda de los enanos», por la pequeña estatura de sus miembros. Ellos llegaron a tener el control sobre las decisiones en tribunales usando mecanismos de extorsión. La banda manipulaba expedientes, ocultaba antecedentes penales y cobraba millonarias comisiones. A sus delitos le encontraban utilidad política. Miembro de ese grupo era el fiscal Danilo Anderson, asesinado cuando manejaba casos para provecho del gobierno y de sus socios. Los tentáculos de «la banda de los enanos» alcanzaban al Tribunal Supremo de Justicia.

En el 2004, siendo Ricardo Gámez litigante, fue denunciado por extorsión. Las investigaciones comprobaron llamadas intimidatorias. Dos años después se hizo conocido por asumir la defensa del Banco Las Islas. Y en meses, ya estaba adquiriendo Seguros La Vida.

La amistad entre Alberto Armas y Ricardo Gámez se solidificó durante las andanzas financieras que había emprendido el abogado. Como aliados cocinaron la oportunidad de comprar Centrovisión con el ingrediente de que la esposa de Gastón Zambrano, propietario del canal, era familiar de José Daniel Camacho, socio de Ricardo Gámez. La asociación la completaba Diego Pulido —también de la banda—, quien aparecía como propietario de la empresa aseguradora. La mesa estaba servida.

En eso andaban los negocios de Alberto, cuando Rita y él se reunieron en Miami.

—Alberto, mi tema *number one* es el dinero que me deben los hermanos Carrillo Beltrán. ¡Son 40 millones de dólares!, dijo Rita con firmeza. Ellos te tienen respeto, su fortuna te la deben a ti, ¿crees que puedas convencerlos de que me paguen de una vez?

—De eso quería hablarte, mi querida amiga. He decidido asumir parte de la deuda que los Carrillo Beltrán tienen contigo. Yo me entiendo con ellos. Lo manejaremos como un problema entre hombres. Es imperativo solucionar este conflicto. Estoy seguro de que quedarás satisfecha con el monto que te voy a entregar. A mí ellos no me van a poder decir que no. Tú eres más vulnerable —expresó Alberto con la solemnidad de un hermano mayor.

—¡No sabes cuánta felicidad me das con esa noticia! —gritó ella con alegría.

Rita se lanzó a los brazos de su amigo, sentándose en sus piernas. El gesto sirvió para un prolongado y profundo beso en la boca. Alberto acarició sus senos que habían aflorado con el movimiento. Al sentir los pasos de Rumilda se recompusieron con naturalidad.

—La condición es que cierres la polémica —ordenó Alberto—. En el sector financiero —donde tú sabes que abundan los buitres— ha trascendido este inconveniente. Me han dicho que tú los has amenazado y eso no favorece a nadie.

—Tienes razón —respondió Rita con cara de barbie regañada—. Te prometo que más nunca diré una palabra desentonada contra los Carrillo Beltrán.

—Muy bien —le acarició Alberto la mano con cariño. Miró su costoso reloj y solicitó a Rumilda que trajera caviar—. Vamos a almorzar *risotto alla parmigiana* con trufa blanca, —anunció Alberto.

—Ummm, delicioso. ¿Y dejó algo de trufa en el Piamonte italiano, David Rincón? —preguntó Rita con ironía, haciendo alusión a la exagerada cantidad de kilos que importaba para satisfacer su placer en Venezuela el primo de Sugar Rodríguez.

Compartieron otro brindis de complicidad.

—En un par de horas llega mi mujer, y tú y yo tenemos que hablar de negocios. Primero vamos a comer, tengo hambre. Y cumplamos con nuestro ritual de criticar a la gente —solicitó Alberto.

—Yo creo que Romel se está quedando sordo —dijo enseguida Rita.

—Sordo y mudo porque lo poco que dice no se le entiende. Ya no construye ni una frase completa —agregó Alberto.

—Y se comporta ausente de decoro y clase. El concurso se ha desacreditado mucho. Aquí entre nos, menos mal que la reunión fue aquí en tu casa y no en un lugar público. No quiero que me vean con él y me confundan con sus chicas prepago. Creo que tanta cercanía con David Rincón y Douglas Molina lo han vulgarizado. ¡Dígame ese tal Miguel Chusma!

—Pues a mí Romel me ha sido de utilidad. Una Señorita Venezuela, o lo que me acaba de prometer, una Señorita Mundo, es más convincente que un Lamborghini —consideró Alberto.

—Y te cuesta menos, admítelo —acotó Rita.

Las risas se escuchaban en el salón de videojuegos en el que estaba Tim más calmado. Sintió alivio por no tener que ver a Romel. Hablar con el comisario Arias resultó un bálsamo tranquilizador. Tim había acatado sus sugerencias Descansó, se bañó, comió y se puso guapo para esperar a Armando. Jugaba Call of Duty desde un sitio estratégico, donde si bien no escuchaba con claridad, sí podía percibir los movimientos de Rita y Alberto.

Rita aún no había buscado la computadora que estaba en su cuarto. Tim, en el paso más audaz de su rol de espionaje dado hasta la fecha, había enviado en email troyano bajo la supervisión de los técnicos americanos. A medianoche había entrado a la habitación de Rita para introducir un pequeño micrófono en su maletín, que ya estaba activado. Solo Tim podía hacer eso en una casa que tenía cámaras de vigilancia por doquier. El estilista usó la excusa de sacar labial y *blush* para que Rita se retocara después de comer. Se los envió con Rumilda a la terraza. Los asistentes celebraron el gesto del querido Tim.

Había aprendido. Dos años antes, apenas se atrevía a escuchar conversaciones, a referir nombres y horas de reuniones y a hacer escuetas descripciones de lo que sucedía. El comisario Orlando Arias lo enseñó. Con su experiencia como docente, tenía paciencia para explicarle con sencillez la razón de cada cosa. Tim recibía sus instrucciones vía Skype. Fue entendiendo cómo valorar detalles y cómo hechos triviales podían ser fundamentales. Le agradaba cruzar eventos que antes le parecían desconectados y que resultaban en una cadena de situaciones.

Tim había ingresado a una página de Facebook en la que personajes como él compartían experiencias. Eso lo ayudaba a elaborar soluciones ante circunstancias supuestas de espías. El dinero solía ser la clave. Por eso Rita y sus actividades eran apasionantes de seguir.

Con Rita había viajado hacia Rusia y Medio Oriente. Era octubre cuando aterrizaron en Moscú. A causa del frío casi ni salió de la habitación del hotel Ritz-Carlton. Había recibido felicitaciones por la información enviada del teléfono de Jenny desde Las Vegas, pero en esta gira Tim se sentía frustrado. Tuvo que limitarse a referir lugares y reuniones sobre las que Rita hacía comentarios banales. Le fue difícil identificar nombres y cargos. Apenas si pudo sustentar la información que enviaba con lo que publicaba una agencia en español llamada Prensa Latina. La complicación adicional era que la presencia de Chávez enredaba sus movimientos. Un piso completo fue habilitado para él y otro para seguridad. Nadie tenía acceso a menos que el comandante lo solicitara. Ni siquiera Rita podía pasar sin autorización. Iba cuando él lo pedía. Del presidente no se separaba Mónica Lila, la hija mayor. Había comenzado a asumir funciones de primera dama y era celosa y estricta. Cargaba su propio estilista y un séquito de asistentes.

En Rusia habían estado dos días. Arribaron horas antes del avión presidencial, en una aeronave de Petróleos de Venezuela con funcionarios del gobierno, entre ellos Sugar Rodríguez. Al salir de Moscú volaron para Teherán y de allí la comitiva siguió para Bielorrusia, Ucrania, Siria, Libia, Argelia y Portugal. Tim y Rita llegaron hasta Bielorrusia, de donde se escaparon hacia París.

Desde Moscú, Tim reportó que Chávez firmó convenios estratégicos con su homólogo Dmitri Medvèdev (Tim no entendía por qué si era el presidente, Putin mandaba). Informaron acuerdos en áreas de la construcción, la banca y el sector energético.

Rita le había comentado a Tim que Chávez quería venderle a Rusia la parte venezolana de una refinería en Alemania y que con ese dinero pretendía hacer nuevas inversiones. Opinó que al comandante le interesaba la asesoría de Rusia en asistencia tecnológica para impulsar la construcción del país. «Rusia es clave para los planes de la revolución. Chávez sabe lo que hace», aseguró Rita orgullosa.

Tim no pudo conocer cómo habían avanzado los acuerdos para la venta de armas y equipos militares y el desarrollo de energía nuclear. «Nada nos va a detener, somos libres, soberanos e independientes», declaró Chávez.

En Irán, Tim la había pasado peor. Un ataque de migraña lo tumbó en la cama. Abrir los ojos le dolía. Desde ese país lo que reportó lo había copiado en una servilleta, tal como Rita lo definió al visitarlo en el cuarto: «política anti Estados Unidos».

Por lo que Tim percibió, a Rita tampoco le agradaba esa escala. Le sintió prisa por salir de Irán, donde los hombres no la trataban como ella merecía. En Bielorrusia, Tim siguió enfermo. El malestar desapareció apenas pisó Francia.

Rita estaba eufórica en París. En Rusia había logrado que le pagaran parte de la comisión de lo negociado en el viaje de 2006 como gestora en venta de aviones y helicópteros, y en el contrato para la construcción de la fábrica de Kalashnikov y de municiones en Venezuela. Era mucho dinero.

«Rosoboronexoirt», la principal agencia estatal rusa, fue designada intermediaria para la exportación e importación de productos relacionados con la defensa. Se estableció que el contratista principal de la obra para hacer fusiles fuese la empresa Stroinvestinzhiniring SU-848, cuyo propietario y director general era Sergei Popelniujov, exsenador de Rusia. Venezuela transfirió 18 millones de dólares a la firma del contrato.

La gira de Chávez en 2010 sí tenía una razón geopolítica. Formaba parte del proyecto que el comandante había elaborado al ascender al poder y que había afinado con el incremento de los precios del petróleo y la simbiosis con Fidel Castro. Con Rusia, la cercanía la comenzó a trazar desde 2001, al dar inicio la transferencia tecnológica y militar entre ese país y Venezuela. El convenio lo firmaron Putin y Chávez. En ese documento se estableció que la Fuerza Armada venezolana recibiera armamento y suministros que incluso podrían ser entregados a otros gobiernos aliados. Eso fue solo el inicio.

Rusia era parte fundamental de la decisión de Chávez de romper con los vínculos militares existentes entre Estados Unidos y Venezuela. El comandante ordenó buscar industrias alternativas para el suministro de material militar y equipo bélico local. Los americanos reaccionaron y prohibieron a sus aliados la venta de equipamiento tecnológico a Venezuela. Esperando esta respuesta, Chávez estiró la mano hacia Rusia y China, y en menor grado a Irán.

Solo en dos años, entre 2005 y 2007, se firmaron doce acuerdos por más de 4.000 millones de dólares entre Rusia y Venezuela.

Cuando Chávez estuvo en Rusia en julio de 2006, Rita lo acompañó como una activa gestora. La primera parada la hicieron en Volgogrado, centro de la industria militar rusa. El ministro de Defensa de ese país, Serguéi Ivanov, había anunciado que existía un acuerdo para vender a Venezuela unos treinta aviones cazas de la familia SU-30 y una cantidad similar de helicópteros.

Esos convenios alcanzaron un total de 3.000 millones de dólares. Contemplaban la venta de helicópteros Mi-17, Mi-26, Mi-35, la construcción de una fábrica de fusiles y municiones, y un centro de entrenamiento para pilotos de helicópteros.

Poco importó a Chávez la crítica de la administración de George Bush a tal cercanía. Habían llegado a Venezuela treinta mil (de un total de cien mil) fusiles rusos Kalashnikov AK-103/AK-104 con sus accesorios, comprados a Rusia previamente y que se convirtieron en los fusiles de asalto de la Fuerza

Armada, en reemplazo de los FN FAL 7,62 × 51 mm. Se agregaron a esta compra, cinco mil fusiles de precisión SVD Dragunov de 7,62 × 54R mm y una cantidad desconocida de lanzacohetes antitanque RPG-7V1 de 85 mm.

En los acuerdos se sumó la adquisición de tanques de batalla T-72B1, vehículos de combate de infantería BTR-80 y BMP-3 y blindados de apoyo. A la lista se agregaron elementos de artillería, para defensa antiaérea, armamento de aviación y vehículos.

Estados Unidos insistía en advertir que las compras venezolanas de armas iban más allá de las necesidades de su defensa.

La aspiración del Kremlin era convertir a Venezuela en un escaparate de armas rusas que serían vendidas en el mercado latinoamericano. Al interés de Moscú se agregaba tocar la riqueza petrolera venezolana.

Esa gira de 2006 Chávez la completó visitando Bielorrusia y a su dictador Lukashenko, con quien procuraba cercanía por ser enemigo de Estados Unidos. Petróleo y armas volvieron a componer la agenda.

El tercer país clave en ese viaje fue Irán, cuya alianza estratégica se había iniciado. Los jefes de Estado de dos países exportadores de petróleo antiamericanos, pactaron acuerdos en temas políticos y económicos.

Cuando ya estaban tomando una segunda taza de café, Alberto sugirió: «Revisemos el estatus con los rusos».

Tim sintió la puerta de la habitación. Vio pasar a Rita hacia el comedor con su maletín de trabajo.

Armando había llegado y Tim se relajó en sus brazos.

—Un desastre lo de la fábrica de fusiles —fue lo primero que comentó Rita— manipulando información en la computadora.

—¿Depositaron? —preguntó inquieto Alberto.

—Sí. El dinero está entre mis cuentas de Holanda y Suiza. Apenas me autorices te transfiero. ¿Te encargas de Domingo Carvallo? —preguntó Rita.

—A estas cuentas en Suiza que te acabo de enviar vas a depositar en cinco partes iguales, con dos días de diferencia en cada una. De Domingo yo me ocupo —precisó Alberto escribiendo en su *laptop*.

—Acabo de mandarte los soportes exactos de las transferencias que me hicieron. Adjunto te van a llegar mis observaciones, precisó Rita. En los informes se explican las comisiones por cada sector. Aviones, helicópteros, transporte terrestre y, lo último, que son los fusiles y municiones.

—¿Y por qué dices que lo de los fusiles es un desastre? ¿Está complicada la construcción de la fábrica? —volvió al tema Alberto sin separar los ojos de la computadora.

—Eso va a terminar mal, por eso presioné tanto para que nos cancelaran lo que nos corresponde —explicó Rita—. Imagínate que ni siquiera han comenzado la infraestructura. Cuando estuvimos en Moscú hace dos años y nos adelantaron el primer pago, la corporación Rosoboronexport aseguró que los primeros fusiles y municiones estarían antes de lo previsto. Gracias a esa circunstancia pudimos cobrar nuestro adelanto. El comandante andaba feliz, tú lo conoces: él es como un muchacho que sueña con jugar a la guerra. Resulta que ahora el subdirector de la corporación, Ígor Sevastianov, anunció que la obra está paralizada. Yo pasé por la sede de Cavim en Maracay para verlo con mis propios ojos. Te aseguro que eso está crudito.

—¿Y por qué? —requirió Alberto.

—¡Se cogieron esos reales! —aseguró Rita.

—¿Tú crees? ¡Putin va a matar a ese hombre! —dijo Alberto sorprendido.

—Mis amigos rusos, que tú sabes que tengo —afirmó Rita con picardía—, me contaron que el exsenador Serguéi Popelniujov transfirió a empresas que estaban bajo su control los dieciocho millones de dólares que ordenó pagar el comandante. Los rusos están buscando la manera de explicárselo a Hugo. Seguro va a ser el primer tema que tratará apenas se comunique con Putin, si no lo ha hecho ya. Si el comandante pudiera agarrar un avión e irse, lo haría. Así reacciona él. Un breve silencio se hizo entre los amigos hasta que Alberto preguntó.

—¿Y ese enredo con la fábrica de fusiles no tiene que ver con esa explosión tan sospechosa en la sede de Cavim?

—Fíjate que no sé. Tú debes tener más información que yo. Mis sospechas y la de muchos militares, incluido Domingo Carvallo, es que con eso tuvieron que ver los iraníes, que son vecinos de terreno, y, según cuentan, son una fatalidad.

—¡Sí! —se apuró a reafirmar Alberto—. ¡Son terribles! Se lo he dicho a Hugo. También Domingo lo ha hecho. Lo que pasa es que esos asuntos con Irán, Hassam los defiende como una gata y para el comandante son punto de honor. Para mí que Ahmadinejad es un oportunista que azuza la pasión antiamericana del comandante. ¡Ese tipo es más vivo! Tanto misterio en el tema Irán-Venezuela le permite a Ahmadinejad hacer y deshacer sin control. Tengo unos amigos que viajaron en el plan de entrenamiento de Teherán para el manejo de los drones y llegaron espantados. No aprendieron nada.

Alberto se refería a los acuerdos adelantados con Irán desde el año 2007 para la fabricación en Venezuela de un avión ligero utilitario Farj 3 y de vehículos aéreos no tripulados, así como la repotenciación con tecnología iraní de los aviones de combate F-5 de origen norteamericano pertenecientes a la aviación militar de Venezuela.

La expectativa estaba en torno al proyecto llamado San Arpía-1, la construcción de drones, vehículos aéreos no tripulados, cuya fábrica se instalaría en Cavim. La planta sería operada por personal militar venezolano entrenado en Irán. Se comenzó entonces la producción del modelo Arpía que es la réplica del iraní Mohajer 2.

Los aviones no tripulados pasaron a ser un artefacto común para militares y civiles en muchos países. El tema delicado era que Venezuela se lo estuviese comprando a Irán, país que estaba bajo la sanción de la comunidad internacional. El proceso de negociación se llevó a cabo en completo secreto.

Para agregar sospechas, en Cavim, donde se debía estar construyendo la fábrica de fusiles Kalashnikov, se produjo el 30 de enero de 2011 una explosión que destruyó por completo cuatro galpones. El suceso fue justo frente al lugar de ensamblaje de aviones no tripulados. Investigadores que tuvieron acceso a la recolección preliminar, consideraron inexplicable que las explosiones hubiesen sucedido en dos lugares distantes entre sí.

La ocasión sirvió para que algunos oficiales de la Fuerza Aérea protestaran que se escondiera información sobre el sistema de drones y los desarrolladores de la primera versión.

—Esa obras me dan mala espina —insistió Alberto—. Recuerda que a los iraníes también les dieron un contrato para la producción de pólvora en Cavim en las instalaciones de Morón, estado Carabobo. Ellos son oscuros, no sé si los veo así por desconocimiento de su cultura, pero a veces dan razones. Te advierto que una fuente me dijo que la Fiscalía de Nueva York tiene adelantada una investigación sobre la compra y posterior ensamblaje de los drones. Menos mal que nosotros no estamos en ese negocio. Si a alguien le tienen que poner los ganchos, que sea a Hassam Fachal.

—¿La Fiscalía de Nueva York? —repitió Rita preocupada.

—La Fiscalía de Nueva York. Los 28 millones de dólares que pagó el gobierno venezolano exceden por mucho, lo que sería el precio de la docena de drones comprados. El fiscal Robert M. Morgenthau acusó al gobierno de corrupción, promoción de terrorismo, deseos de establecer una hegemonía política y odiar a los Estados Unidos. El argumento es que la actividad financiera entre Irán y Venezuela no se compagina con las inversiones realizadas, ni con la infraestructura edificada. Imaginarás que a la comunidad internacional, vistas las cosas con Irán, tiene que preocuparle qué hace la empresa militar iraní Aviation Industries Organization en Venezuela.

Y para alimentar el misterio, ocurre esa explosión —continuó Alberto—. Me preocupé al saber que Ali Hajizadeh, general de la Guardia Revolucionaria iraní y comandante de la Fuerza Aéreo Espacial, ha entrado dos veces a Venezuela en menos de dos años. ¿Qué creemos? ¿Que los gringos se chupan el dedo? Hajizadeh es quien dirige el programa de misiles de Irán.

De más está decirte —siguió explicando Alberto— que esos modelitos de drones que supuestamente está haciendo Irán, no sirven para nada. Los tres primeros se cayeron. Y los otros —si es que logran volar, porque primero tienen que ensamblarlos en Maracay— como muy lejos llegan a 100 kilómetros en 90 minutos. El dron americano, el RQ-170, se ríe al lado de estos. Así que yo estoy a punto de creer que lo de los drones es una excusa y que en efecto, algo raro hay.

—¡Mi amor, eres todo un experto! De los caballos a los drones. Se te salió el espíritu militar —bromeó Rita.

—Sabrás que me apasiona el tema —admitió Alberto agradecido—. La idea de los drones en materia de seguridad es muy eficiente. Ese modelo, el Mohajer, tiene equipos de cámaras para fotografías y videos y han sido artillados con fines muy específicos en sus versiones más modernas. Pero a nosotros, los bolsas venezolanos, nos lanzaron las versiones viejas de 1985, cuando la guerra Irán-Irak.

—¿Y no le has comentado esto al comandante? —interrogó Rita.

—¿Y qué le voy a decir? Primero, eso es territorio de Hassam. Y segundo, Ahmadinejad convenció a Hugo. Por eso me pregunto si en realidad se trata de una coartada para ocultar el tema nuclear.

—¡Ay! —suspiró Rita—, prefiero a mis rusos, mi amor. A pesar del enredo que tienen con la fábrica de fusiles, a nosotros siempre nos pagan completo.

—Son unos corruptos serios —bromeó Alberto mientras chocaban las manos—. *By the way* —se detuvo recordando—, qué pasó con tu novio ruso y con el cantante puertorriqueño, cuéntame cómo anda tu vida sentimental. ¡Cada vez que pienso en que el comandante estuvo a punto de reincidir en un matrimonio contigo!

—Eso no es verdad.

—Claro que sí, insistió Alberto. No sé por qué lo niegas si los dos estaban muy enamorados. Me divierte recordar cuando se corrió el rumor de que se estaban casando en La Orchila. Si hasta yo llamé a tu hermano Freddy, que estaba en Casa Militar, para que me confirmara el asunto. Te confieso que sentí que ustedes dos me habían dejado a un lado. Sabes que soy un hombre sensible —agregó con sarcasmo.

—Hablando en serio, necesito marido —ratificó Rita—. En eso tiene razón Romel. Estoy en la justa curva de volverme vieja. Nadie ha visto una barbie arrugada. Aunque sé que me conservo bien, los años no perdonan. Y no me puedo casar con cualquiera. Quisiera un hombre presentable en sociedad —que no sea venezolano— y que esté dispuesto a firmar el papel. Ojalá consiguiera un europeo con sangre azul, así como hizo el banquero rojo Florencio Miranda con su hija. Un marido con título real sin importar que no tenga un euro en su cuenta. Yo lo pagaría con gusto. También quisiera casar bien a mi hija.

—¡Está muy chiquita! —exclamó Alberto.

—Ya casi tiene 19 años.

—¡Wow! Pasaron más de tres años de aquella fiesta que sacudió los cimientos de la sociedad caraqueña... y de tu corazón.

—Ni me lo recuerdes —solicitó Rita.

La sonada celebración de los 15 años de la hija de Rita con Vicente Ramos tomó la Quinta Esmeralda de Caracas para recibir a 1.500 invitados. Bajo los hechos, fueron varias fiestas. Se organizaron reuniones previas para agasajar a los invitados internacionales: el cantante puertorriqueño Xavier Martín, los «Calientes» del reggaetón, y Ricky Milk, trasladado en vuelo privado desde Nueva York a Caracas.

Los trajes de la niña fueron diseños exclusivos de Rovira, quien estaba en el tope gracias a elaborar vestidos al Señorita Venezuela y a la élite del chavismo. Rita madre tuvo a bien encargar sus trajes en París. Se cambió dos veces esa noche. La decoración intentó reproducir Budha Bar de la ciudad luz. La intención contrastaba con las gigantescas pantallas de plasma. La comida y la bebida fueron de lujo. La fiesta se prolongó hasta al amanecer, cuando fue servido un desayuno criollo para los trasnochados y ebrios.

El ambiente fue propicio para el romance de Rita con el menudo cantante Xavier Martín, a quien terminó paseando por las hermosas playas de Los Roques y de Morrocoy. Semanas después se abrazaban en su mansión en La Romana en República Dominicana. La prensa rosa registró el idilio.

—Fue muy breve ese romance —suspiró Rita—. Ese hombre estaba muy comprometido. Y a mí como que la farándula no me va.

—Soy tu enamorado eterno —le confesó Alberto de pie, oliendo su cabello—. Me voy a esforzar en conseguirte el marido ideal. Tu boda será reseñada en la revista *Chao*—prometió.

—Amén —dijo Raquel con gesto de fe, juntando sus manos como si rezara.

El ruido de un motor indicó a Tim que venía llegando Valentina, la esposa de Armas, con Pepe, el chofer. La conversación entre Rita y Alberto había sido larga. Tim había podido disfrutar de los vapores del sexo. Estaba confiado en que el «hackeo» de la *laptop* funcionaría sin dejar huellas. Le faltaba por retirar el micrófono que había colocado en el maletín de Rita. Tenía la ventaja de que debía prepararla para la cena. Le haría tratamientos en el cabello y en la piel y debía arreglar sus uñas. Eso daba suficiente oportunidad para aprovechar un descuido. No estaría tranquilo hasta cumplir con esa misión.

Tim sentía respeto por Rita y de alguna manera temor. Le parecía que era una mujer hierática que no se detenía a la hora de sacar de su vida a quien tuviera que hacerlo. Se había ganado su fama de despiadada.

Las relaciones de Rita, los pasos que había dado, eran obra de su cálculo dirigido hacia el objetivo de poder. Con su origen de clase media había aprovechado su físico para exponerlo en el trampolín del concurso Señorita Venezuela, del que absorbió las relaciones necesarias y se retiró cuando había reclutado a su primer marido, presidente de la Bolsa de Valores de Caracas. Con esa relación aprendió de negocios hasta que se aburrió. Encontró diversión con un exitoso hombre del espectáculo, Gustavo Garcés, a quien sustituyó por Lucas Gómez, hijo de un senador socialcristiano, presidente del Banco Industrial de Venezuela. Este amorío fue una inversión. Él fue quien entregó orgulloso a Rita a los brazos de Hugo Chávez. Como retribución se aprovechó del control cambiario para engrosar una fortuna calculada en mil millones de dólares. Aun cuando se le acusó de cometer hechos ilícitos en la institución bancaria que presidía, ya que en su gestión la entidad alcanzó una mora de 49 por ciento, nadie llegó a molestarle. Lucas Gómez, cercano en los negocios a Alberto Armas, se instaló a vivir a Europa como ciudadano británico. Su inclinación por las chicas de concurso de belleza la prorrogó al casarse con Alicia Yépez, Señorita Amazonas, quien se había aventurado a hacer modelaje en Italia.

Llegar a un hombre como Chávez era lo que Rita quería. Lástima su enfermedad. Ella y el comandante se convirtieron en una sociedad que le aseguró ser una de las mujeres más ricas de Venezuela. Rita era el satélite de personajes de confianza del jefe. Con la ambición afinada se convirtió en la privilegiada intermediaria que compartía lecho con el presidente.

Ella entendió temprano que debía asegurar sus negocios fuera de territorio venezolano. En República Dominicana compró una mansión en La Romana, visitada por el *jet set* que pasea en su yate de más de 100 pies de calado con la cómoda cercanía de un aeropuerto privado. Su aspiración ha sido adquirir el Hilton de Santo Domingo, valorado en 75 millones de dólares. En Madrid, invirtió en la urbanización La Moraleja y ha hecho esfuerzos onerosos para penetrar en la *high society*.

Rita es una mujer descarnada que activa las piezas necesarias para conseguir sus objetivos. Para ella las personas son fichas de juego.

# { VIII }

Habría querido ser invisible. Avergonzado y asustado, Romel se alistaba para huir de la casa de Alberto Armas. Sentía que no podía contener la micción. Estuvo a punto de solicitar a Rumilda que le tomara la tensión y llamara a un doctor. Con la operación a corazón abierto, la hipocondría se le había agudizado. No se separaba de un maletín de pastillas y del teléfono de emergencia de su médico. Diez años atrás lo habían intervenido con cuatro *bypass*. Cierto, él aderezó con drama el asunto, pero la situación había sido delicada.

Romel sentía tener sangre y madera para la actuación. La actriz venezolana Lupita Ferrer lo había marcado desde joven. «Lástima mi miedo escénico, que me hace parecer ignorante frente a las cámaras. ¡Con lo que disfruto la fama y la pantalla!», siseó Romel alistando su maleta.

Desde la llamada de Anastasia no había hecho más que llorar. Al despertarse rezó a la virgen de Betania, e iluminado decidió salir de ahí. En su apartamento en Miami podría hacer las llamadas requeridas y activar a los amigos que lo ayudarían a apagar el fuego prendido por Margarita. «La bichita esa nunca me gustó. ¡Me ofende que los periodistas la sigan vinculando con el Señorita Venezuela! ¿Quién podía imaginar a Margarita, una niña sin apellido —porque ni siquiera se llama así— en un mismo espacio con Rita Blanco? Rita, una mujer tan refinada, con tanto *charm*, resulta incomparable con ese paquete de tetas y culo que se hizo famosa por interpretar a una mujer de servicio. ¡Dios! La culpa es de los dueños del canal que le dieron espacio a ese esperpento. Una puta, eso es. Bueno, todas lo son, pero algunas lo disimulan con clase», comentó Romel en voz alta.

—Ya Pepe está en el carro esperándolo con su perrita —anunció Rumilda interrumpiendo a Romel en sus murmuraciones.

—Muy bien, señora. Me despide, por favor, de Alberto y Rita y le envía cordiales saludos a Valentina. Se ha adelantado una reunión importante que requiere de mi presencia abajo en Miami, por eso no me quedo a desayunar. Prepara usted una manzanilla excelente.

Romel se lanzó aliviado a la parte de atrás del Bentley—quería uno como ese—y alcanzó a decir: «Vamos a mi apartamento en Brickell». Se quedó dormido. Le pasaba con frecuencia en los carros. No entendía por qué no le sucedía igual en los aviones.

—Señor, ¡señor Romel, llegamos!

—Gracias por haberme traído —respondió sobresaltado y aturdido.

—Ya estamos en su casa, señor. Yo me regreso a Fort Lauderdale a buscar a la señora Valentina que llega en el avión del jefe. Que tenga usted un buen día, se iba despidiendo Pepe acompañando hasta la puerta a Romel y cargando el *kennel* con Cilia adentro.

Romel soltó su maleta de viaje y llamó a su asistente. La diligente Anastasia Medina había concursado en el Señorita Venezuela hacía 28 años. Romel recordaba ese certamen porque fue el último que se celebró en el hotel Macuto Sheraton de Caraballeda. Anastasia no figuró y sin embargo a Romel le agradó el porte y la actitud de la chica. La envió a un evento internacional de turismo donde casi gana. La señora Karen Smith, profesora de pasarela del Señorita Venezuela, la incorporó al equipo del concurso para que asesorara en modelaje. Cuando la señora Smith falleció, ella la sustituyó.

Anastasia tenía espuelas y sabía comunicar. Con audacia montó su propia academia de modelaje con sucursales en Caracas y en el interior del país y resolvió entrenar a candidatas de concursos en pequeñas islas del Caribe. No lo hacía mal, era disciplinada y severa. Se fue ganando la confianza de los dueños del evento y la de Romel, de quien se convirtió en una fiel servidora y más adelante socia y cómplice. Le parecía una virtud que lograse aplacar, controlar y guiar a esas niñas.

A Romel le causó buena impresión Anastasia llegando temprano a la Quinta Señorita Venezuela. A las 8 de la mañana ya había entrenado en el gimnasio. «¿Y a qué hora te levantas tú?», preguntó Romel. «A las 5 de la mañana; preparo el desayuno, llevo a mi hija al colegio, entreno y aquí estoy». Era madre soltera y estaba en un medio muy competido. Romel bautizó a su hija.

Anastasia instruía a las muñecas para desfilar: «Brazos pegados al cuerpo, movimiento de la cadera con la pelvis hacia delante con el pompis metido».

En Anastasia pudo delegar cuando el concurso se diversificó en actividades lucrativas para Romel. Él manejaba la agenda paralela de las niñas y ella se encargaba de la carpintería. Se había especializado en convencer a muñecas que se resistían a dejarse tocar por hombres extraños.

—Anastasia, llegué, ya estoy en la tranquilidad de mi casa. ¿Me puedes explicar qué carajo sucedió? —preguntó Romel.

Anastasia le repitió que las autoridades policiales buscaban a Margarita por haber ayudado a escapar a un tal «Indio Cacique», un sujeto de alta peligrosidad.

—Creo que debemos tranquilizarnos, ese es un problema del canal, no tienen que relacionar a esa niña con el concurso.

Vamos a manejar esto con discreción. El escándalo no favorece a nadie —aseguró Romel.

—Díselo a los periodistas que andan haciendo un recuento de los últimos escándalos del certamen. Y las redes sociales están que queman, querido —replicó Anastasia.

—Seguro que esto lo va a manejar el canal a su estilo. Nosotros nos vamos a quedar calladitos, que así nos vemos más bonitos. Si es necesario me regreso a Caracas para reunirme con los jefes, pero sinceramente no quiero que me vean la cara. ¡Qué contrariedad! —dijo Romel alzando la voz de nuevo—. Y Margarita ¿no es prima del peluquero? Lo vi de lejos en Miami.

—Estilista, Romel, él es estilista —corrigió Anastasia. Ese pobre muchacho no mata ni una mosca. Creo que ni siquiera le habla a la prima. ¿Qué hago entonces? ¿Me desaparezco? —preguntó.

—Digamos que vas a ser prudente y evitar tu presencia en las oficinas hasta que yo llegue. Mejor te enfermas un par de días.

—Así lo haré.

—Ya va, ya va —la atajó Romel—. Necesito que me ubiques a Irma Salamanca.

—¿Irma? ¿La Señorita Mundo?

—Esa misma, ¿cuántas necias como esa existen? —preguntó Romel impaciente—. Alberto Armas la solicita para una reunión con un cliente importante.

—¿De qué nacionalidad?

—Creo que chino —dudó Romel.

—¡Ay jefe! Necesitamos esa información. Sabes que con los chinos y árabes la tarifa es más cara. A los chicos perversos se les cobra más —se quejó Anastasia.

—¡Ja! Se rio con ganas Romel. Que no te escuche Miguel Chusma, ni Douglas Molina, ni David Rincón.

—Verdad. ¡Dígame Miguel, que se antoja hasta de tres al mismo tiempo! No se tranquiliza nunca y eso que se acaba de casar.

—Lo importante es que paga triple, mi amor, acotó Romel.
—Pero nos enreda la vida, como si ya no la tuviéramos complicada con los escándalos de tus niñas.
—¡No quiero pensar en eso! ¡Me va a volver la taquicardia!
—expresó Romel en actitud dramática tocándose el corazón.
—Y volviendo a nuestro tema —precisó Anastasia—, ¿me comunico con Irma, o lo hago a través del insoportable de su mánager, Gerardo Tosta?
—Llama a Gerardo, él fue el tipo con quien se entendió Miguel. Evitemos ruido con mi amigo Miguel Chusma. No quiero herir susceptibilidades, ni que sienta que ocupamos su terreno. Sé que esa relación se acabó y que Chusma invitó a Irma a su boda. La niña se lució al presentarse con la cantante puertorriqueña Sara Cañón. Quedó como toda una *lady*. De cualquier manera, una Señorita Mundo es una Señorita Mundo y Miguel Chusma ha invertido mucho dinero en ese cuerpecito. Y aunque ya no está bajo su administración, hay que tener delicadeza. Aunque nos fastidie, llama al Gerardo ese y ponte de acuerdo con él, ordenó Romel.

Miguel Chusma era el propietario de Tiendas Carrie, una cadena de venta de ropa que desde hacía más de una década había evidenciado sus vínculos con el gobierno al asociarse en diversos planes que iban desde la adquisición de terrenos hasta la distribución de alimentos, sacando provecho a la escasez. Su relación con Romel era íntima y financiera —lo tenían como imagen de la tienda— y juntos habían consolidado durante los años, alianzas para actividades que involucraban al concurso Señorita Venezuela.

El evento de belleza había comenzado a realizarse a principios de la década del cincuenta. Iniciando los ochenta la Corporación VistaTV adquirió el negocio, la marca, un sueño y un emblema. La maquinaria para construir «señoritas» como material de exportación, proporcionó alegrías. Venezuela pasó a ser considerado el país de las mujeres hermosas. Llegar hasta allí significó costos y sacrificios para las concursantes que debían someterse a tratamientos estéticos y cirugías plásticas bajo el dictamen de Romel que, con sus ojos de bisturí, diagnosticaba lo que las niñas necesitaban. La lista para la transformación física resultó extensa: tratamientos odontológicos —blanqueamiento dental, microabrasión y contorneado de esmalte y restauración con resinas—; levantamiento de cejas —con cirugía o inyecciones de bótox o de ácido hialurónico—; liposucción de mejillas, cirugía de nariz y mentón; tratamientos para reducción de grasa en el cuerpo (masajes, liposucción de espalda, rodillas, brazos y abdomen, con radiofrecuencia y ultracavitación, carboxiterapia corporal, drenaje linfático, dieta y entrenamiento físico); mamoplastia de aumento; extensiones con cerdas naturales o artificiales para el cabello, tintes, cortes y tratamientos de hidratación. Además de maquillaje, manicure y pedicure.

«Para ser bella hay que ver estrellas», repite Romel a unas chicas dispuestas a lo que sea para llegar a la corona. Antes de la crisis económica, el dinero no era problema. Con el inicio del siglo XXI y el prolongado gobierno de Chávez, la situación se complicó. El apoyo de los propietarios del concurso a las señoritas se redujo a la preparación en pasarela y a las clases de oratoria y etiqueta.

Las aspirantes debían resolver el pago de su transformación física de acuerdo a las instrucciones y el plazo estipulado por Romel, así como los gastos de calzado, vestido y alojamiento, ya que la mayoría provenía del interior del país.

Si bien Romel tenía preferencia por las niñas de clase alta y educadas, admitía que las pobres ofrecían buenas historias y habían demostrado ser magníficas reinas de belleza.

Ante esta realidad, se elaboró la figura del patrocinante como la alternativa para financiar a las chicas que no tenían recursos económicos. Aparecieron unos personajes que bajo el supuesto interés publicitario, han cobijado bajo su manto a una o más chicas, a quienes llevan de la mano hacia la pasarela del Señorita Venezuela. La idea resultó una ingeniosa alternativa económica para los propietarios del canal de televisión, un negocio para Romel y la posibilidad para los patrocinantes de convertirse en propietarios temporales de unas niñas con la marca del concurso. Las aspirantes se convirtieron en chicas prepago bajo la complicidad pública. El evento se transformó en un *reality* sobre trata de blancas. El manejo de los patrocinantes con las chicas ha sido tan evidente, que la prensa de farándula suele considerar como un indicador para el favoritismo, la influencia del patrocinante. En una época, el guiño de la chica favorita estaba representado por unos zarcillos que Romel entregaba a la probable ganadora. Esa señal mutó en el sello del padrinazgo del propietario de una tienda, o de un banco, o de un ministerio. Como si se tratara de ganado.

La política no ha quedado fuera del evento. Y si bien fue notoria la injerencia en décadas pasadas —en una oportunidad Blanca Ibáñez apadrinó a la novia de su hijo y forzó que quedara en el cuadro final—, no hay comparación con lo que ha hecho el chavismo con la complicidad de Romel y el silencio de los propietarios del certamen. Y a pesar de que la joven que tomó las riendas de la empresa y del canal ha confesado su desagrado por la manera en que Romel maneja a las chicas del concurso, nada ha hecho para evitarlo.

—El negocio no lo permite, comentó Mimina, jurado y asesora del evento, mientras Tim la peinaba. La nueva presidenta de VistaTV se lamenta de no poder depurar el Señorita Venezuela. Ella argumenta que Romel es un *trademark*.

Tim no estaba de acuerdo con eso y Mimina tampoco. «Conozco excelentes profesionales que podrían sustituir a Romel», agregó la experta en belleza.

Miguel Chusma se convirtió en el patrocinante de mayor peso en el concurso. Sus oficinas en Caracas se establecieron como peaje. La oferta de muñecas la fue ampliando hacia sus socios y amigos, propietarios de tiendas de ropa y otros negocios. En ese proceso, Chusma fue ganando derechos con los que ha presionado para que sus candidatas aparezcan en el cuadro final, obligando a Romel a hacer malabarismos para complacerlo. A veces la suerte o el tino les ha otorgado premios internacionales. Entonces el precio de las muñecas sube de valor.

Irma Salamanca fue Señorita Mundo. Tim había sido testigo de su transformación. Ella y Jenny destacaban entre sus clientas por la velocidad con la que consolidaron propiedades gracias al apoyo de sus patrocinantes. Con una diferencia: Irma logró el título internacional.

—Cuando Irma triunfó en el Señorita Mundo ya tenía siete veces más de lo que le dieron en metálico —se atrevió a decir Tim conversando con Mimina—. Ella fue la amante predilecta de Chusma. La pulió, la llenó de marcas, de joyas. Te digo, esa niña llegó a Londres con un abrigo de piel Zendi negro como una princesa. Las cirugías que le mandó a hacer Romel le quedaron estupendas. Imagina a Kim Kardashian con 50 kilos y 1,80. Cuando yo la vi dos semanas antes del Señorita Mundo, me dije: esta mujer va a ganar. No solo era cuestión de belleza. Aparentaba clase y eso que venía de abajo. Recuerda que a ella la descubrió Gerardo Tosta, para pesar de Romel. La vida de esa muchachita había sido dura. Quedó huérfana pequeña como con quince hermanos en un pueblo por allá por Portuguesa. Viviendo como una recogida trabajaba en un centro comercial donde Gerardo la pilló y corriendo se la llevó a Romel. Y tú sabes como es Gerardo, un preparador de concursantes con prepagos de alta factura. Tiene varias niñas que no han pasado por el concurso, pero igual están cotizadas. De hecho, si te metes en su Instagram vas a ver a esas criaturas con jeques árabes, empresarios alemanes, bielorrusos y te preguntas ¿qué hacen esas señoritas en un evento en Arabia Saudita o en París? La pelea de Romel con Gerardo es porque sabe que él tiene talento para conseguir candidatas. De hecho, varias de él han ganado eventos internacionales. Tiene la ventaja de estar instalado en Nueva York y de conocer gente muy *high*.

—Cierto —respondió Mimina—, Gerardo es un Romel culto, aunque hay que reconocer que Bustamente es brillante en lo suyo.

—Con Irma tuvieron que convivir los dos porque estaba Chusma de por medio —precisó Tim—. Aunque la niña apenas se coronó entró en rebeldía y no quiso reportarle a nadie.

—A mí me pareció horrible que fuera a Miraflores y que hiciera campaña para la reelección de Chávez —acotó Mimina.

—A mí también. Dígame como lo anunció.

—¿Cómo fue?, no me acuerdo, cuéntame —solicitó Mimina batiendo las manos para apurar que las uñas pintadas se secaran.

—«Voy rumbo a un momento cumbre en mi vida muy anhelado» —recitó Tim como lo había leído en Twitter—. Era de esperarse que eso ocurriera. Ella y el presidente habían tenido su intercambio de halagos en la red social.

—A la gente del canal debe haberle caído como un balde de agua fría, porque una cosa es que te arrastres en privado y otra hacerlo en público —opinó Mimina.

—Lo que pasa es que ella le cayó en gracia a la organización Señorita Mundo y se sentía sobrada, tanto, que hay rumores de que piensa arrebatarle la administración del evento al canal con apoyo del gobierno, claro está.

—*By the way*, antes de irme, cuéntame de la boda de Miguel Chusma con la Señorita Monagas 2004 —saltó Mimina quitándose la bata colocada para proteger su Channel del tinte de pelo.

—Botaron la casa por la ventana, como te imaginarás —contó Tim mientras le daba los últimos toques al largo cabello rubio de Mimina—. Aunque la tierrita siempre es la tierrita, como dice mi querida Yusmeli —agitó Tim la cabeza con un gesto femenino—. No estoy seguro de que sea la boda del año, *but* casi. Llegaron invitados en vuelos privados desde el Medio Oriente, Europa, Canadá, Estados Unidos y el estado Bolívar, ni qué dudarlo. Calculo la asistencia en unos dos mil. *Of course*, hasta las servilletas las importaron. Miles de rosas fueron traídas de Ecuador y Colombia. Había cinco estaciones de comida, más los postres. El padrino, Romel, andaba de niñera, mi amor, cargando los hijos de Chusma del matrimonio anterior y con estos ojos que se habrá de tragar la tierra, lo vi ¡sacándole los gases a uno de los muchachitos!

—¡No te creo! —abrió los ojos Mimina divertida.

—La entrada triunfal fue de Irma Salamanca a la medianoche cuando llegó con Sara Cañón, que según, cobró cien mil dólares. El traje de Irma era todo nacarado, es-pec-ta-cu-lar. ¿Qué te puedo decir? Al final, la gente ebria perdió el glamour y se quedó dormida sobre las mesas. ¡Un horror!

—Te quiero, mi Tim. Nos vemos la próxima semana —se despidió Mimina complacida.

Eran las 6 de la mañana y ya había trotado dos kilómetros, cumplido con veinte minutos de remo banco fijo y se había dado una ducha muy caliente. Sin perder la costumbre de acompañar el televisor con un café, preparó su batido verde con una taza de acelgas cortadas y lavadas, un centímetro de raíz de jengibre fresca, una pequeña rama de apio, un plátano y un limón.

Lo colocó en un vaso desechable y se lo fue tomando en el camino. El comisario Arias estaba en excelente forma —debía estarlo—, de lo contrario no podría haber ingresado al Buró Federal de Investigaciones (FBI), la principal rama de lucha contra el crimen en los Estados Unidos. Lejos estaban los días de depresión y necesidad que lo habían llevado a sentirse viejo y desesperanzado. La injusta persecución contra él en Venezuela lo obligó a mudarse a Miami. Al principio se resistía a salir de su país, pero el acoso del régimen y la insistencia de uno de sus estudiantes que había consolidado una carrera en el FBI en Washington DC donde se desempeñaba como investigador en el campo de la lingüística, lo animaron a enviar su hoja de vida a algunas agencias de seguridad. Su experiencia como docente, su reconocido éxito en la resolución de casos complejos y su destacado desempeño como directivo de lo que fue la Policía Técnica Judicial cuando tenía prestigio internacional, lo habían llevado a ser conferencista frecuente en congresos de especialistas en los Estados Unidos. De joven había estudiado en la Escuela de Derecho en Seattle, la Universidad de Washington, y había sido un entusiasta cátcher del equipo de béisbol y miembro de los equipos deportivos, los Huskies Siberianos. Su padre lo había enviado fuera de Venezuela con la esperanza de que no se contagiara con su misma pasión: ser policía. Rolando Arias, su papá, había ocupado la dirección del cuerpo científico policial del país.

Pero no lo pudo evitar. Apenas terminó sus estudios y a pesar de estar enamorado de una rubia simpática nacida en San Francisco, Orlando solicitó ingreso en la escuela de policía en Venezuela. Se fue especializando en homicidios.

En el año 2004 había tenido un primer encuentro con agentes del FBI, colegas de conferencia que ya mostraban preocupación por la situación local. Había trascendido que el jefe del cuerpo policial tenía preparado el «retiro forzoso» del comisario luego de la intentona golpista del 11A de 2002 que por horas sacó del poder a Hugo Chávez. La orden fue expulsar a quien no jurara fidelidad a su gobierno. Se violentó la meritocracia y los trabajadores fueron sometidos a procesos judiciales injustos violando sus derechos humanos.

El comisario Arias era incómodo. Le anunciaron que su jubilación había sido adelantada. Tenía edad como para seguir trabajando veinte años más, lo que no les importó. Por cinco años resistió dentro del país con viajes ocasionales a Estados Unidos. Trabajó algunos homicidios como investigador independiente. Destacó con la resolución del crimen cometido contra una paciente por el psiquiatra del expresidente Chávez, Edmundo Chirinos. Esa alternativa laboral nutría su pasión profesional. Pero la docencia lo llevó al sedentarismo expresado en perjuicio de su cuerpo: una barriga que nunca había tenido, apareció. No le agradó al comisario que sus alumnos le llamaran «gordo» o «viejo» por mucho cariño que expresaran, así que con la rigurosidad con que había llevado su vida, cambió su régimen alimenticio y arrancó un estricto entrenamiento que le insufló fuerza. De Venezuela salió cuando pretendían involucrarlo en un fabricado caso de homicidio. Por fortuna era un hombre respetado, incluso por simpatizantes del gobierno que, indignados por la trampa, lo alertaron para que arreglara sus cosas y huyera del país.

Las primeras semanas le costó adaptarse. En el proceso de decidir qué haría con su vida estuvo «arrimado» en casa de unos amigos en ciudad Doral y a las tres semanas alquiló una habitación a una pareja de americanos que le sirvió para practicar el inglés, asunto difícil en Miami. Y empezó a estudiar. Sus amigos le habían informado de la oportunidad como analista, con posibilidad futura de agente especial del FBI. En términos formales, Orlando no cumplía los requisitos para ser agente. No obstante, le habían asegurado que su caso podía ser considerado entre las excepciones, por tener una carrera de muchos años en una agencia similar. A un analista le exigen atributos que Orlando cumplía: paciencia, imparcialidad, utilización de instrumentos de prospectiva, eficiencia en la formulación de hipótesis, sistematización de datos y un alto grado de compartimentación. Después de enviar sus documentos le respondieron con un correo que anunciaba pruebas físicas y una entrevista. Orlando, que había profundizado su entrenamiento, sabía que la edad podía ser un problema para su ingreso. Ya había cumplido los 50 años, aunque en su último chequeo de salud el médico le dijo que parecía de 30. Bueno, era su compadre. En el FBI le practicarían un profundo examen físico y le harían pruebas a intervalos específicos para medir sus progresos. Una óptima visión y audición eran fundamentales. Los hombres de su edad debían poder realizar 24 abdominales en un minuto, 13 flexiones sin pausa, un sprint (correr a toda velocidad) de 300 metros en 83,2 segundos y una carrera de 1,5 millas en 15,14 minutos.

En lo personal, seguía siendo un hombre con tendencia a la soledad como tantos policías. Su mente estaba centrada en volver a su pasión laboral como investigador y poder ayudar a su país en la crisis que estaba viviendo.

El 12 de marzo de 2012 el comisario Orlando Arias ingresó a las oficinas en Miramar, ubicadas en el condado Broward al sur de la Florida, en lo que sería su rutina de trabajo en el FBI, una de las 16 agencias federales de Estados Unidos que trabajan en labores de inteligencia para la realización y regulación de las relaciones exteriores y la seguridad del país.

La llamada Comunidad de Inteligencia, a la que pertenece el FBI, tiene un director que responde y depende directamente del presidente. El FBI es la principal rama de investigación criminal del Departamento de Justicia de Estados Unidos. Cualquier acto definido como crimen por la ley federal, recae sobre la jurisdicción del FBI. Sus agentes especiales suelen ser llamados investigadores y en su estructura hay administradores, expertos forenses, personal médico y lingüistas. Estos agentes especiales investigan terrorismo, espionaje, crimen organizado, tráfico de drogas, corrupción, fraude y casos de desaparición de personas, entre otros. Quienes ingresan por la vía regular son sometidos a veinte semanas de entrenamiento exhaustivo en Quantico, Virginia, donde deben demostrar habilidades de investigación, uso de armas de fuego y autodefensa. El racionamiento deductivo es fundamental para investigar delitos complejos y sofisticados. El organismo enaltece valores como la honestidad y la responsabilidad. Los antecedentes son exhaustivamente indagados.

Los agentes especiales del FBI suelen trabajar en colaboración con otros departamentos federales, entre los que está la Administración de Cumplimiento de Leyes sobre las Drogas (DEA por sus siglas en inglés). Los procedimientos, que en ocasiones comparten, requieren más ciencia y menos espectacularidad en el uso de las armas, contrario a lo que muestran las películas.

A Orlando le habían asignado a Peter Gibson de compañero, un americano hijo de puertorriqueños apasionado del espionaje y unos cincos años menor que él. «No entiendo por qué no te fuiste a la Agencia Central de Inteligencia», le dijo Orlando. «La CIA es el escenario ideal para las acciones encubiertas», insistió. «Me gusta el FBI», respondió Peter, hombre de pocas palabras, experto en relaciones humanas y conocedor de Latinoamérica. En poco rato se reunirían con colegas de la DEA y la CIA. Querían ampliar información sobre personajes de Venezuela que estaban siendo investigados, uno de ellos, el general Héctor Carpio, alias «el Gallo», sujeto que había sido incluido desde septiembre de 2008 en la lista del Departamento del Tesoro como capo de la droga y se había convertido en objetivo de importancia para la DEA y la CIA. La Oficina de Control de Bienes Extranjeros (OFAC), encargada de documentar las designaciones del Departamento del Tesoro, había señalado a Carpio por actuar como protector de cargamentos de cocaína de la guerrilla colombiana que pasaban por territorio venezolano.

La novedad del caso era que Carpio había enviado el mensaje de estar interesado en negociar un acuerdo de protección con la oferta de testificar en tribunales federales contra jefes chavistas y revelar sus lazos con el narcotráfico, el lavado de dinero y el tráfico de armas.

El esfuerzo de Carpio se manifestó a través de un abogado en Miami al que había contratado para que lo representara ante el Departamento del Tesoro.

La DEA no había dejado de seguirle los pasos a Carpio. Para algunos, «el Gallo» era clave, no solo por manejar operativos de narcotráfico para la guerrilla, a la que también dotaba de pertrechos, equipos de transmisión y hasta atención médica, sino por haber permanecido varios años en la Dirección de Contrainteligencia Militar trabajando en conjunto con los cubanos, quienes se habían encargado —por disposición de Chávez— de los registros de identificación, información y estrategia de los organismos de inteligencia y seguridad, de los civiles y militares.

Unos seis meses atrás, el general Douglas Fraser, comandante de la Fuerza Aérea en el Comando Sur, había alertado sobre el gran número de defensa aérea portátil y de armas automáticas que Rusia había vendido a Venezuela y que podían pasar a manos de las FARC.

Existía evidencia de que «el Gallo» era el enlace con la guerrilla en la frontera y que las FARC usaban a Venezuela como refugio.

El comisario Orlando Arias sabía que otros venezolanos, además de Carpio, estaban siendo investigados por las agencias federales.

«El Gallo» era cercano a Hugo Chávez y a Domingo Carvallo. La evidencia indicaba que había asistido a operaciones de narcotráfico con el colombiano Wilber Alirio Varela, alias «Jabón», quien había muerto en condiciones extrañas en la ciudad de Mérida en el 2008. De ese homicidio se mencionó como sospechoso al general Nelson Requena, quien luego sería comandante de la Guardia Nacional. Los informantes determinaron que Carpio y otros efectivos permitieron a la organización de Varela exportar cocaína desde Venezuela garantizándole protección, y la seguridad de que no sería interferido por fuerzas militares ni organismos policiales. Las averiguaciones alcanzaban hasta una ocasión en que «el Gallo» vendió cientos de kilos de cocaína a los miembros de la banda de «Jabón». Los informes contenían registros de reuniones con el «Mono Jojoy» y otros dirigentes de las FARC.

Estos hechos se complementaban con la confesión del narcotraficante venezolano Walid Makled, con quien la DEA había hablado extensamente en el 2010 mientras estuvo detenido en Colombia. Makled confesó: «Desde San Fernando de Apure (llanos venezolanos), salen diariamente cinco o seis aviones cargados con cocaína hacia Honduras, de Honduras hacia México y de México a Estados Unidos».

A Orlando no le sorprendía que un sujeto como «el Gallo» estuviese enviando un abogado para negociar. Amigos militares le habían contado que el general y muchos otros chavistas, soñaban con residir en Estados Unidos. Se sentían capitalistas y querían disfrutarlo. Carpio aspiraba a retirarse en un lugar tranquilo lejos del país y las sanciones en su contra eran un obstáculo para gozar de la economía occidental.

—Carpio detesta el comunismo —sentenció Orlando Arias, recibiendo la atención de sus colegas de la CIA, la DEA y el FBI—. Las ayudas a las FARC las ha ejecutado porque se lo ordenó Chávez y porque se trata de un negocio. «El Gallo» es un hombre operativo con experiencia en contrainteligencia. Quiere negociar porque sabe que su vida en el gobierno va a ser corta sin Chávez. Acumuló muchos enemigos internos y necesitará radicarse fuera de Venezuela. Para hacerlo debe quitarse de encima la decisión de la OFAC. Le inquieta que lo catapulten como narcotraficante, amigo de terroristas y violador de los derechos humanos.

—Las primeras operaciones con los insurgentes, Chávez las coordinó con Rodolfo Ríos Chacón, otro de los militares sancionado por el Departamento del Tesoro en el 2008, recordó el comisario Arias. Desde el inicio de su presidencia, el comandante había llegado a un pacto de no agresión con la guerrilla, permitiéndole actuar en territorio venezolano siempre y cuando no atacara puestos de comandos de militares. Los guerrilleros no siempre cumplieron, por lo que Ríos Chacón se encargaba de llevar y traer los mensajes. Como saben, Ríos Chacón es un capitán naval retirado que se cree «rambo», es 4.º Dan en Karate-Do. Participó en el alzamiento del 27 de noviembre de 1992, por lo que estuvo preso. Su primer cargo formal fue como ministro del Interior y Justicia en el 2002, sin abandonar su rol de mediador con los ilegales. Ocupó papel protagónico en la liberación del empresario Robert Burton, que había sido secuestrado por los paramilitares de las Autodefensas de Colombia. También intercedió en la entrega del hijo de Clara Rojas, la política colombiana secuestrada por las FARC.

Carpio, por su parte —continuó Arias—, se fue haciendo de la confianza de Chávez por su talante arriesgado y su comportamiento amoral. Es arrojado y simpático, lo que no logra ocultar su inmensa ignorancia.

—Esos militares venezolanos son bastante escasos en su formación —acotó su compañero Peter.

—No siempre ha sido así —dijo cortante el comisario.

—Es cierto —admitió el agente Gibson disculpándose.

—Cuando Carpio ingresó a la Dirección de Inteligencia Militar en el 2003 como jefe de investigaciones —siguió narrando Arias— consolidó su posición de elemento de enlace en la frontera con Colombia. En lo interno incrementó las actividades de espionaje por órdenes de Chávez, a quien el golpe de 2002 le potenció la paranoia alimentada por Fidel Castro.

—El comandante es una presa de Fidel —acotó el amigo de la DEA.

—La pesadilla de los venezolanos. Chávez en su obsesión por su seguridad y su sed de venganza, ha destinado ingentes recursos para espiar a otros países y para vigilar a los suyos. El comandante todavía se recrimina que siendo militar, no se hubiese enterado de que la Fuerza Armada estaba en su contra. Por eso destinó personal de su confianza para el espionaje interno. Su hombre clave para esa misión ha sido el general Héctor Carpio, explicó el comisario.

Desde el 2003, «el Gallo» activó la cacería de brujas. A los organismos civiles de seguridad y al Ministerio Público, llegaron informaciones que lo señalaron por ejecutar torturas. Cualquier sospecha de deslealtad era castigada. Militares y civiles eran grabados sin orden judicial, amigos de sospechosos eran sobornados o extorsionados para que entregaran información que inculpara a supuestos traidores. Todos podían ser objeto de investigación y en consecuencia, castigados, expulsados y perseguidos.

Respecto a la relación de Carpio y otros militares venezolanos con las FARC, entiendo que a través de la computadora de Raúl Reyes y el trabajo de informantes encubiertos, ustedes han recabado sólidas pruebas. Las confesiones de Makled deben ser de colección —agregó el comisario.

—Makled ratificó que más de setenta efectivos militares de alto rango estuvieron a su servicio para enviar novecientas toneladas de cocaína a Estados Unidos —precisó el otro agente de la DEA.

—Eso compromete a la jerarquía del estamento militar de mi país —reiteró Arias—. ¿Qué condiciones propone el general Carpio para el acuerdo?

—El abogado que contrató tiene su bufete acá en Miami. Carpio asegura gozar de visa vigente, pero no es verdad. Existe la posibilidad remota de haber obtenido alguna de modo fraudulento usando una de sus identidades falsas, seguimos chequeando —precisó un funcionario.

—Las pruebas de la computadora de Raúl Reyes —agregó otro agente— inculpan a Carpio y a otros personajes, entre ellos, al canciller Nicolás Maduro. Es de mucho peso lo que pueda confesar alguien como «el Gallo», con acceso directo a las cabezas del gobierno de Venezuela y Cuba, y que comparte las actividades de la guerrilla colombiana y el narcotráfico. Ese personaje tiene en su poder pruebas de los crímenes de otros, que le permiten cuidarse la espalda.

—Carpio toma previsiones ante la muerte inminente de Chávez —detalló el agente—. Necesita un salvavidas y nosotros podríamos proporcionárselo, sin embargo, hay trabas fundamentales: la primera, tendría que declarar en Estados Unidos el origen de los fondos con los que le paga a sus abogados; la segunda, igual de complicada, es que pretende inmunidad para su equipo, y eso es imposible de cumplir. Pero la tercera es la que en definitiva «el Gallo» rechaza: tendría que pagar prisión durante un tiempo.

—Tarde o temprano «el Gallo» cantará —sentenció el comisario.

Los agentes federales hicieron una pausa de quince minutos en la que revisaron sus teléfonos —que son apagados durante las reuniones— e intercambiaron comentarios cordiales.

—Hay un punto sobre los testaferros que debemos desarrollar —explicó un oficial que no había participado—. Destacan en nuestros documentos los movimientos de Domingo Carvallo, quien maneja abultados montos. Los investigadores han precisado nombres y han avanzado en la ruta del dinero.

El comisario Arias se colocó en posición de desarrollar un tema importante:

—Carvallo ha estado en el poder desde que comenzó el gobierno. En ese tiempo ha amasado una inmensa fortuna y ha consumado una variedad de delitos. Ha contado con decenas de funcionarios y empresarios-socios. A varios ha traicionado. Creo que al único a quien le ha sido leal, es a Chávez. Puedo asegurarles que es un hombre sin escrúpulos. Su hermano Jairo Daniel Carvallo es su pieza fundamental en cargos que controlan la recaudación de ingresos fiscales. Tener acceso al tipo de cambio preferencial es un privilegio muy disputado que tienen los Carvallo. El enriquecimiento de ellos ha sido brutal en los negocios de importación de alimentos adquiridos a tasa preferencial, escandalosamente menor al cambio disponible para la mayoría de los venezolanos. Alimentos que además nunca llegaron, o lo hicieron en estado de descomposición, o fueron abandonados para ellos continuar repitiendo el negocio. Podemos decir que la élite chavista decretó matar de hambre al pueblo venezolano. Lo mismo han hecho con las medicinas. Para ejecutar su corrupción, aniquilan. Quien se niega a la anuencia en sus negocios ilícitos es aplastado, expropiado, perseguido, hostigado y sus propiedades ocupadas con violencia.

Para la distribución de alimentos —azuzando la obsesión de Chávez de destruir empresas con eficiencia, prestigio y tradición—, Domingo Carvallo utilizó a Rafael Flores Benítez, un pequeño negociante de camiones que de un día para otro se convirtió en el dueño de un diversificado *holding* de 270 empresas. Llegó a estimarse su fortuna en 1.500 millones de dólares. Lo bautizaron como el rey de Mercal, suplidor y distribuidor de alimentos en Venezuela. Tuvo compañías pesqueras, procesadoras de atún y bancos, por supuesto. En el 2009 ya era el dueño de cuatro entidades financieras. En diciembre de ese año, cuando intentaba comprar una de las tres compañías telefónicas, fue acusado y apresado por el manejo de recursos de sus ahorristas. Sus empresas pasaron a manos del Estado. Ante la interrogante de por qué su repentina desgracia, algunos afirmaron que había sido «innecesariamente crítico con Cuba y su manejo de la importación de alimentos. Se refería al saqueo de los cubanos». No era el primer socio de Domingo Carvallo que se expresaba de esa manera de los herederos de Fidel Castro. Lo interesante es que no lo hacían por razones ideológicas, sino porque eran competidores y querían quitárselos de encima.

«Tenemos copia de las grabaciones que envió el joven que actúa como agente encubierto, el estilista Tim, ¿les parece si trabajamos sobre eso?», propuso uno de los agentes.

—De acuerdo —dijeron al unísono Orlando y Peter.

—Antes me gustaría marcar a dos personajes —lanzó el comisario—. Uno es Alberto Armas, hombre que tuvo relevantes cargos en el gobierno y ha estado viniendo con frecuencia a Estados Unidos y comprando propiedades. Estoy seguro de que les ha aparecido en corrupción financiera. El otro sujeto es Rodrigo Campos, quien fue ministro de Finanzas. Chávez los aprecia mucho. Armas fue despedido por el presidente en medio de una crisis bancaria. «El Gallo» Carpio lo investigó y metió su veneno con fuerza. Es posible que en esa conspiración haya estado Domingo Carvallo. A pesar de eso, Armas ha mantenido su influencia sobre el comandante. Y como es astuto, va a preferir establecerse en Estados Unidos en lo que Chávez desaparezca.

—A Armas lo estamos investigando desde el 2008 —le contó su compañero Peter—. Tenemos evidencia de que participó en transacciones ilegales entre funcionarios del Bandes, el banco que él presidía, y operadores financieros de Estados Unidos. Y tienes razón, hay que seguirle los pasos. Sabemos que obtuvo una visa de inversionista. Tiene buenos abogados y amigos acá. Se codea con el mundo de los caballos y penetró esa aristocracia. Compró una gigantesca propiedad en Wellington y promueve eventos internacionales. ¿Cuál es el nombre del otro sujeto?

—Rodrigo Campos. Fue ministro de Finanzas y gobernador de Aragua, precisó el comisario. Anótenlo, él también se viene.

—Colega, dijo un agente con gesto de aprobación, le puedo confirmar que Armas y Campos contrataron por separado los mejores abogados del mercado con el objetivo de convertirse en testigos protegidos. Así que está en lo correcto.

—Hay un banquero que ha llamado mi atención, intervino un funcionario del Departamento del Tesoro. Se comporta con petulancia en la adquisición de propiedades, asegurando que tiene sangre real porque su hija se casó con el supuesto heredero de un trono en Europa.

—Florencio Miranda, el banquero rojo —interrumpió el comisario.

—Ese mismo —se apresuró a confirmar el agente—. Hace tres años murieron veintiún caballos del equipo de polo venezolano. El Departamento del Estado de Florida dijo que los pobres animales, que colapsaron en plena grama del Club Internacional de Polo de Palm Beach, presentaban dosis tóxicas de selenio, una sustancia esencial para las células de los animales pero en dosis pequeñas. En cantidades mayores es fatal. Por ese caso resaltó su nombre y hemos comenzado a halar una cuerda.

—Hicieron bien. No existe explicación legal que justifique la fortuna de ese banquero lograda en tan corto tiempo.

—Te estaremos informando sobre cómo avanzamos en el tema, aseguró el colega. Y con la promesa de que haremos una larga sesión para hablar de política. ¿Quién es el más siniestro de ellos? ¿Es Domingo Carvallo el segundo hombre?

—Carvallo es un hombre de aparato, bastante básico e inculto. Es avaro y peligroso. No gana una elección en el condominio de su casa. No lo quiere su mamá, ni el diablo de Fidel Castro. ¡Cómo será! —exclamó Orlando—. Para hablar de él debemos tomar la precaución de tener cerca un crucifijo y unos cuantos ajos.

—Y una bala de plata —agregó el agente contagiado por el humor venezolano.

—Respondiendo tu pregunta —retomó la conversación Arias—, deben monitorear a Hassam Fachal, quien ha ido ganando terreno. Y no le quiten la atención al canciller Nicolás Maduro. Será el sucesor de Chávez con el apoyo de Fidel.

—Hay un militar que está en nuestros expedientes desde 1985: el general de la Guardia Nacional Nelson Requena. ¿Podríamos detenernos en él? —preguntó el efectivo de la DEA.

—Requena debe haberles aparecido en 1990 con el famoso caso del general Ramón Guillén Dávila y el robo de unas toneladas de cocaína que eran para entrega controlada —recordó el comisario.

Los agentes de la DEA y la CIA acudieron a sus archivos digitalizados.

—Requena realizó en 1985 en Alemania unos cursos coordinados por la agencia —precisó el funcionario de la DEA—

y llegó, digamos, a ser considerado de la casa. Apenas regresó a Venezuela fue incorporado al Comando Antidrogas de la Guardia Nacional que presidía el general Guillén Dávila —ya fallecido—, quien fue su amigo.

—Cierto sector del chavismo, en especial los veteranos, desconfían de él porque sospechan que sigue siendo un doble agente al servicio de la DEA. Les recuerdo que la agencia lo protegió cuando el escándalo de las drogas controladas —aportó como dato Arias.

—¿Podrían refrescar ese caso de Guillén Dávila? —solicitó Gibson del FBI—. Mi memoria no me da.

—El fracaso de una operación antinarcóticos en Venezuela en noviembre de 1990 elaborada contra el Cartel de Cali, desveló que el narcotráfico había reclutado a agentes encubiertos y colaboradores de la DEA y la CIA, quienes terminaron prestando servicios para el mal. El general Guillén Dávila era el jefe del comando antidrogas de la Guardia Nacional y venía trabajando con la CIA y la DEA. Según la agencia antinarcóticos, Guillén Dávila y sus colaboradores —entre ellos, Nelson Requena— prestaban servicio a los traficantes, amparados en sus uniformes. El suceso se ventiló en una Corte Federal en Miami. Se trataba del extravío de 296 kilos de cocaína en una entrega controlada. Guillén fue acusado de introducir 22 toneladas de cocaína en Estados Unidos. La defensa del militar solo admitió 2,3. El caso nunca fue resuelto aunque se dictó requisitoria por conspiración, posesión y distribución de drogas. En Venezuela estuvo detenido 26 días y salió en libertad por falta de pruebas. Fue un escándalo que murió pronto.

—Nelson Requena —completó el comisario— ha oscilado en distintos cargos. Chávez lo ha premiado y castigado, como le gusta hacer con sus funcionarios, en especial con los militares de quienes desconfía. Requena ha estado en la Oficina Nacional

Antidroga, ha sido viceministro para la Prevención Ciudadana, presidente de Corpozulia, presidente de la Comisión Nacional de Casinos y ha estado en otras tres comisiones donde hay mucho dinero. En el 2002 estuvo como comandante del Destacamento 35 del Comando Regional 3 de la Guardia Nacional en el estado Zulia. Fue edecán de Chávez, ante quien mostró disciplina. Estuvo a cargo de la reestructuración de la Disip, la policía política, luego transformada en Servicio de Inteligencia Nacional, Sebin.

—Este general Requena es tan pillo —comentó el agente de la DEA—, que se apropió de las empresas de Walid Makled valoradas en 140 millones de dólares, cuando según la ley ese dinero debe ser depositado en un tribunal.

—Siguió el ejemplo de Chávez, que destinó para su uso personal el Bentley decomisado al narcotraficante. Requena será ascendido a ministro del Interior y Justicia, informó el comisario. Tiene un apoyo político fundamental de alguien en quien el comandante sí confía: Hassam Fachal.

—Volvamos a la información del estilista —recordó el jefe americano Gillman, retomando la reunión.

Pasadas casi cuatro horas de intenso trabajo, expuso:

—Coincidimos en que el problema en Venezuela es cada vez más complejo y peligroso. Debemos mantener una cerrada comunicación. Aquí nadie estorba, ninguna información sobra. La investigación la quiero debatida a diario sobre la mesa. Este es un asunto de geopolítica y seguridad mundial. El país se va convirtiendo en un monstruo con elementos explosivos: terrorismo, narcotráfico, petróleo, comunismo, armas, Rusia, Irán, China. Comisario —dijo el director Gillman viendo a Arias— es muy valorado su conocimiento sobre personajes y hechos del área para garantizar la transparencia de las hipótesis y lograr una equilibrada apreciación global. En una semana —y miró a los agentes presentes— volverán a recibir convocatoria para la próxima reunión.

Tim había bajado en la computadora decenas de artículos que registraban historias de espionaje y casos de trabajos encubiertos. Sentía que mejoraba en su trabajo. El comisario Arias, el único con quien durante más de dos años había mantenido contacto directo, le transmitía con frecuencia expresiones de felicitación de parte de los agentes americanos.

Arias se había preocupado por los movimientos de Tim en casa de Alberto Armas. El estilista había sido temerario e imprudente. Tim admitía no estar seguro de haber evadido las tomas de la cámara del comedor al sacar el micrófono que había colocado en el maletín de Rita. Tuvo que hacerlo allí y en ese instante porque los acontecimientos se precipitaron a gran velocidad.

Alberto y Rita recibieron mensajes de fuentes distintas que les aseguraron que Hugo Chávez había recaído. La información era confusa. Lo que ambos habían entendido del escolta Mujiquita era que el comandante estaba agonizando. Nadie más del entorno del presidente atendía las llamadas y eso los tenía alterados. Valentina, la esposa de Alberto, daba vueltas en redondo ofreciendo té, café, tragos, agua, empeorando —le parecía a Tim— la situación.

Tim asumió su rol usual, el de una mascota. Se sentó en una esquina esperando recibir instrucciones. El tiempo pasaba y ninguno decidía qué hacer hasta que Rita le preguntó a Alberto: «¿Puedes arreglar para que tu avión me lleve a Caracas? Aquí estoy paralizada y necesito ordenar documentos, tomar decisiones. Después de que el comandante muera, nadie va a querer firmarme nada, tú lo sabes».

—Déjame arreglar el viaje —respondió Alberto.

Los nervios de Rita se habían manifestado en aferrarse con fuerza al maletín. Tim preguntó: «¿En qué te ayudo?». «Ya te digo, Tim, no me hables, que la cabeza me da vueltas», respondió Rita. Y Tim regresó a su esquina como un perrito.

—Cuando quieras, Rita —informó Alberto caminando hasta la puerta del cuarto.

Rita salió de la habitación. Se había vestido de manera informal, sin dejar la elegancia a un lado. Seguía con el maletín en una mano y su cartera en la otra. De pronto frenó en el comedor: «Tim, trae mi maleta, por favor, nos vamos a Caracas».

Tim corrió hacia el cuarto, le entregó la maleta a Pepe que ya los estaba esperando y buscó corriendo sus cosas para lanzarlas en el carro. En dos minutos estaba de vuelta.

—¿Sabes qué, Valentina? Te voy a aceptar un tilo antes de irme —anunció Rita soltando por fin el maletín y la cartera. Siguió tras Valentina hacia la cocina. Fue solo un segundo en el que Tim entendió que tenía que actuar y lo hizo. Saltó, sacó la agenda de Rita y buscó en el fondo hasta que sus dedos tocaron el minúsculo artefacto. Lo encerró en su mano, lo escondió en el bolsillo del pantalón y regresó la agenda a su lugar.

Al rato estaban montados en el LearJet 45 rumbo a Caracas.

Tim se estaba planteando hacer un cambio en su vida. Había alcanzado el respeto soñado, ahora quería la independencia profesional. Sentía que estaba listo. En su apartamento —era un anexo con entrada independiente y estacionamiento en una casa en Los Palos Grandes— solía atender a sus clientes de confianza cuando se acercaban con una emergencia. En lo personal, era su reino para retozar con novios ocasionales. Desde el incidente en Las Vegas, Tim se fue convenciendo de que había sido elegido para trascender en el cumplimiento de un deber. En su actuación como agente encubierto, había tomado conciencia del inmoral comportamiento de la gente para quien trabajaba. Nunca antes la política le había interesado. En su nuevo rol comenzó a leer y a poner atención a las conversaciones y situaciones. Había concluido que su entorno era malvado, corrupto y frívolo. Le molestaba el despilfarro de David Rincón y de Sugar Rodríguez. Conocía por Margarita que, al igual que los narcos, Hassam Fachal y Domingo Carvallo escondían toneladas de billetes en búnkers. Era testigo de lo que era capaz de hacer Douglas Molina con asegurada impunidad. Sabía que la fortuna de Alberto Armas no tenía procedencia legal. Y, por supuesto, estaba convencido de que el artífice del desmadre de Venezuela era Hugo Chávez. Trabajar para Romel Bustamante le generaba náuseas. Le parecía un hombre resentido que odiaba a las mujeres y se vengaba de ellas cosificándolas y prostituyéndolas. Tim sabía que Romel actuaba bajo la protección de sus amigos del gobierno y de la oposición. Había visto muchas cosas que no le gustaban. Le preocupaba tanta hipocresía. Le sorprendía cómo podían creer en Ricardo Gámez, sobre quien Rita le había contado que manejaba las finanzas de los hijos y sobrinos de Cilia Flores y Nicolás Maduro, que operaba para Alberto Armas y Domingo Carvallo y a la vez financiaba los gastos de algunos jefes opositores. Para Tim eso no tenía sentido. Tim había sido testigo de la doble cara de Cleotilde Ramos, esposa del editor de periódico Fernando García, perseguido del gobierno. Sabía que ella usaba una organización no gubernamental como mampara y que era capaz de arreglar en la mañana un negocio con los eléctricos bolichicos, al mediodía invitar a almorzar con cara de decencia a líderes políticos opositores y en la noche llamar a radicales golpistas para que desbarataran los planes cívicos. A Tim le había empezado a doler el país, y en conciencia, incorporó como misión defender a los débiles. Le había notificado a Anastasia que no continuaría como estilista del certamen, indignado por el maltrato a una de las concursantes.

Margarita se opuso a su idea de independizarse. A partir del escándalo de la prisión, su prima había tenido que mostrar simpatía por el gobierno bajo amenaza de regresarla a la cárcel. Tim sabía que Margarita no era chavista y le molestaba que su comodidad estuviera por encima de los principios. Por su parte, Jenny, que era tan pragmática, le había insistido en que tuviera paciencia, que aprendiera de ella. Jenny y Rita se habían distanciado de él, pero eso no lo iba a detener. Sabía que muchas mujeres de distintas edades apreciaban su trabajo. Con una pequeña inversión podría acondicionar su apartamento para atender a dos clientas al mismo tiempo. Estaba en una buena zona y su gusto refinado lo haría más agradable. Tim era minimalista, le molestaban los espacios apiñados de objetos. Para él, los pobres querían tener la casa apretada de cosas, como las sardinas en lata, para ocultar la precariedad, y los ricos abarrotaban sus espacios para restregarles a los demás su dinero gastado en objetos inútiles y en ocasiones espantosos.

El sol ya caía por la ventana de su cocina. Para Tim aún era temprano. Antes de que llegara una nueva clienta podría navegar un rato en su computadora. Se había incorporado en Facebook a páginas sobre espías y debatía con seguidores fanáticos de asuntos policíacos. Había logrado ciertos «ligues» con tragos y abrazos. Chatear terminó siendo divertido y enriquecedor. Se convirtió en ritual contactarse al final de la tarde y compartir opiniones sobre libros o películas. Las historias eran excitantes, aun cuando Tim se sentía en desventaja por no tener la cultura de los participantes. Lamentaba haber sido pobre, sin poder disfrutar de información y educación. En la medida en que el grupo fue adquiriendo confianza, el calor de las conversaciones aumentó y los hechos contados fueron cada vez más aterradores y emocionantes. Tim comenzó a leer sobre espionaje y aún así se sentía en desventaja. No era hábil con la escritura. Era triste que su propia vida como espía no la pudiese revelar. Le costaba apelar a la imaginación y las historias que se le ocurrían era tan irreales que sus compañeros de chateo se reían. Para el grupo había orgullo en cumplir una misión por el bien de una comunidad, aunque destacaban el valor del dinero y la emoción del riesgo, insistiendo en que era un oficio por el que podían perder la vida.

Las limitaciones de Tim lo llevaron a comportarse como un espectador silencioso en el chat, lo que incomodó a sus amigos. Tim, presionado, leía aún más. Una noche se quedó pegado en la computadora, extasiado al lograr acceso a una web donde el espía Bob Hamer, ya retirado, contaba su actuación en la «Operación Smoking Dragon» en la que logró desmantelar una célula de contrabandistas chinos que introducían armas y tabaco a los Estados Unidos. Hamer había actuado como encubierto en el rol de inversor para establecer una fábrica de metanfetamina en Corea del Norte.

Al día siguiente, cuando su amigo argentino relató detalles de su trabajo para desenmascarar a un profesor de natación pedófilo, Tim se propuso referir sus aventuras cambiando nombres, sin decir fechas, igual que hacían sus amigos. Pronto despertó el interés del grupo. Al tiempo en que Tim creció como narrador, su indiscreción aumentó. Desveló secretos, traicionó su juramento de agente encubierto. Al hacerlo en una red social, corría además el peligro de que alguien pudiese identificarse como parte de la historia que contaba porque sabía de ella, porque la había vivido.

Esa tarde el tema en discusión en el chat era si Chávez había llegado muerto de Cuba. Un par de horas atrás habían oficializado su deceso y el grupo de amigos insistía en que el gobierno había querido ocultar la verdad. Tim, en cambio, basado en lo que le contó Archie Carruyo, el estilista de Cristina Eugenia Chávez, aseguraba que había llegado agonizando, inconsciente, pero vivo, y que la familia había discutido varias veces acerca de cuándo desconectarlo.

Esa noche Tim recibiría en su casa a una nueva clienta. La ministra Ana Isabel Reverol lo había llamado para que le pintara y secara el cabello. «Quiere acomodarse para el velorio», pensó Tim. La cita la había hecho para las 8. Cuando sus amigos detectives de chat hicieron un alto para comer e ir al baño, Tim se levantó a la cocina, se sirvió una copa de vino, colocó pan en la tostadora, sacó queso y dos lonjas de pechuga de pavo que aderezó con mostaza de Dijon. Empezaba a comer cuando sonó el intercomunicador de la entrada principal. «Oh, oh, la ministra llegó más temprano», comentó en voz baja. «Voy, mi niña», anunció Tim sin esperar respuesta. Dejó abierta la puerta de su apartamento y corrió al baño a lavarse las manos y enjuagarse la boca. En la cocina había dejado por la mitad su comida y su copa de vino. Eso podía esperar, «las clientes son primero», repitió Tim hablando solo.

Hacia la medianoche el móvil de Tim tenía registradas siete llamadas del comisario Arias. Tim le había comentado a Orlando que no le gustaba conversar por teléfono cuando trabajaba: «Mis clientes son mi prioridad. Ellas hablan, lloran, gritan, hacen lo que quieran. Confiesan intimidades a otras y yo me hago el sordo. Para eso es perfecto el secador de pelo. Así que, comisario, si me necesita para una emergencia (yo sé que a usted no le gusta enviar mensajes de texto), mejor insista, que cuando yo vea que es usted, con discreción me retiro aparte para atenderle», aseguró Tim. Esta vez no lo hizo.

# { IX }

El Hospital Militar está ubicado en San Martín, una zona popular del centro de Caracas. Su rutina —hasta la oscura, la violenta— se había visto alterada por un inusitado despliegue de seguridad. Se notificó el ingreso del paciente Hugo Chávez. Agonizante, no tenía voluntad, ni conciencia. Su cuerpo, agobiado de químicos y escalpelos, había quedado a merced de cubanos. La muerte deslumbraba como un alivio. Su entorno político, agitado en el pugilato del poder, presenciaba el debate familiar para desconectarlo de la vida. El comandante ni siquiera podría incidir sobre su último suspiro. Final de derrotado para quien desde su trono de rey se comportó como el dueño del mundo, orientando el dedo pulgar para continuar o acabar con la vida de millones de personas.

El esfuerzo de seguridad estaba centrado en mantener el hermetismo respecto al estado en que se encontraba el paciente. La aeronave que lo había trasladado desde La Habana, aterrizó en secreto el 18 de febrero de 2013, en lo que fue el tercer intento de regresarlo a su país. Dos viajes tuvieron que ser suspendidos ante su fragilidad física. Había sido imposible juramentarlo el 10 de enero como presidente de la República.

De la última operación a la que se había sometido, él sabía que podría no despertar. Antes de partir a La Habana informó en cadena nacional sobre la recurrencia del cáncer, sin admitir que su mal nunca había desaparecido, ni que el engaño al país sobre su recuperación había sido deliberado. Adelantar las elecciones presidenciales fue parte de un plan. En esa alocución Chávez anunció que se iba a someter a una cuarta cirugía. Y designó a Nicolás Maduro como su sucesor. Fue su despedida.

El pronóstico de su enfermedad se había filtrado para pesar de los cubanos que se habían apoderado de Chávez. Sus hijas musitaban protestas porque les limitaban el contacto en el Centro de Investigaciones Médico Quirúrgicas, Cimeq. Se quejaban de que los reportes que recibían eran escuetos y parciales, llegando a tener dudas sobre la buena intención y la capacidad del equipo de médicos, aun cuando habían logrado incorporar a galenos de otros países.

Era unánime la opinión de expertos: Chávez había sido descuidado con su salud. Fumador compulsivo, se alimentaba sin balance, burlaba los ejercicios y descansaba de manera desordenada. Dormía en las mañanas —como Fidel Castro— y se mantenía en las noches con fuertes raciones de café y otras sustancias.

El primer síntoma público de su enfermedad apareció en mayo de 2011, cuando Chávez admitió tener problemas con su rodilla izquierda. Esa señal la tomó como un mal menor que consultó con uno de los fisioterapistas cubanos que trabajaban en Fuerte Tiuna para asistir a los soldados en heridas deportivas. La ligereza la prolongó al asegurar que era una vieja lesión por un mal movimiento practicando deporte o paracaidismo. El uso de un bastón preocupó a sus seguidores. El dolor se extendía hacia el muslo izquierdo. Una gira prevista para Brasil, Ecuador y Cuba, tuvo que postergarla. Los malestares no cesaban y él los confundía con su eterno trastorno del sistema digestivo. Las fuertes punzadas en el vientre lo habían obligado a lanzarse al piso del Palacio de Miraflores camino a una reunión. A principios de junio retomó la gira prevista que planificó solo para cerrar en Cuba para una profunda evaluación médica.

Desde la isla se informó el 10 de junio que había sido operado de urgencia de un absceso pélvico. Fueron omitidos los detalles. Fotos de un Chávez sonreído, en traje deportivo, de pie —aunque con una silla de ruedas a corta distancia— se enviaron para tratar de disipar especulaciones. La visita de su familia, incluida su primera esposa, aumentaron oscuros presagios. Una segunda operación le fue realizada.

Semanas después regresó a Caracas y con rostro áspero y diez kilos menos, leyó un comunicado en el que informó que le había sido extraído un tumor maligno del tamaño de una pelota de béisbol y que debía volver a La Habana a recibir tratamiento de quimioterapia. Sobre su mal nunca se informó. Ni siquiera después del fallecimiento.

Las investigaciones reporteriles se fueron acercando al diagnóstico con la ayuda de especialistas: se trataba de un tumor alojado en la zona pélvica. Se especuló que podía tratarse de un cáncer de próstata, al trascender que un año antes le habían ordenado un tratamiento paliativo con reposo, ante un problema en la vejiga y la glándula del aparato genital. El presidente no había cumplido la prescripción. Posteriores análisis filtrados fueron coincidiendo en que Chávez sufría un leiomiosarcoma, el cual afecta partes blandas. Se precisó que podría estar en el psoas, un largo músculo que pasa por la cavidad abdominal y continúa hacia la parte anterior del muslo, lo que explicaría su dolor de rodilla. Este raro tumor solo presenta síntomas cuando ya es extremadamente grande.

Hablar de la enfermedad de Chávez el gobierno lo clasificó como una agresión contra el presidente. Indagar sobre su mal era interpretado como conspiración, e informar sobre su estado de salud era calificado de irrespeto. La acostumbrada falsificación de la verdad llevaba a ocultar un asunto de vital interés público.

A pesar del secretismo, el deterioro de Chávez indicaba que sufría de un cáncer agresivo, aunque hacía esfuerzos por reactivar su imagen de hombre fuerte y sano. Con ejercicios de calistenia ante las cámaras, aseguró que había derrotado la enfermedad una vez concluido su primer tratamiento de quimioterapia en septiembre. Ese talante le duró poco. A finales de febrero de 2012 tuvo que someterse a una nueva operación ante el anuncio de que el tumor había reaparecido en la misma zona.

Los consejos de otros mandatarios, médicos y familiares, Chávez los desechó. Dudas razonadas sobre la mala praxis que había significado la primera y segunda operación, no lo convencieron de buscar un sitio alternativo para el tratamiento de su mal.

De manera desgarradora rogó a Dios, junto a su madre y padre, que le permitiera seguir viviendo. Volvió a Cuba para retomar la quimioterapia y a su regreso a Venezuela repitió el show de hombre saludable ante las cámaras de televisión. Ya sus órganos vitales estaban afectados y el dolor de los huesos lo llevaban a lo que nunca pensó: desear la muerte.

A las elecciones presidenciales llegó con las últimas emanaciones de vida, agitadas en su cuerpo por la adrenalina del poder y por compuestos químicos que le proporcionaban energía por ratos. Sus familiares le suplicaron que guardara reposo. Él se negó.

El 7 de octubre ganó las elecciones. Junto a la celebración, arrancó el desfile de las despedidas. En noviembre volvió a Cuba con la excusa de ingresar a una cámara hiperbárica. Las evaluaciones corroboraron el colapso de su cuerpo. Aceptó someterse a una cuarta operación para tratar de paliar su agonía. Regresó a Venezuela para decir adiós.

La cirugía a mediados de diciembre fue larga y complicada. Tenía metástasis y huesos y órganos vitales comprometidos. En lo que le quedaba de vida no podría caminar. Tuvo hemorragias y una complicación respiratoria que obligó a una traqueotomía. Una cánula le fue instalada. Pocas veces recuperó la lucidez. El tradicional discurso de salutación a los militares para la Navidad lo escribió su hija Cristina Eugenia. El 30 de diciembre colapsó. El regreso a Venezuela comenzó a ser planificado. Debía ser mantenido con vida. A los cubanos tampoco les interesaba que Chávez falleciera en su territorio. Las instrucciones de Fidel fueron precisas al respecto.

El equipo de comunicaciones del gobierno fabricó historias banales, anécdotas absurdas. El desespero de funcionarios por ocultar la verdad, evidenció que ellos tampoco estaban informados. Desde Cuba publicaron como fe de vida una foto del comandante leyendo un periódico con sus hijas en la cama del hospital. Un portal lo mostró de pie bajando las escalerillas de un avión. Una enfermera juró haberlo visto caminando rozagante.

Chávez nunca se enteró de que había regresado a Venezuela. Sus familiares decidieron desconectarlo del respirador el 5 de marzo de 2013 a las 3:05 de la tarde. Su deceso quedó registrado una hora y veinte minutos después.

—Ya se murió, ¿por qué no me atiendes el teléfono?, se quejó Margarita con un mal presentimiento instalado, al no poder comunicarse con su primo. Tim le había advertido que Chávez estaba a punto de morir. Margarita sentía a la gente nerviosa. Hasta en las cárceles había preocupación. Sus amigos pranes le habían advertido que la desaparición del líder del proceso podía significar una hecatombe en las reglas del juego. Las mafias en Venezuela, que eran muchas, estaban cuidadosas y a la expectativa sobre las consecuencias del cambio de gobierno y el inevitable reajuste de clanes.

Margarita estaba en Maracay y decidió movilizarse a Caracas cuando apenas amanecía el miércoles 6 de marzo. El país se había trasnochado por la muerte de Chávez.

Douglas Molina estaba tenso. Maduro le había prometido que lo mantendría en el cargo, pero él sabía que eso nunca es seguro. Además, primero tendría que ganar las elecciones. David Rincón actuaba como si nada hubiese sucedido. «¡Bah! Hace meses que los rumores mataron a ese hombre. ¡Quién sabe si es verdad que había estirado la pata el 30 de diciembre! Esos cubanos manipulan cualquier información», comentó en un evento con unos rusos a quienes no parecía importar que Chávez hubiese dejado de respirar. La prioridad de David era activar sus cuentas bloqueadas desde Andorra y poder disponer de la nueva Señorita Venezuela para un viaje a París, asunto que Jenny ofreció arreglar. Jenny había avanzado en su proyecto de independencia. Había aprovechado el vacío dejado por Anastasia al andar dispersa con viajes constantes a Miami en el proyecto de montar una agencia de modelaje con Romel.

Jenny quería asistir al velorio. Habían anunciado que el cuerpo de Chávez lo trasladarían hasta la Academia Militar para ser velado. Aspiraba a regodearse entre machos con poder, su mercado. Le preguntó a David cómo podía ubicarse en las primeras filas. «No tengo la menor idea, ni me interesa. Espero que no se acuerden de mí», agregó.

Sugar Rodríguez sí que estaba en papel protagónico. Se aferraría con las uñas a PDVSA. No se dejaría arrebatar ese negocio con facilidad. Usaría su relación con la familia Chávez. Confiaba en su protección. «De ese féretro no me va a separar nadie», se propuso desde el inicio de los actos velatorios.

Jenny le comentó a Douglas Molina sus deseos de ir. «¿Tú estás loca?», la regañó. «Tendrás que esperar que se vayan todos. Eso es un desorden. ¿Y para qué quieres verlo?», le preguntó. «Para estar segura de que está muerto», respondió Jenny. Molina rio con ganas y le sugirió: «Entonces lo mejor es que vayas a verlo el fin de semana para que compruebes que no resucitó a los tres días».

Jenny intentaba comunicarse con Tim para que la arreglara. Tenía semanas sin verlo y pensaba acercarse a su casa, pero la ciudad se percibía extraña. Se encontraba marcando el número de su estilista de nuevo, cuando recibió la llamada de Margarita, quien la interrogó: «¿Sabes de Tim?». «Iba a hacerte la misma pregunta. No sé nada y lo necesito ya. Su buzón está lleno», contestó impaciente Jenny. «Estoy preocupada. No ha respondido ni mensajes, ni llamadas. Voy a acercarme a su casa, tal vez está enfermo», anunció decidida Margarita.

Alberto y Rita comentaban el deceso por teléfono. Cada uno había vivido su intimidad con el comandante. «Sufrió mucho», lamentó Alberto con voz entrecortada.

—Hugo fumaba demasiado —agregó Rita—. Fíjate que sus pulmones colapsaron.

—Hugo Rafael se creía inmortal —dijo Alberto.

—Era invencible —recordó con nostalgia Rita—. No se quería morir.

—¿Te has podido comunicar con los amigos? —preguntó Alberto.

—Con nadie —respondió Rita—. Tampoco lo he intentado. No hay muchos con quienes conversar. Cuando estuve en Caracas traté de no dejar cabos sueltos y en lo que terminé hace tres semanas, me vine a Madrid. Abundaban los zamuros rondando. Me enteré de que en Cuba se acordó un reparto de negocios y júralo que los más débiles van a salir descabezados.

—Ahí no hay débiles, mi querida Rita.

—Tienes razón —se corrigió—. Digamos que los más lentos serán sacrificados.

—Degollados, precisaría yo —agregó con saña Alberto—. Y hablando de cortar cabezas, ¿despediste por fin a tu estilista? Tengo la idea fija desde que vi el video de seguridad, de que ese tipo había colocado un micrófono en tu maletín. Tú misma me aseguraste que no te faltaba nada. ¿Entonces por qué sacó y metió tus cosas con tanta prisa?

—Exageras, querido —argumentó Rita con indiferencia.

—¿Lo botaste? —increpó él.

—A Tim lo abandoné. Le apliqué la muerte natural, como hacemos las mujeres. No he requerido más nunca de sus servicios.

—Nos tocará ver por televisión las exequias —anunció Alberto.

—¿De cuál de las víctimas? —ironizó ella.

—Las del comandante. Para los otros velorios no hay cámaras. Con Hugo se anuncia un magno evento. Vas a faltar al desfile de las viudas.

—Demasiada competencia y no me veo bien llorando —aseguró Rita.

El comisario Arias trataba de calmar a Margarita. Necesitaba su atención. Le hablaba con firmeza, en el tono ecuánime que utilizaba en algunos interrogatorios.

—No se te ocurra huir de allí. Vamos a llamar a la policía. Para tu tranquilidad quiero que tomemos medidas. ¿Está muerto, sin ninguna duda? —preguntó Orlando.

—Está helado y tieso —dijo ella impactada.

—Escúchame bien, Margarita, tú eres una mujer recia. No dejes de hablarme. Vamos a asegurarnos de que no hay más nadie en la casa.

—Ya revisé —reaccionó Margarita—. No hago más que caminar en este espacio para tratar de calmarme.

—Ahora lo haremos juntos. Cuelga que te voy a llamar por Skype —ordenó Orlando.

A pesar de estar esperando, Margarita brincó al primer timbre del aparato. Se había refugiado en el cuarto. Tenía miedo de estar tan cerca del cadáver.

—No hay más nadie en la casa, ya se lo dije, comisario. Nada está desarreglado. Usted sabe que él era obsesivo con la limpieza y el orden —puntualizó Margarita.

—Aquí estoy contigo —continuó Orlando con voz serena—. ¿En qué parte de la casa se encuentra Tim?

La cámara del celular mostró un pequeño pasillo. Margarita caminó hasta que Orlando vio acercarse la figura del joven. Tenía la cabeza hacia atrás, levemente inclinada hacia la izquierda, sentado sobre una silla, frente a una mesa donde estaba la *laptop* abierta, bañada en sangre. Como Margarita temblaba, la imagen también.

—Trata de no tocar nada —indicó el comisario.

—Igual mis huellas deben estar por todos lados, me la paso aquí.

—Es verdad —reafirmó Orlando hablando bajo y lento—, eso no será problema. Lo que quiero evitar es que alteres el escenario. ¿Puedes por favor acercar la cámara a la cara de Tim? ¿A la herida?

El comisario notó la marca que había dejado el proyectil, unos dos centímetros arriba de la oreja derecha. Escuchaba la voz de Margarita desconsolada: «¿Por qué? ¿Por qué no me llamó? ¡Si él me lo contaba todo! ¿Qué pasó, Tim?».

—Margarita, ¿por qué te acercaste a ver a Tim hoy? —preguntó Arias.

—Me pareció muy extraño que anoche no me atendiera el teléfono, ni respondiera mis mensajes. Él nunca se ausenta y menos el día que muere el presidente. Yo estaba en Maracay y me vine temprano pensando que podía sentirse mal.

—Margarita, haz el recorrido por el brazo y su mano derecha. Muéstrame la computadora, enfoca lo que hay en la mesa. Háblame, Margarita. Describe lo que ves. Tú sabes de estas cosas —dirigió el comisario.

La mano derecha estaba sobre el regazo de Tim con el arma empuñada. Estaba en rigidez. Algo llamó la atención de Arias, que insistió a Margarita para que le hiciera muchas fotografías.

—Tal como le conté, comisario, encontré la puerta del apartamentico sin llave, como era usual. Los amigos entraban sin avisar. A Tim le agradaba vivir en el anexo de una casa porque se sentía seguro con un muro y una reja de seguridad electrificada. Yo tengo llave de la puerta principal y pasé sin problemas. Él, desde adentro, abría a través del intercomunicador. Nunca preguntaba. Decía que quien tocaba el timbre de su casa, era su amigo. Como ve, el apartamento es pequeño. Apenas me asomé, vi a Tim aquí. Esta mesita le era de bastante utilidad. La usaba para comer, para trabajar, para jugar en la computadora. Aquí hay un sofá cama que yo le regalé y en el que a veces me quedaba. Su gran lujo es este gran espejo que le regaló Jenny Moreno cuando se mudó. Y en esta pequeña poltrona pasaba horas viendo series de televisión y pegado a sus videojuegos.

«¿Falta mucho?», preguntó Margarita a punto de estallar. Orlando, paciente, la alentó: «Continúa, Margarita, recuerda que tú también eres una funcionaria».

—Esa es la cocina. Se nota que Tim tenía hambre.

Margarita mostró un sándwich a medio hacer. Una botella de vino abierta y una copa casi vacía. Hizo el recorrido por el reducido espacio, revisó la basura según las instrucciones del comisario y siguió hacia el cuarto. Vio debajo de la cama que estaba perfectamente tendida. Abrió el clóset, destacando el orden acostumbrado de Tim. Fue hacia el baño, igual.

—Revisa también el pote de la basura —solicitó el comisario.

Margarita encontró varios guantes de los que Tim usaba para aplicar el tinte de cabello.

—¿Puedes mostrármelos de cerca? —pidió Arias—. Si los usa para proteger sus manos del tinte, ¿por qué crees que los guantes no están sucios?

—¡Ay, ni idea! Parecen haber sido lanzados sin usar. Tim no haría eso —respondió Margarita algo desesperada.

—Busca una bolsa y guarda en ella lo que te vaya diciendo. La vas a esconder en tu cartera —ordenó el comisario—. No comentes nada de lo que encontremos a la policía. Necesito que sigas tomando fotografías. Regresemos al lugar de Tim. Muéstrame el otro lado.

Cuando Margarita estaba enfocando la mano izquierda de Tim, se percató de que estaba contraída y que algo sobresalía de ella.

—¿Qué es eso que tiene en la mano? ¿Crees que pudiese tener un objeto? Vamos, tenemos poco tiempo —apuró Arias.

—Parece que tuviera un papel.

—Trata de fotografiarlo bajo todos los ángulos posibles. Yo sé que es duro, saca con cuidado el papel y lo guardas.

Ella tomó el pedazo y lo observó con curiosidad: «Es parte de una revista».

—¿Hay alguna cerca a la que le falte un trozo?

—¡Sí! Esta edición de la revista *Chao* está rasgada —dijo enfocando una revista rota al lado de la computadora—. Es la más reciente, yo la vi en el kiosco.

—¿La fotografiaste?

—Ya lo hice —respondió.

—Guarda la revista en la bolsa. ¿Tú sabías que Tim tenía un arma? —interrogó Arias extrañado.

—Sí, comisario, la compró para mí. Se la encargué en uno de sus viajes a Estados Unidos. Yo sabía que él volaba en aviones oficiales que nunca eran chequeados. Le propuse que le pidiera el favor a cualquiera de sus amigos que son guardias de seguridad de ministros. Uno de ellos la ingresó sin problemas. Esa es la pistola, estoy segura. Tim me la mostró cuando la trajo y yo le dije que se la regalaba. Intenté explicarle cómo se manipulaba pero no quiso, no le gustaban las armas, le asustaban. Comisario, Tim nunca se hubiese matado, y de haberlo hecho, le juro que no se habría disparado. Su coquetería le impediría dañar su cara. Creo que ni siquiera se tomaría unas pastillas. Él no se causaría daño, le temía al dolor. Esto es muy raro.

El comisario Arias no quería adelantar opinión y como todo policía, barajaba como primera hipótesis el homicidio. Los técnicos electrónicos habían comenzado a hacer su barrido mientras el comisario hablaba con Margarita. Estaban bajando la información satelital de su teléfono de los últimos días y copiaban el contenido de su computadora y el iPad. Arias había convocado a una reunión urgente con el equipo para reconstruir lo que había sucedido.

—Margarita, necesito más fotografías de su mano derecha bajo todos los ángulos. ¿No ves nada fuera de lugar, desordenado, algo que falte?

—No, comisario.

—Ya vamos a terminar. Acerca el lente a la pantalla de la computadora.

—Está llena de sangre, comisario —alcanzó a decir llorando.

—Hazlo de todas maneras. También enfoca el teclado.

El teléfono se sacudió y el comisario vio la sombra del cuerpo de Margarita corriendo hacia al baño: «Lo siento, tengo ganas de vomitar».

El paroxismo se apoderó de Venezuela con el deceso de Chávez. Era una noticia esperada que, al conocerse, conmocionó tanto como si hubiese sorprendido al país.

Nicolás Maduro como vicepresidente informó en cadena nacional que el deceso del comandante había ocurrido a las 4:25 de la tarde. Anunció 11 días de duelo.

En los siguientes días, Caracas se convirtió en la capital del espectáculo del velorio de Chávez. La carpa se instaló en la Academia Militar, donde en el Salón de Honor Libertador en capilla ardiente, fueron colocados los restos de quien había sido presidente de la República. Largas filas de seguidores esperaban para brindar la despedida. Las fotos estuvieron prohibidas, sin embargo, más de un reportero gráfico logró reproducir la figura de Chávez de la cintura para arriba, la parte que quedó visible. Estaba hinchado con la placidez de la muerte, con un traje verde oliva y corbata negra. Una banda roja de hilos bordados formaban la palabra «milicia», ese cuerpo armado creado por él y que tanto daño generó a los venezolanos.

El escenario que bordeaba la urna lo integraba la bandera venezolana a un lado, a la cabeza una gran cruz y a sus pies una espada; ambas de oro. Una vela encendida estaba a un costado.

El desfile de treinta mandatarios y otros tantos delegados internacionales se inició al difundirse la noticia. Los canales de televisión locales y foráneos seguían minuto a minuto los detalles de los asistentes. Dictadores y reyes se mezclaron con jefes de la democracia. La emisora oficial transmitía sin interrupción. Hubo música y llanto. Silencio y fiesta. A Chávez le habría encantado el evento.

Dos servicios religiosos, guardias de honor, música llanera y la solemnidad del himno nacional enmarcaron entre aplausos el recordatorio de acciones de Chávez. El primer discurso fue de Raúl Castro, seguido del presidente de Irán, Mahmoud

Ahmadinejad y el bielorruso Alexander Lukaschenko, los tres sentados en primera fila junto a Nicolás Maduro y su esposa Cilia Flores en la que fue bautizada la fila de los dictadores. Se realizaron guardias de honor de grupos de mandatarios. El dictador bielorruso lloró y Ahmadinejad besó la urna. El reverendo Jesse Jackson expresó su esperanza de que mejoraran las relaciones entre Estados Unidos y Venezuela, y Maduro cerró con cuantiosas lágrimas. En ese acto no estuvieron ni Cristina Kirchner de Argentina, ni Dilma Rousseff de Brasil. Ambas habían pasado el día anterior y regresado a sus países. Tampoco acudieron sus dos exesposas. Llamaron la atención dos niñas de 9 y 7 años. Eran dos hijas nacidas en relaciones extramaritales de Chávez. Estaban con sus madres.

La farándula nacional desfiló también: merengueros, cantantes juveniles, de música llanera, actores, y locutores. Hollywood tuvo su representación en Sean Penn.

Romel Bustamante escogió una casaca tipo Luis XV azul rey para asistir. Le costó seleccionar los zapatos entre sus centenares de pares de calzados que serían la envidia de la filipina Imelda Marcos. Optó por unos Louis Vuitton. Había regresado con Anastasia de Miami y le pidió que lo acompañara. Confiaba que atravesaría sin problemas los escollos del sistema de seguridad. Mas no fue así. Llegar fue un suplicio. Tuvieron que estacionar a más de dos kilómetros del lugar y caminar entre masas de gente tirada en el piso, sudada, rodeada de basura, con un escándalo que activó su acidez. Su pañuelo se había empapado de sudor y su maquillaje se había corrido. Para más calamidad, no aparecía en la lista de personalidades invitadas. Por fortuna, Anastasia reconoció a uno de los miembros de la guardia presidencial, quien los acomodó al final de un salón que a Romel le pareció muy caluroso, sin ventilación adecuada y poco higiénico. A él le dio la impresión de que ya el muerto hedía. Y aunque en esa percepción podía incidir su mal humor porque nadie lo había reconocido, escuchó a una señora extranjera que parecía ecuatoriana, que también se quejaba e insistía en que debían apurar la ceremonia. Romel sintió que se cocinaba en el traje que cargaba. Estaba arrepentido de creer que su buen gusto rococó sería apreciado por el príncipe Felipe de Borbón, quien ni se enteró de su existencia a decenas de puestos de distancia.

A las 6:39 de la tarde se oficializó el fin de la ceremonia.

Rita tenía razón, varias viudas asistieron.

Desde Bogotá, la exsenadora Peggy Cárdenas había leído a los periodistas un comunicado donde elogiaba la labor de Hugo Chávez. La lectura se vio interrumpida por su llanto. «Ha pasado a la historia un hombre que amó a su gente y que buscó la paz para Colombia». Al féretro se acercó escoltada por la intimidad del presidente. La hija mayor, Mónica Lila, le aseguró, «papi te quería mucho». Maduro la abrazó cuando se sacudió sonándose la nariz. Peggy ya tenía en mente lanzar su candidatura presidencial una vez superada su inhabilitación política y estaba activada en el correaje con Adel Salah, barranquillero cercano a la causa palestina, contratista y proveedor de Chávez y posterior socio de Maduro en la exportación ficticia de alimentos a Venezuela.

Peggy es una morena abogada colombiana, recia y coqueta, famosa por su variedad de turbantes. En 1994 logró ser senadora y luego dos veces la reelección. Sus lazos con Chávez los estrechó en agosto de 2007 cuando se involucró en la mediación entre las FARC y el gobierno de Álvaro Uribe para la liberación de seis secuestrados que permanecían desde hacía varios años en poder de la guerrilla, hasta que se logró la entrega de la excandidata a la vicepresidencia Clara Rojas y de Consuelo González de Perdomo, exrepresentante de la Cámara. Junto a Peggy estaba Hugo Chávez, incluso para pactar con las FARC a espaldas del gobierno legítimo de su país. A los movimientos insurgentes Chávez los defendió. Llegó a exigir que les fuese eliminada la etiqueta de terroristas, lo que causó molestias en el gobierno colombiano.

Peggy frecuentaba Venezuela y era común verla en actos políticos como invitada especial. Los cruces de miradas delante de las cámaras entre Chávez y Peggy hicieron las cábalas. La cercanía con el presidente le brindó a ella la posibilidad de un ingreso adicional: cobraba entre 100 y 150 mil dólares por conseguir una cita en Palacio. Ella negaba ser pareja del comandante. Al ser interpelada por el Congreso colombiano en marzo de 2008, dijo: «No soy la novia de Chávez, no me voy a casar con él».

Otra viuda estaba en el velorio. En riguroso uniforme militar, una rubia resaltaba por sus labios rojos, crecidos con tratamientos estéticos. Tiempo antes se había tomado en serio la función de cuidarle la espalda al jefe de Estado: había sido su edecán. Elina Jiménez, miembro de la Fuerza Naval, estuvo en labores junto al ministro de la Defensa Oswaldo Molina (exesposo de la tesorera Carla Molina). Como capitana de navío dirigió en el 2009 los puertos del litoral central, y en el 2010, desde Bolipuertos, los del país, reportándole a Domingo Carvallo que estaba en el Ministerio de Obras Públicas y Viviendas. Chávez quería que Elina trabajara con los cubanos para instaurar el socialismo en los puertos. Para eso había reformado dos años antes la Ley de Aduanas. La historia mostró la utilidad de ese proyecto: toneladas de alimentos perdidos, podridos, que profundizaron la escasez que afectó hasta el drama a la población y abultó las cuentas personales de jerarcas del chavismo que negociaron con el hambre del venezolano.

En el 2011, Elina Jiménez continuó su carrera meteórica al ser designada en el novísimo Ministerio de Transporte Aéreo y

Acuático. Allí estaba cuando Chávez enfermó. Estuvo cerca de sus movimientos hasta que se lo permitieron. En el velorio por ratos se acercó al féretro. Hacia ella no hubo trato deferente de parte de las dos hijas mayores de Chávez, quienes, junto a sus vástagos, presidían la ceremonia.

Cristina Kirchner se comportó como la tía de las hijas del comandante. La presidenta Argentina era tratada como la tenedora del testamento. La familia se consoló en su hombro. Kirchner y Chávez solían mostrar efusividad en su trato público, aun antes de ella enviudar. A Chávez le complacía invitarla sola a su vehículo oficial. Se las arreglaba para que Néstor Kirchner fuese paseado por otros funcionarios.

Cristina se mostró afectada apenas pisó el aeropuerto de Maiquetía. Se dedicó a describir sus sentimientos a través de una ráfaga de tuits y en uno de ellos sorprendió con el anuncio de que regresaría a su país antes de concluir las ceremonias. Se llevó con ella a Cristina Eugenia, la hija favorita, a quien más que proteger la quería entrenar para lo que venía. Al cabo de una semana la envió de regreso para el acto velatorio final.

El público lanzaba rumores sobre la llegada de otras posibles viudas. Había expectativa sobre la actriz Rumy Fox, ex Señorita Mundo Venezuela y a quien siete años atrás habían relacionado con el fallecido. Chávez negó el romance y ella fundó una línea de cosméticos e inauguró una peluquería en centros comerciales de militares. También consiguió fondos para la producción de una película. No asistió al velorio.

La población fue desfilando ante el féretro durante diez días y nueve noches. El pesar honesto de miles de fanáticos se depositaba en largas colas con centenares de historias. Los asistentes querían despedirse de su presidente. Improvisaban tarantines, juegos para niños, camas. No parecía incomodar padecer la espera. En medio de un estricto operativo de seguridad, seguidores cargados de paciencia se arropaban con banderas para dormir. Los vendedores ambulantes hicieron su negocio: había oferta de camisetas, brazaletes negros, fotos de Chávez y hasta pequeñas constituciones. En recovecos se formaron grupos de rezos. En otros se cantaba, bailaba y bebía: «El comandante quería que lo despidiéramos con alegría», era la excusa para burlar el decreto de ley seca. Para pasar el rato valían juegos de cartas, truco y dominó. Activistas pintaban carteles y decoraban sus carros con motivos alusivos al comandante muerto. En líneas generales, el rojo abundaba.

Los enemigos que acudieron con discreción estoica soportaron letanías y arengas que colocaban en un altar a quien para ellos había destruido el país. Habían sido víctimas del ególatra mandatario. Querían ver bien muerto al populista asido al comunismo, inteligente pero inculto, resentido sin razón, mentiroso, con un carisma que había utilizado para seducir a un pueblo necesitado de atención. Asistieron entonces quienes ansiaban constatar que en esa urna estaba el cuerpo del demonio que se convertiría en polvo, barrido como basura. Y el polvo sería su destino ante la imposibilidad de embalsamarlo.

Los jefes del gobierno habían mentido tanto sobre la enfermedad de Chávez que una parte del país en nada creía. El periodista Nelson Bocaranda había destacado al informar sobre detalles precisos del cáncer del presidente, en contraste al laboratorio contra la verdad. Una de las falsedades presentadas por voceros oficialistas fue la hipótesis de que el cáncer había sido inoculado. En la locura, portales del gobierno culparon al actor Sean Penn y a la modelo Naomí Campbell de haber transmitido la enfermedad a «cuenta gotas», al tener ambos acceso a él. El invento era continuación de una teoría lanzada por Chávez con

motivo del cáncer de Lula Da Silva y la posibilidad de que lo tuviera Cristina Kirchner. Lo atribuyó a una conspiración
A Chávez le divertía montar historias. Era capaz de ordenar la instalación de costosos escenarios para sustentar inspiraciones que lo asaltaban en su insomnio, tal como hizo con la remoción de los restos de Simón Bolívar el 16 de julio de 2010. Al comandante se le ocurrió que la causa de muerte del Libertador podía haber sido envenenamiento con arsénico resultado de la conspiración de Francisco de Paula Santander y de la oligarquía bogotana. Su boxeo de sombra costó al país 78 millones de dólares. Expertos extranjeros fueron contratados y en el Panteón Nacional fueron exhumados los restos del Padre de la Patria. La operación fue filmada y parte de ella transmitida en cadena nacional. El informe preliminar de la exhumación indicó el hallazgo de un manto negro de Damasco que envolvía el esqueleto, dos cajas de plomo soldadas a la urna que contenían polvo de restos provenientes del cuerpo, de la vestimenta y del calzado. Un sobre de plomo guardaba el acta elaborada por la comisión encargada del traslado desde Santa Marta. El esqueleto estaba ensamblado con alambres de plomo y plata y protegido con barniz preservativo. El cráneo había sido aserrado horizontalmente y las costillas por ambos lados cortadas con oblicuidad para examinar el pecho. Los dedos anulares y la segunda falange de los otros dedos de las manos, excepto la de los pulgares, habían sido reconstruidos con cera de moldear; algunos huesos del metatarso y los dedos de ambos pies también. La dentadura estaba casi completa con la única ausencia de la última muela cordal de la izquierda de la quijada superior.

 Cuatro muestras dentales, dos frontales, un canino y un premolar, fueron retiradas procurando encontrar ADN que sería cotejado con los restos de su hermana María Antonia Bolívar que están en la Catedral de Caracas. En cuanto al tejido óseo, tomaron dos cuñas de la cabeza humeral derecha, parte del cráneo, una muestra de una costilla del lado izquierdo, el fragmento de una falange de la mano izquierda, de la cara anterior del coxal izquierdo y de la cuarta vértebra dorsal.

Cumplido el proceso, el esqueleto fue colocado en una urna de metacrilato sellada al vacío y con tornillos de oro de Guayana. Urna que a la vez fue colocada en otra de madera de cedrillo llanero con el escudo nacional elaborado en oro e incrustado en la tapa.

El país se cargó de estupor ante la profanación de los restos del Libertador y una sentencia de calamidades se plantó sobre quienes estaban involucrados en el hecho. Fue la maldición contra los jurunga muertos.

La leyenda popular fue aderezada con acontecimientos que calzaban. Los antecedentes alimentaron la imaginación. Desde antes de ocupar el Palacio de Miraflores, Chávez solía consultarse con representantes de la santería cubana, en Caracas o en la isla. En un país caribeño que ejerce el sincretismo religioso, el asunto no espantaba a nadie, de hecho, quienes lo precedieron en el cargo tenían historias con sus brujos personales. Pero algunos sucesos comenzaron a mostrarse exagerados. A los vecinos que rodeaban el Palacio les alarmaba encontrar con frecuencia animales muertos, con el agravante de que al saberse que habían sido utilizados en brujerías, el servicio de aseo urbano se negaba a recogerlos por temor a un maleficio. La creencia se convirtió en un problema sanitario.

Con la enfermedad de Chávez el asunto se puso peor. En Miraflores se habilitaron espacios para cuanto ser jurara tener desde el más allá, la cura del presidente. Los santeros de Cuba se hicieron insuficientes por lo que desde el corazón de África se procuraron brujos originales. Las exigencias en nombre de supuestos espíritus fueron complicadas y oscuras. Los africanos pidieron la entrega para el sacrificio de los corazones de un león y un niño. Conseguir el león les resultó más complicado. Chávez cumplía obediente con esos procesos, se frotaba ungüentos, tomaba menjurjes, bailaba sobre cenizas, graznaba como un cuervo y después rezaba a los santos católicos que su madre le indicaba. Promesas iban y venían. No lo logró.

La muerte de Chávez alimentó aún más la leyenda de que Bolívar se había molestado con quienes jurungaron sus huesos. La lista de fallecidos del sector oficialista refrescaba la memoria: Guillermo García Ponce director del diario *Vea*, uno de los históricos de la izquierda venezolana, murió en septiembre de 2010; ese mismo mes falleció en un accidente de tránsito que lo lanzó a un río, William Lara, exdiputado y exministro; Luis Tascón, diputado, murió por cáncer de colon en agosto de 2010; el general Alberto Müller Rojas venía enfermo y falleció poco después de la exhumación; en marzo de 2011, Lina Ron, una radical dirigente del chavismo, cayó fulminada por un infarto al miocardio; José Ignacio Meléndez Anderson, hermano del asesinado fiscal Danilo Anderson, recibió varios disparos en un intento de asalto; en La Habana, donde recibía atención médica, murió el contralor general de la República, Clodosbaldo Russián; el 25 de enero de 2012, un infarto al miocardio mató a Carlos Escarrá, procurador, profesor y exdiputado.

Castigo divino a la perversión necrofílica, era el mensaje. Ofendía la interferencia probable de magia negra vudú en trabajar los huesos del Libertador para preparar el escapulario que Chávez se había guindado en su cuello. Teóricos de profanaciones aseguraron que el objetivo era realizar una simbiosis con los restos de Manuelita Sáenz para construir una poción poderosa que le diera fuerzas sobrehumanas al comandante.

La muerte de Chávez potenció la teoría del castigo. Los «jurunga muertos», miembros de la Comisión Presidencial, más nunca hablaron del tema. Lo hacen otros que les recuerdan su destino, les dicen que no tienen escapatoria, les aseguran que su final trágico está escrito y que llegará sin demora.

A pesar de que la muerte se anunciaba cerca, la familia no había decidido dónde sería enterrado Chávez. Consideraron Sabaneta, su pueblo de origen y hasta evaluaron improvisar una decisión ilegal para su ingreso al Panteón.

El debut de Nicolás Maduro como vocero principal el 5 de marzo, evidenció sus limitaciones personales y la ausencia de carisma. Necesitaba más que las horas extenuantes de ensayos, las clases de oratoria y las explicaciones teóricas que había recibido en Cuba desde que Chávez había enfermado.

En la improvisación, Nicolás Maduro prometió que Chávez sería embalsamado y anunció que expertos de distintos países estaban siendo convocados para que su «gigante eterno» viviera por siempre a la vista de sus fanáticos. «Así como Ho Chi Minh, como Lenin, como Mao Tse Tung».

Maduro ignoraba que el proceso de utilizar sustancias químicas para preservar la integridad de los cadáveres es de extrema complejidad.

El cuerpo es sometido a un profundo lavado con germicidas. En los orificios colocan algodones para evitar salida de fluidos. La boca es suturada para prevenir contaminaciones. El cadáver es vaciado y la sangre extraída. Una mezcla de formol, agua, conservantes, fijadores y colorantes similares al color de la sangre, se introduce por las venas. Esto es para evitar el tono azulado que aparece después de la muerte. Para eliminar la rigidez y mejorar el aspecto de la piel, el cuerpo es masajeado. El pelo y las uñas son arreglados con delicadeza. Se inyectan grandes cantidades de alcohol para prevenir las bacterias. En el caso de Chávez resultaba una complicación que tuviese los órganos dañados por cáncer, lo que exigía un tratamiento adicional que no se cumplió porque a su cuerpo le inyectaron sustancias para desacelerar su deterioro y para que soportara la exposición pública durante once días.

La explicación la recibió Maduro de una comisión de expertos rusos y alemanes que fueron trasladados a Caracas y que informaron que el costo de la operación sería de un millón de dólares. Los profesionales advirtieron sobre nuevas exigencias: el espacio donde estuviese el cuerpo debía mantenerse bajo un control severo de temperatura y humedad; el cadáver debe ser examinado una vez por semana, la ropa cambiada cada mes, y el cuerpo cada año debe sumergirse durante treinta días en un baño de glicerol y acetato de potasio.

Pero fue la última solicitud lo que llevó a Maduro a descartar la opción de embalsamar a Chávez: debía ser trasladado a Rusia por siete meses. El designado sucesor no podía enviar lejos al mito en físico, al instrumento que iba a utilizar en su campaña presidencial que había comenzado tres días antes de concluir los actos velatorios, a partir de una sentencia del Tribunal Supremo de Justicia que le permitía seguir en el cargo durante el proceso electoral.

Maduro quería el cadáver en cuerpo presente y la peregrinación de los seguidores de Chávez hasta el féretro. Los actos velatorios transmitidos en cadena nacional fueron la señal de «partida» de su campaña.

A las 2:35 de la madrugada se cerraron las puertas del Salón de Honor Libertador. Se anunció que era para preparar el viaje del cuerpo de Chávez hasta el Museo Histórico Militar donde sería la ceremonia de cierre que comenzaría a las 10 de la mañana. El sarcófago cubierto con la bandera venezolana fue sacado por miembros de la caballería vestidos de húsares al patio militar donde lo esperaban mil cadetes. Una misa y las palabras del mayor general Jacinto Pérez Arcay, del presidente de la Asamblea Nacional, Domingo Carvallo, y de su hija Cristina Eugenia, cerrarían el acto.

El discurso de Pérez Arcay levantó polvareda cuando dijo que Chávez había llegado muerto de Cuba, lo que aumentó la especulación de que el comandante tenía meses fallecido.

Carvallo en su intervención trató de retomar el control que había visto disminuido durante la enfermedad de Chávez. Los cubanos lo tenían en la lista negra, lo despreciaban por no saber ocultar su ambición y lo clasificaban como posible traidor a la causa. Del círculo cercano, Carvallo fue de los últimos en enterarse sobre la decisión de desconectar el respirador al presidente.

Cristina Eugenia regresó de Argentina recuperada. Despidió a su padre con un habilidoso discurso que abrió la ventana a una posible sucesión.

El único mandatario presente en el traslado hasta el Museo Militar donde reposarían los restos, fue Evo Morales de Bolivia. El lugar había sido bautizado por Chávez como El Cuartel de la Montaña. Encontró un nombre más épico que el original, procurando borrar el recuerdo de que allí se refugió al fracasar en la intentona golpista del 4 de febrero de 1992.

Finalizadas la misa y las palabras, el cuerpo de Chávez fue trasladado hasta el vehículo acompañado por su escolta, sus familiares más cercanos y el entorno militar. Antes de partir en un recorrido de unas tres horas —mucho más breve que el anterior— se escucharon las notas del himno nacional y salvas de cañones.

El coche fúnebre destinado para el desfile había sido ubicado en Colombia por la Funeraria Vallés en Caracas. Luis Fernando Arango, dueño de la Funeraria San Vicente, recibió una llamada solicitándole como gesto solidario que prestara el coche fúnebre que permitiría que la gente observara el ataúd durante su recorrido por Caracas. Arango les ofreció un Lincoln modelo 98 de su propiedad que había sido utilizado en otros funerales de Estado. Un avión de la Fuerza Aérea venezolana se trasladó hasta el aeropuerto José María Córdoba de Río Negro, Antioquía. El avión no regresó para devolver el vehículo. El propietario luchó para que seis meses después lo dejaran en San Antonio del Táchira. En la informalidad de las circunstancias, se permitió que pasara la frontera sin ser presentado ante la autoridad aduanera de Cúcuta, donde fue decomisado por ser considerado contrabando. Fue subastado en una puja pública en la cual, según la ley, el dueño tenía prohibido participar. Alguien pagó 45 mil dólares por la carroza. El señor Arango no se amilanó y ubicó al nuevo propietario, quien recibió 60 mil dólares. Le resultó caro al señor Arango el favor patriota. El incidente terminó siendo una alegoría del injusto y absurdo pacto que suele imponer el chavismo, donde el oportunista que hace el menor esfuerzo, termina premiado y enriquecido.

A Margarita esa lluvia no le parecía normal. A cántaros, gruesas gotas caían como una gigantesca ducha en torno a la esfera de sol. Resguardada en un banco dentro de la capilla, miraba hacia la puerta esperando la señal del arcoíris. Imbuida en la soledad, pensaba en los muertos, no en los vivos. A sus 30 años ya había enterrado a varios amigos y amantes. Sentía que la desaparición de Tim era la más injusta de todas. Su primo era incapaz de dañar a alguien. Lloraba por los animalitos abandonados, le preocupaba el calentamiento del planeta. Margarita estaba en el Cementerio La Guairita. Aguardaba que el cuerpo fuera cremado.

Entre tanto alboroto, la muerte de Tim fue procesada como un trámite administrativo menor. El caso había quedado cerrado como suicidio. Tomó varios días que le practicaran la autopsia y cuando los funcionarios le entregaron el cuerpo, la conminaron a que lo cremara sin detenerse en la prohibición para las víctimas de armas de fuego. Tenían prisa en salir de él. Lo habían dejado arrumado fuera de la cava y se había descompuesto. Margarita, abrumada por el dolor, estaba considerando acercarse a Dios. En su conversación con Él, le preguntaba si Tim había alcanzado un plano superior donde estaría mejor que en esta vida. Ordenó una misa con el padre Matías. Sintió mucha tristeza cuando mencionó a Joaquín Méndez. Ella quería que le dijera Tim Black, como a él le gustaba, mas no fue posible. La misa la escucharon siete personas que se guarecían de la lluvia. La madre biológica de Tim nunca apareció. La única conocida fue Yusmeli, su leal vecina que lo había cuidado, protegido y lo había llevado de la mano al canal de televisión para alejarlo del peligro. ¡Quién sabe si viviendo en ese barrio, aún Tim seguiría con vida! Yusmeli se había marchado de prisa con alguien que le había ofrecido un empujón hasta la parada del autobús. El tráfico estaba complicado en algunas zonas de Caracas porque trasladarían el cuerpo de Chávez en una caravana desde la Academia Militar hasta el Museo Histórico en el 23 de Enero.

Margarita recordó a Chávez y descubrió el odio. Detestaba a los posibles autores del homicidio de Tim. A los militares corruptos, a Hassam, Romel, David Rincón, Douglas Molina y Sugar Rodríguez. Sentía desprecio por Jenny y Rita.

Margarita, que convivía con delincuentes, reivindicaba a sus malandros al colocarlos frente a quienes detentan el poder, se venden para tenerlo y asesinan para conservarlo.

Seguía lloviendo. Para llegar al horno crematorio tendría que mojarse. No quiso esperar más. Se desplazó con lentitud para no caer desde sus tacones. Resignada al desastre de empaparse, optó por volver a llorar y dejar que sus lágrimas se confundieran con la lluvia.

# { X }

El comisario llegó tan cansado que olvidó sacar a Tim. Caminó sin detenerse hacia la ducha, como si desprendiéndose de la ropa, del sudor del día, lograría borrar el dolor. Sentía culpa. La punzada se había instalado en la boca de su estómago desde que conversó con él cuando estaba en Miami en la casa de Alberto Armas. El muchacho convivía con los lobos sin la conciencia del peligro. De nada sirvieron sus advertencias. «Lo asesinaron», repetía Orlando Arias restregando su cuerpo con furia. Continuó hablando solo, hasta que su perro le recordó el deber de padre. A medio vestir y con un whisky apresurado, salieron hacia el jardín.

Le había tomado cariño. Se conmovía ante su inocencia, su ilusión de superhéroe. Un par de meses atrás, cuando su compañero Peter Gibson le regaló un cachorro, no dudó en bautizarlo Tim. Nunca había tenido una mascota. Evadiendo responsabilidades no quiso tener hijos. Lo garantizó con una vasectomía. Era policía de riesgo y no iba a dejar huérfanos.

Gibson se presentó en su casa con un pequeño perro de agua negro en brazos y Orlando se resignó. «Parece que sí voy a llegar a viejo, así que venga, vamos a llamarlo Tim, igual que el chico estilista», decidió el comisario agradeciendo el gesto de su amigo. «Esta raza era la favorita del senador Ted Kennedy, quien a su vez le regaló uno a Obama. Son buenos en rescate y vigilancia. Al crecer se hacen fuertes y grandes», agregó Peter. Y Arias propuso: «Brindemos por la incorporación de un nuevo miembro a la familia».

En menos de dos semanas los agentes de homicidios avanzaron en la reconstrucción del asesinato de Tim. El FBI estaba incorporado a las investigaciones a través del comisario Arias, quien por su experiencia y por ser venezolano había mantenido contacto directo con él. Su compañero Peter Gibson servía de apoyo. En la oficina de Arias estaba desplegado el espejo del lugar del crimen. Sin lugar a dudas se trataba de un homicidio. En eso coincidían los investigadores. El olfato de Orlando Arias que desde el principio le indicó que era un asesinato, se transformó en certeza al conocerse las evidencias. Las autoridades policiales en Venezuela habían cerrado el caso como suicidio.

El equipo de funcionarios caminaba en pequeños grupos hacia un salón del FBI. La cartelera ubicada en una de las paredes, tenía marcados con alfileres fotos de personajes conocidos del poder político venezolano —militares y civiles— de cuyos rostros salían flechas comunicantes hacia empresarios, banqueros, Romel Bustamante y las muñecas. En otra de las paredes se soportaría con videos, la repetición de lo captado por las cámaras de la vivienda y las calles cercanas, así como la proyección en 3D de la escena del crimen.

Inició la exposición uno de los jóvenes agentes de la CIA:

—Tim vivía en Los Palos Grandes, urbanización que pertenece al municipio Chacao en Caracas. Esa casa y las adyacentes tienen equipos de seguridad con videos que logramos recopilar. La entrada a la vivienda principal es común al área de acceso donde habitaba el joven. Un intercomunicador le permitía abrir desde su residencia la reja de afuera. Una vez que se ingresa, se traspasan unos veinticinco metros de un jardín que lleva a una pequeña puerta perteneciente al apartamento de Tim.

Esa puerta la víctima solía mantenerla sin cerrojo. El testimonio de Margarita confirma que ella ingresó sin necesidad de utilizar llave. La clienta que el joven esperaba, la ministra Ana Isabel Reverol, llegó tarde, a las 8:22. La cita era a las 8 de la noche. Tocó el timbre con insistencia y llamó por teléfono dos veces. El registro confirma que, molesta, se marchó, agregó el funcionario.

Tomaron el turno los muchachos de electrónica. Los técnicos habían reconstruido los rastros de Tim hasta diez días antes del homicidio.

—En la computadora, la víctima había intensificado su actividad en una página en Facebook en la que participaban personajes identificados con nombres masculinos, fanáticos seguidores del espionaje político. La página se identifica como «¿Quién quiere ser espía?». Los escritos versaban sobre historias publicadas en Google, Youtube y en libros. Nueve días antes del asesinato, uno de los personajes mostró interés por un cuento de Tim sobre chicas hermosas que espiaban a hombres poderosos. La historia no es real aunque se parece. El seguimiento al sujeto que se mostró interesado nos llevó a Ucrania. Se trata de una joven cubana que da clases de español e inglés allá, y le divierte hacerse pasar por hombre. El agente mostró la foto de una rubia imponente con el pelo muy largo, de unos 35 años.

«Una muñeca ucraniana», pensó Arias.

—El rastreo electrónico prueba que el homicidio del agente Tim fue planificado —intervino otro técnico.

Los agentes, en silencio, le hicieron el gesto usual para que continuara con su explicación.

—La computadora de Tim fue «hackeada» cinco días antes de su muerte. La operación tuvo como objetivo introducir información sobre estados depresivos y formas de quitarse la vida. Querían sembrar un *leitmotiv* para apoyar la teoría del suicidio. En la misma fecha su teléfono fue intervenido.

La reconstrucción de los movimientos de la víctima durante sus últimos días a través de las celdas activadas en su línea telefónica, indican que mantuvo su rutina. En los mensajes de texto destaca un diálogo entre uno de los miembros de la página de Facebook en la que Tim participaba. Lo usual es que se conectaran al final de la tarde. Tim se hacía llamar «James» y el sujeto que lo contactó, «Humberto». Por el contenido de la conversación se entiende que se había acercado a la víctima en el plano íntimo.

En la mensajería del estilista se evidencia comunicación permanente con su prima Margarita. En dos ocasiones, Tim le pregunta cuándo se va a llevar la pistola 22 mm que le trajo de Estados Unidos. «Cada vez que abro la gaveta de mi mesa de noche y veo esa cosa, me da grima», escribió. El asesino tenía conocimiento de que había un arma en su vivienda.

El homicida ingresó a las 7:09 de la noche. Manejaba el contenido de la agenda de Tim y sabía que él daba acceso sin preguntar quién lo visitaba. Las cámaras del municipio, a una cuadra de la casa, muestran cerca de esa hora un vehículo marca Aveo gris, año 2006, manejado por un sujeto de sexo masculino con una chaqueta con capucha que escondió su rostro para evitar ser filmado. Una vecina declaró haber notado ese auto estacionado cerca, bajo una mata de mango. Las autoridades locales desecharon ese testimonio.

La reconstrucción la continuó otro agente. Habló mientras colocaba la proyección gráfica de la escena del crimen.

—El asesino sorprendió a Tim. Presumimos que el homicida lo sometió con un arma. Para evitar la posibilidad de que gritara atapuzó su boca con varios guantes que el estilista usaba para pintar el cabello a sus clientas. Esos guantes, el homicida los desechó en el baño y fueron recolectados por la agente Margarita. En ellos se encontraron restos de saliva que confirmaron el ADN de Tim. El estudio comparativo se pudo realizar gracias a cabellos recuperados del cepillo personal de la víctima.

El homicida drogó a Tim con una inyección de Midazolam, un potente sedante aplicado vía intramuscular que cumple su objetivo a gran velocidad. Es utilizado para sedación consciente y deja a quien lo recibe con capacidad de responder a estímulos táctiles y auditivos manteniendo las funciones cardiovascular y respiratoria. Genera efecto a los 10 minutos de haber sido suministrado. El asesino encontró la pistola 22 mm donde Tim había indicado, quien bajo efectos de la droga, es sentado frente a la computadora que estaba prendida porque el joven había estado compartiendo con sus amigos de Facebook.

El criminal abrió una carpeta de Word y colocó a la víctima para que escribiera el siguiente mensaje:

«La vida ha sido muy dura para mí. A mis seres queridos… perdónenme», TIM.

Margarita asegura que esos no son términos con los que su primo se expresara y que es inimaginable una frase escrita por él sin errores ortográficos. Agrega que jamás colocaba un acento. Por eso le apenaba enviar mensajes a sus amigos. En la página de espías consultaba con el diccionario y aún se equivocaba.

La víctima, antes de que el asesino tomara su mano y lo llevara a empuñar el arma apuntando su sien derecha, logró rasgar una hoja de la portada de la última edición de la revista *Chao* que se encontraba sobre la mesa. Lo hizo sin que el homicida se percatara. La mantuvo en su mano izquierda hasta después de su muerte.

En el área no hay señales de violencia o pelea. Tampoco se apreciaron lesiones defensivas. El lugar estaba limpio y ordenado. Solo en la cocina se hallaron restos de comida que hacen ver que Tim había comenzado a disfrutar de un emparedado y de una copa de vino, quizás sentado en un taburete que allí se encontraba.

Cuando llegó Margarita, la computadora estaba en situación de reposo automático con abundantes salpicaduras de sangre.

Un cartucho estaba en el piso. El arma se encontraba en su mano, sobre su muslo derecho. Según los informes de la policía local, la víctima resultó positiva al análisis de trazas de disparos.

El equipo comenzó a proyectar distintas imágenes del cadáver de Tim.

—Tal como lo indicó usted, comisario —explicó un agente de homicidios mirando a Arias—, sobre la mano derecha del occiso hay un área limpia, donde debería haber sangre. Ese espacio lo ocupó la mano de quien accionó la pistola. El asesino usó guantes, no dejó huellas. La víctima sufrió espasmo cadavérico inmediato, por eso su dedo quedó doblado en el ángulo propio de haber accionado el arma. Podemos asegurar que no tuvo agonía.

Se hizo un breve silencio en la exposición. Los policías suelen decir que unas muertes duelen más que otras. La de Tim había afectado a varios.

—Tim nunca se habría suicidado —indicó el comisario Arias.

—En su perfil psicológico se determinó que la víctima no habría disparado ni contra su persona ni contra otro ser viviente. Le tenía miedo a las armas. En realidad las detestaba. Y en efecto, Tim no se quería suicidar. Había decidido independizarse en su trabajo. Convertirse en agente nuestro le había aportado una dimensión diferente a su vida, la cual describía como útil y emocionante —aseguró el funcionario de homicidios.

Peter miró a Orlando y le preguntó si le interesaba otra información.

—Creo que tenemos elementos suficientes para definir el perfil del autor intelectual. Y no tengo duda de que es uno de los personajes cuya acción delictiva afecta a Venezuela y a Estados Unidos, concluyó el comisario señalando la cartelera con imágenes de personajes conocidos en el país.

Alberto Armas estaba animando el Festival Ecuestre de Invierno en Wellington mientras velaban a Chávez. El teniente y antiguo pupilo no pensaba realizar un solo gesto que pudiera poner en peligro sus relaciones con los americanos. Los abogados le recomendaron que continuara sus actividades con empresarios del *jet set* para promover eventos internacionales de caballos. Entretanto, ellos adelantaban el proceso para que fuese aceptado como testigo colaborador de las autoridades americanas. Armas tenía limitadas sus operaciones financieras. Sería pechado con una multa de 500 mil dólares. Para él no era mucho, si con eso alejaba el fantasma de la prisión.

Alberto Armas y Rodrigo Campos, predilectos de Chávez, se adelantaron a lo que otros funcionarios diligenciaron después y les resultó más difícil. Ambos habían operado al alimón en Venezuela, cuando uno era ministro de Finanzas y el otro tesorero. Rodrigo, igual que Alberto, logró presentar al Departamento de Justicia de Estados Unidos información sobre tráfico de drogas y lavado de dinero que vincula a funcionarios del gobierno con el Cartel de los Soles. La decisión cargó de ira a Hassam Fachal —uno de los señalados—, quien ordenó la detención de su madre y hermana sin orden judicial, para presionar su regreso a Venezuela. Rodrigo resistió sin volver.

En Estados Unidos, Rodrigo y Alberto no se comportan como socios financieros ni como amigos. Tampoco parecen tener contacto con los herederos de Chávez, aun cuando fueron designados albaceas.

Maduro llegó a la presidencia el 13 de abril de 2013 con unos resultados electorales cuestionados —menos de 1,5% de diferencia— y un ventajismo ostensible. El candidato Henrique Capriles solicitó una auditoría de 100 por ciento de las actas. Maduro aceptó y de inmediato se arrepintió, evadiendo el recuento de votos.

A pesar de que la candidatura de Maduro se sostuvo sobre la figura de Hugo Chávez, con sus primeras decisiones marcó distancia de algunos afectos del comandante.

Elina Jiménez, última de sus novias, ocupaba la cartera del Ministerio de Transporte Aéreo y Acuático y fue transferida a un cargo de bastante menor jerarquía: directora del Hospital Militar, donde, por ironía, Chávez había pasado las últimas horas de su vida. Elina siguió rotando por diferentes oficinas públicas, bajo el cobijo de Carla Molina, ya vicealmirante, quien se mantuvo en puestos claves como ministra de la Defensa, de Relaciones Interiores y del Despacho de la Presidencia.

Otras mujeres cercanas al fallecido fueron ubicadas en cargos diplomáticos. Betty Suárez, de oficio ama de llaves, había tenido una hija del comandante el 1 de mayo de 2005 en la clínica Sanatrix de Caracas y fue nombrada el 13 de enero de 2014 cónsul general de Venezuela en Guayaquil, Ecuador.

Noemí Freites, madre desde el 3 de mayo de 2008 de la última heredera reconocida de Chávez, sin estudios universitarios y de oficio aeromoza, fue designada en julio de 2014 cónsul en Lisboa, Portugal, y el 20 de agosto de 2015, cónsul en Montreal, Canadá.

Rosaura, la única hija nacida en el segundo matrimonio del comandante con Yubraska Sánchez, tiene el privilegio de estudiar en La Universidad Sorbona en París. En coherencia al resto de la familia, publica mensajes que activan la furia del pueblo. En su adolescencia, cuando Venezuela arrancaba con la crisis económica y la divisa americana con acceso restringido, la chica se mostró en las redes con un abanico de billetes en dólares.

La herencia a la que por ley tienen derecho las dos últimas niñas —ambas reconocidas por Chávez— aún tiene espacios de silencio. La repartición de los bienes dejados por el comandante no ha sido tema de tribunales. Significaría darle dimensión a una fortuna.

Entre los tres hijos del primer matrimonio ha trascendido cierta tirantez. La abuela severa, Emiliana Chávez, reclama que sea Cristina Eugenia quien goza de mayores privilegios. A esa nieta la considera poco generosa. Ella dispone de los ingresos generados por su sociedad con Cristina Kirchner sin compartirlos con el resto.

La nueva familia presidencial tuvo que resignarse a vivir en Miraflores. Mónica Lila y su esposo Jacobo Áñez se mantuvieron ocupando la residencia La Casona. La primera dama no parece muy cómoda con eso. Los miembros de la numerosa familia Flores no han podido disponer de los lujos de la casa oficial, igual a como hacen con decenas de cargos y otros bienes públicos.

Los Maduro Flores dieron prioridad a su estrategia: tratar a los Chávez como jarrones chinos, sin importar que les costara dinero. Jacobo Áñez fue ratificado en la vicepresidencia y a Mónica Lila la designaron presidenta de la Fundación Milagro. Su marido era su jefe. Ella pasó a manejar un presupuesto de 90,1 millones de bolívares, fuera de los créditos adicionales, lo que colocó a ese organismo con ingresos por encima de entes de relevancia como el Consejo Moral Republicano. Su propósito era devolver la visión a personas de bajos recursos mediante intervenciones quirúrgicas gratuitas. No se han conocido informes ni logros de su gestión.

Mónica Lila egresó de estudios internacionales y nunca había trabajado. Acompañó a su padre entre 2002 y 2011 en actos oficiales y lo asistió durante su enfermedad.

Su activa presencia al lado del comandante llevó a sugerirla como sucesora, pero su carácter más bien introvertido —en contraste con su hermana— la dejaban en el rol discreto de asistente, y según su padre, depositaria de sus angustias. Mónica se había casado en marzo de 2003 con el hijo de un militar, un joven empresario. Al año ya era madre de un varón. La boda se celebró en Palacio, lo que no garantizó su felicidad.

En el 2007 se declaró enamorada de quien fuera su profesor, Jacobo Áñez, presidente de Fundayacucho y a quien Chávez pareció tomarle aprecio, al punto que dejó instrucciones de que quedara en la vicepresidencia luego de su muerte. Hija y yerno se mantuvieron muy cerca de él durante su enfermedad y con frecuencia Áñez fungió como vocero, malo en ocasiones, construyendo ideas disparatadas poco creíbles. De este matrimonio ha quedado un hijo.

La pareja —en alejamiento evidente— ha permanecido en La Casona. Espacio sobra para no tener que tropezarse. Son 6.500 metros cuadrados rodeados de suntuosidad desplegada en inmensos jardines a disposición de la familia presidencial. Áñez ha recorrido la administración pública. En agosto de 2017 fue designado canciller.

Los gastos en La Casona han sido calculados en 266,7 millones de euros al año, lo que incluye electricidad, seguridad de personal civil y militar, guardaespaldas, choferes y mantenimiento de sala de bolos, de baile, piscinas, cocineros y el cuidado de los vehículos. Los costos por alimentos, bebidas y las agencias de festejos, se contabilizan aparte porque dependen de la intensidad de la actividad social.

El presupuesto en Venezuela se realiza como si hubiese dos familias presidenciales, los Chávez y los Maduro Flores. Son 2,6 millones de euros diarios. La valoración en esa moneda demuestra que el monto es considerablemente superior a lo que gasta una familia real europea.

Cristina Eugenia no necesita vivir en La Casona para darse vida de princesa. Utiliza aviones oficiales y usufructúa fondos públicos. Todavía se evalúan números respecto a cuánto costó al país la ocasión en que el avión presidencial se regresó a Venezuela casi llegando a Cuba, para buscar unos *snack* que había olvidado. Evitaba repetir el sufrimiento de viajes anteriores por la ausencia de chucherías en la isla. Egresada de Comunicación Social, se mantuvo cerca de su padre desde que él llegó al poder. Chávez se encargó de que estrechara lazos con Fidel Castro y Cristina Kirchner, a quienes terminó considerando un abuelo y una madre. El 11 de abril de 2002 tuvo rol protagónico al declarar ante los medios de comunicación que su padre no había renunciado y que estaba prisionero. Ha tenido debilidad por el mundo del espectáculo, más que por el político. En agosto de 2009 envió registro gráfico desde Nueva York en el set de Wall Street II junto a Shia La Beouf, protagonista de las películas *Transformers*. Con los años se multiplicaron las imágenes de ella con amigos, en variados países del mundo y en eventos para privilegiados: una carrera Fórmula 1, un show de Madonna en París. Cristina Eugenia muy joven había sido madre soltera. En privado, Chávez y Fidel la habían considerado como eventual sucesora. Para su pesar, su padre tuvo que descartarla por su inestabilidad emocional y la poca asertividad con las parejas. Había antecedentes.

Cristina Eugenia inició por el año 2003 una relación confusa con un par de jóvenes empresarios de los cuales se declaraba cercana. Los dos chicos, audaces y ambiciosos, habían conseguido a través de las diligencias de su amiga más de 27 millones de dólares para las compras de unas computadoras. Al realizarse la operación en la aduana se descubrió que las computadoras no existían y que las facturas eran falsas. En 2005 ambos empresarios fueron imputados por contrabando y defraudación tributaria sin que eso ameritara prisión. Sin embargo, dos años después les dictaron privativa de libertad por distracción de bienes y adquisición fraudulenta agravada de divisas. Uno de ellos,

Germán Azócar, huyó a Panamá donde fue secuestrado y regresado a Venezuela. El otro, Eulogio Colina, se entregó confiado en que se trataba de una situación temporal. No pensaron que una acción, como mínimo imprudente —nunca se conoció si consensuada—, les costaría su libertad. Habían filmado a la hija del comandante en actividad íntima. Los jóvenes se convirtieron en presos personales del padre de Cristina Eugenia, es decir del presidente. A los detenidos les fueron violados sus derechos procesales. En la ruta, Azócar se declaró culpable y recibió libertad condicional. Colina sumó problemas. Había acumulado el odio de Chávez al colaborar en la fuga del dirigente sindical Cipriano Ojeda, encarcelado por el paro petrolero de 2003. El expediente de Eulogio Colina cayó en manos de la juez Mildred Alfonso, rigurosa en el cumplimiento de la ley. Ante la transgresión de varios artículos de la Declaración Universal de los Derechos Humanos y del Pacto Internacional de los Derechos Civiles y Políticos, la juez liberó al empresario, con prohibición de salir del país y presentación obligatoria en el tribunal. Eulogio huyó y la juez se convirtió en presa de Chávez, con torturas incluidas. Un vergonzoso capítulo de criminal violencia contra una mujer representante de la justicia venezolana.

En el 2009, Chávez fungió de cupido de Cristina Eugenia. En televisión anunció el romance con Vicente, médico chileno, nieto del expresidente Salvador Allende. Esa relación fue breve, como una seguidilla de otras más. Sus seguidores en las redes volvieron a sentirse satisfechos para finales de 2012, al ella mostrarse con Ernesto, del dúo musical «Los Chevy», a quien le encargó la animación de la campaña electoral de su padre enfermo. El dolor por el deceso del comandante lo compartió con el actor Paco Sánchez. Y aun cuando la relación con Paco terminó, para él no cesaron los beneficios expresados en contratos a través de PDVSA, fruto de la corrupción.

Escándalos de diferente tenor siguieron acompañando a Cristina Eugenia. En mayo de 2014 una investigación periodística desveló la venta con sobreprecio de miles de toneladas de maíz de Argentina a Venezuela. La compra se había realizado un año antes. Los acuerdos se cerraron por encima de los valores reales del producto en el mercado. Se trataba de una empresa argentina que embarcó maíz a Venezuela quince días después de reunirse con Cristina Eugenia en la sede de la embajada del país sureño en Caracas. Los envíos superaron las cuarenta mil toneladas. El maíz valía muchísimo menos a lo que declaró la empresa. La venta se pactó en siete millones de dólares por encima de lo que correspondía.

El *modus operandi* se repitió con el arroz. Un pacto entre los gobiernos de Argentina y Venezuela indica que en mayo de 2013 cada tonelada se exportó casi al doble de su precio, y Venezuela pagó. Cristina Eugenia pasó a ser «la reina del arroz con pollo».

Diputados opositores solicitaron ante la Fiscalía que se investigara a Cristina Eugenia Chávez y al exministro de alimentación, por el daño patrimonial de 15,5 millones de dólares por el sobreprecio en importación de maíz y arroz de Argentina.

Lejos de ser investigada, a Cristina Eugenia se le dio protección diplomática al ser enviada a Nueva York como representante alterna de la Organización de Naciones Unidas. En las escasas reuniones del Consejo a las que ha asistido, pasa desapercibida. Disfruta caminar por las calles de Manhattan. El servicio exterior de la República le hace la vida fácil con escoltas de seguridad y un vehículo de lujo. En la nómina del Ministerio de Relaciones Exteriores fue incluido su estilista Archie Carruyo, publicitado como amigo de Romel Bustamante. Carruyo ha asistido a la Señorita Universo 2013 y a otras concursantes en eventos internacionales de belleza.

Su período diplomático, Cristina Eugenia lo asumió como pareja de Ramón Lugo, hermano de su exnovio Paco Sánchez. Se trata de un abogado que ha estado muy activo a través de su escritorio en la constitución de empresas —donde tiene acciones— para las que ha agilizado lucrativos negocios en Venezuela, Panamá y Estados Unidos.

Cristina Eugenia ha reducido su aparición en redes sociales. Se cuida como una alternativa política. Ha sido prudente al no identificarse con la gestión de Nicolás Maduro, a quien a sus espaldas culpa del desastre del país. Mantiene contacto con seguidores disidentes del chavismo como Sugar Rodríguez y David Rincón, ansiosos de una oportunidad para volver a sacar provecho del apellido.

La nueva pareja presidencial cerró su círculo de confianza. Transcurridos apenas doce días de su juramentación, Nicolás Maduro designó a Celso Eladio Méndez Flores como comisionado presidencial para Asuntos Económicos y Financieros y subtesorero nacional. Experiencia en la administración pública tenía: su tío como canciller lo colocó en la dirección de administración del ministerio de Relaciones Exteriores, y a Cilia la acompañó a la Asamblea Nacional mientras ella la presidía.

Se trataba del sobrino favorito de la primera dama. Nacido en 1972, con piel morena y cabello ondulado, residía en Valencia, estado Carabobo, donde vecinos solían contar en su garaje cerca de diez carros y motos, así como una docena de escoltas. Con el ascenso de la familia al poder, mudó a su familia a Panamá donde tiene varias empresas. En cancillería vestía de manera informal y en el trato con el personal dejó historias desagradables por irrespetuoso. La obra por la que es recordado es infeliz. Destruyó las construcciones de la cancillería en la avenida Urdaneta y la Casa Amarilla. Acabó con parte del patrimonio nacional.

A los cinco meses del nuevo gobierno, Celso Eladio Méndez Flores ya ostentaba los cargos de tesorero de la Nación y director del Bandes, con acceso al presupuesto nacional, a créditos adicionales y diversos fondos financieros. Como la pareja presidencial necesitaba más control sobre las divisas, a finales de 2014 fue designado vicepresidente de Finanzas de PDVSA. Los Maduro Flores iban resolviendo el control de los poderes. En cuanto al sector judicial, la primera dama no necesitaba ser una lumbrera como abogado para amarrarlo. El proyecto avanzó con la selección de fichas de confianza y unos cuantos decretos.

Pero un asunto complicó los planes y evidenció a la comunidad internacional que la familia se comportaba como una banda delictiva.

Dos jóvenes relajados ocupaban los lujosos asientos del jet Cessna Citation 500, propiedad de unos empresarios libaneses simpatizantes de Hugo Chávez y Domingo Carvallo. La ruta estaba planificada hacia Puerto Príncipe, Haití. Efraín Campos Flores, de 30 años, y Franqui Flores de Freitas, de 31, iban con un piloto y copiloto, un empresario amigo y un guardaespaldas. El trato preferencial se explicaba porque Efraín había sido criado por la primera dama tras quedar huérfano y el otro era hijo de su hermana Eloísa. Ambos estaban acostumbrados a extravagancias. Poseían vehículos de carrera y su dilema versaba en si su próxima mascota sería un tigre o un león bebé. En el vuelo decidieron que se comprarían una mini Uzi, un rifle y un silenciador.

Era 11 de noviembre de 2015 y en la aeronave los jóvenes trasladaban una cantidad no determinada de cocaína de alta pureza como parte de una negociación con un agente encubierto de la DEA. Cuando hacían el trámite de inmigración, los efectivos de la agencia federal antinarcóticos ingresaron al avión y decomisaron la droga que fue puesta bajo custodia.

Los Flores fueron detenidos y a partir de allí se hizo el titular de dos palabras: «Los narcosobrinos». La agencia DEA acababa de apresar a un par de familiares directos de la primera dama de Venezuela. Los detenidos intentaron apelar a una supuesta inmunidad diplomática y si bien tenían pasaportes que los identificaban como funcionarios, no estaban acreditados en la misión de Haití. Los pasaportes tenían registros de haber sido utilizados en Puerto Príncipe, Tegucigalpa, Miami, Fort Lauderdale, Ciudad de Panamá, Bogotá y Medellín, lugares donde conspiraron para traficar cocaína.

Videos de los detenidos negociando detalles de la venta del alijo en Honduras, eran evidencia del seguimiento de la DEA desde un mes atrás.

Los agentes habían llevado con cuidado el caso, tratando de que estos personajes no les fuesen arrebatados por errores o sorpresas como había ocurrido con Walid Makled y el general Héctor Carpio. El primero había sido capturado en Colombia en noviembre de 2010 y entregado a Chávez meses después, y el segundo, luego de ser apresado con pasaporte falso en Aruba en julio de 2014, lo tuvieron que regresar a las autoridades de Venezuela ante el reclamo de inmunidad diplomática y la aplicación del derecho internacional. Dos años antes de ese suceso, «el Gallo Carpio» había procurado un acuerdo con las autoridades americanas en calidad de testigo protegido, procedimiento que se abortó. Las autoridades americanas sabían que «el Gallo» manejaba información valiosa sobre jerarcas militares y civiles del gobierno que estaban siendo investigados, entre ellos el general Nelson Requena, comandante de la Guardia Nacional, y Hassam Fachal, ministro del Interior y Justicia, así como Domingo Carvallo, todavía presidente de la Asamblea Nacional. En Aruba «el Gallo» voló y se le escapó de las manos a Estados Unidos. No obstante, el general Carpio siguió enviando señales de desear un acuerdo con los americanos. Con Maduro nunca se ha sentido seguro y la relación con su amigo Domingo Carvallo se había complicado desde el momento en que Carpio apoyó a la fiscal general Lourdes Orozco Diez, al ella declarar inconstitucional el gobierno de Maduro.

Los narcosobrinos fueron interrogados por separado en el avión que los trasladaba a Estados Unidos. Durante el vuelo ratificaron su cercanía con la familia presidencial y admitieron estar en el negocio de venta de cocaína. En sus primeras declaraciones se apresuraron en señalar a Domingo Carvallo y Hassam Fachal. La operación policial por el caso continuó con allanamientos en República Dominicana a un yate y una residencia donde encontraron droga. El transporte planificado por los narcosobrinos alcanzaba los ochocientos kilos de cocaína.

El caso confirmaba lo que ya era una opinión generalizada: en Venezuela funcionarios de jerarquía, civiles y militares, están involucrados en graves delitos. La familia presidencial acusó el golpe e intentó presentar a los jóvenes como víctimas de un secuestro.

Nada matizaba la percepción que identificaba al gobierno con el narcotráfico. Las sospechas sobre el general Nelson Requena, Domingo Carvallo y Hassam Fachal aumentaron en la proporción en que Nicolás Maduro les otorgó más poder. Se confirmó que la rampa presidencial era espacio para fechorías y que PDVSA ha sido utilizada para el blanqueo de dinero a través del tesorero, Celso Eladio Méndez Flores y sus predecesores. La investigación alumbró sobre corrupción de dirigentes del chavismo.

Los narcosobrinos con sus testimonios arrastraban a la familia y sus allegados. Ante un cooperador de la DEA del cartel de Sinaloa, Efraín Campos Flores detalló una conversación que se produjo a raíz de la muerte de Chávez, entre jefes cubanos, Nicolás Maduro y Domingo Carvallo. El encuentro significó la repartición del botín llamado Venezuela. «Déjenme los ingresos fiscales, la recolección de impuestos, la minería, los dólares preferenciales vinculados a la importación de alimentos, y el control de puertos y aeropuertos. Maduro se queda con la ganancia del petróleo», propuso Carvallo como requisito para un acuerdo.

En diciembre de 2016, Efraín Antonio Campos Flores y Franqui Francisco Flores de Freitas fueron considerados culpables de conspiración para enviar cocaína desde Caracas hasta Honduras con destino a Estados Unidos.

Los miembros del jurado y el juez Paul Crotty concluyeron en que los acusados habían sacado ventaja de sus conexiones políticas al coordinar un vuelo privado que no sería sometido a escrutinio en su país, a pesar de la carga que llevarían.

Fueron inútiles los esfuerzos de la defensa por tratar de anular las conversaciones preparatorias con cómplices para el traslado de la droga. Quedaron documentados los viajes de los involucrados.

Los detenidos no pudieron justificar propiedades a su corta edad. Efraín a los 30 años, casado con dos hijos, admitió ser dueño de una empresa de taxis en Panamá y haber recibido diez millones de dólares. Colecciona motos de alto cilindraje, tiene un Ferrari amarillo, una camioneta Land Rover, varios inmuebles en Caracas, y una finca en Higuerote. Estos solo son los bienes declarados. Viajes y el disfrute de exóticos placeres eran difundidos por ellos o sus parejas en las redes sociales.

La respuesta oficial de Miraflores fue que la sentencia había sido una trampa de la agencia antinarcóticos DEA, que había violado la soberanía y engañado a los jóvenes.

El sobrino preferido, Celso Eladio Méndez Flores, tuvo que salir de la Tesorería Nacional y de la vicepresidencia de Finanzas de PDVSA. Eso no significaba que quedara fuera del negocio. Sus tíos le siguieron confiando las decisiones de mayor relevancia con la empresa petrolera y la política financiera del país. Debía suministrar fondos para ellos sostenerse en el poder y para garantizar a la familia un cómodo retiro en caso de que fuese necesario. Pero en julio de 2017, el Departamento del Tesoro complicó sus planes al incluirlo entre trece funcionarios sancionados. Méndez Flores pasó a ser considerado oficialmente corrupto. Negociar con él significaría cometer un delito.

Las redes delictivas se ajustaban a las circunstancias. La crisis económica y el descenso en popularidad debilitó a Maduro, quien fue entregando más poder y negocios a los militares. El rechazo había comenzado a manifestarse en las calles en el año 2014 y continuó electoralmente en las parlamentarias del 6 de diciembre de 2015. En ese proceso quedó ratificado que los oficialistas habían pasado a ser minoría. La oposición obtuvo 56,2% frente a 40,9%.

La ausencia de apoyo popular, Maduro la equilibraba con el respaldo de la Fuerza Armada. Eso costaba dinero. En febrero de 2016, urgido de recursos, le encargó al presidente del BCV, Douglas Molina, y al presidente de PDVSA, Edgardo del Prado, un proyecto que activara el ingreso de divisas. Molina ideó subastar la riqueza venezolana en oro, diamante, hierro y coltán. Calculó que el proyecto generaría unos doscientos millones de dólares. La administración de ese negocio quedaría en manos de los militares.

Empresas mineras internacionales de treinta y cinco países se vieron beneficiadas para la exploración y explotación del Arco Minero del Orinoco. La decisión significó una acción criminal contra el medio ambiente y los indígenas —pobladores originales—, quienes fueron desplazados de sus territorios. El proyecto entregó doce por ciento del territorio venezolano, otorgando a ciento cicuenta empresas extranjeras el control de las selvas Imataca, La Paragua, El Caura; de las cuencas de los ríos Orinoco y Caroní, y de las fuentes vegetales y de agua dulce.

Los militares consolidaban el derecho a efectuar actividades de servicios petroleros, de gas y de la explotación minera, sin limitación alguna. Para ello crearon la Compañía Anónima Militar de Industrias Mineras, petrolíferas y de gas, adscrita al ministerio de la Defensa.

Sumado a eso, el poder castrense había alcanzado el control de los alimentos y medicinas, con el privilegio de las divisas respectivas. El titular de Defensa, general Stalin Primavera, pasó a ser un superministro. Tal privilegio lo defendió en hechos posteriores, cuando se mostró dispuesto a dirigir una represión sangrienta para proteger su negocio.

Los militares sostenían a Maduro contra la voluntad del pueblo.

La corrupción en el sector alimentación había llevado al país a lo impensable: venezolanos muriendo de hambre, en especial ancianos y niños, y miles de familias comiendo basura.

El general Cornelio Osuna pertenecía al círculo íntimo del matrimonio presidencial que con frecuencia hacía encuentros sociales. El militar acudía con su esposa, de estrecha relación con la primera dama. La convocatoria a los espíritus las unía. El general Osuna había sido responsable con Chávez en el manejo de los negocios con alimentos entre 2010 y 2013, período en que fue señalado por desviar los fondos destinados a importar productos. Sus actos de corrupción agravaron el desabastecimiento.

Por un año estuvo en otras gestiones y regresó al cargo en el 2014 para continuar la coordinación de la red de proveedores que saqueó al Estado. Las denuncias fueron documentadas.

La respuesta de Maduro fue premiar a Osuna con el cargo de comandante de la Región Estratégica de Defensa Integral Central que abarca los estados Aragua, Carabobo, Miranda, Vargas, Yaracuy y Distrito Capital. En septiembre de 2016 lo designó inspector general de la Fuerza Armada. Al general Osuna le gustaría ser ministro de la Defensa. Es lo coherente en un Estado delincuente.

En el paraíso criminal del régimen de Maduro, las bandas se reajustaron. El desplazamiento de clanes en Petróleos de Venezuela lanzó a Sugar Rodríguez primero a la cancillería y luego a ser representante de Venezuela ante la Organización de Naciones Unidas. Dinero le sobraba y el poder lo cuidaría, tratando de preservar con él al sector chavista descontento.

La élite chavista engordaba y la rebeldía tomó las calles. Maduro huyó hacia delante y fraguó una Asamblea Nacional Constituyente. La democracia estaba herida de muerte.

## { XI }

«Tengo que cambiar esta vieja mecedora», musitó Romel impulsándose cual columpio con sus pies protegidos por medias antirresbalantes. El movimiento lo ayudaba a concentrarse. En esa posición había evaluado miles de cuerpos de mujeres a las que había trazado el destino. Ahora estaba… «¿qué palabra sería la adecuada? Inquieto, estoy inquieto», murmuró en su soledad. Le costaban las definiciones, le era difícil terminar una frase, era el rey de los puntos suspensivos. ¿Tú hablaste con..? ¿Te dijo si..? Para él, un hombre es, este niño, y una mujer, esta, o esa niña.

El presidente del Señorita Venezuela mantenía el ritmo en la mecedora. Sobre sus cortas piernas unas revistas esperaban ser leídas. Sentado en la terraza de su casa estaba desganado. Al fondo, dos televisores encendidos en canales distintos daban la impresión de compañía.

Romel continuó en sus cavilaciones:

—Hay que cuidarse de los necios y los feos, la gente anda agresiva, es que la situación se ha vuelto difícil, los amigos son menos espléndidos, yo diría que se han vuelto pichirres. Me provoca un dulce de tres leches. Mejor una torta de chocolate con una bola de helado. Lo sé, estoy más gordo. No puedo evitarlo, comer me quita el estrés. También me gusta comprar zapatos, muchos zapatitos. ¿Qué hora es? Ya hoy se me olvidó cortarme las uñas. Tengo que prender la lámpara, se está haciendo de noche. Me choca la oscuridad, los fantasmas se me aparecen, no sé si es gente muerta pero hablan, es horrible, me asusta esa vaina. Es una suerte que el televisor los espante. Estoy viendo polvo en esa mesa. Hasta la mujer de servicio se me fue para Colombia. ¿Irá a estallar una guerra civil? ¡Qué desastre! Lo peor es que muchos de los que viven diciendo que Venezuela está en ruinas beben whisky 18 años y cargan encima miles de dólares en joyas, ropa, cartera y zapatos. Cosas de los chavistas. ¡Son tan ordinarios! Con ellos hay que tener cuidado aunque conmigo han sido generosos. Se agradece que me monten en sus aviones y me lleven a lugares estrambóticos. El viaje que hice a Dubái fue inolvidable. Los envidiosos chillaron cuando vieron mi foto en Instagram, me acusaron de falta de sensibilidad con los hambrientos ¡Ni que fuera culpa mía! ¿Yo qué he hecho? ¡Dar alegría a la gente! Salieron unos desatados a decirme que en Venezuela comen de la basura. ¡Qué horror! ¿Cómo olerá esa caca? Es que aquí no respetan. Regañarme a mí, es negar mi éxito. He logrado decenas de coronas internacionales… aunque un dato me tiene preocupado… ¿Dónde es que está la nota? ¡Aquí tengo el recorte de prensa! Un portal comentó que ya no ganamos como antes, que hemos descendido diez puestos en el *ranking* de candidatas. ¡Oh! Eso es una pésima noticia. Es que la cosa ha ido de mal en peor y después de la muerte del que te conté, ni se diga. Los patrocinantes se han puesto más exigentes. Para ellos las muñecas son como un caballo en el que están invirtiendo, por eso cuando ganan las exprimen. No hay otra. Es una situación muy clara. Sin el evento no hay amigos y sin patrocinantes no hay vida. Todo el mundo tiene su rol. El mío es dar felicidad con mujeres hermosas que complazcan a la sociedad. Porque las mujeres fueron creadas para servir a los hombres. El oficio más antiguo del mundo seguirá siendo el oficio más vigente del mundo. Alguien compra y otro vende. Además, esas niñas son muy felices. Las inteligentes se resuelven y los hombres agradecen. Políticos, empresarios, militares, ¿quién no va a querer acostarse con una Señorita Venezuela? Y si triunfa en un concurso internacional, ni hablar. Es como tener un modelo único de Ferrari. A los chavistas les encantan los Ferrari, debe ser por el color rojo. El otro día me contaron que un tal Pedro, un contratista de PDVSA, pintó de rosado un Ferrari para complacer a su muñeca de turno. ¿Cómo no va a estarme agradecida esa niña? ¡Hasta me ponen a bautizar sus muchachitos! No entiendo ese empeño en ofrecérmelos a mí que no me gustan, ni siquiera me sé sus nombres. Eso lo hacen para que uno les compre regalos. Es agobiante esta crisis. Al menos mi amigo Miguel Chusma sigue apoyándome. El problema es la política, por eso tengo prohibido a las muñecas hablar de eso. En realidad les tenía prohibido, porque ahora debemos estar bien con los dos lados, porsia, aunque insisto, las muñecas no deben ensuciarse la boca con temas difíciles. Una cosa es que sean las meretrices de ministros y otra que manejen discursos. Ese es un experimento que siempre sale mal. Tienen que cuidarse. Dígame ahora que a las muñecas les sacan en cara haber sido amantes o haberse casado con enchufados. Menos mal que algunas se mudaron al extranjero. La niña esta, Jenny, se desentendió a tiempo de Douglas Molina. Vaya hombre de mañas. Jenny lo llevó muy bien, obtuvo bienes, y cuando él se prendó de Matilde Juárez, que por cierto, no hizo nada en el Señorita Universo, ya ella había comenzado a hacer vida por otro lado. Antes sacó lo suyo. Yo le vi una cadena puesta con los tréboles de Van Cleef & Arpels, y en su clóset las colecciones de Louis Vuitton y los vestidos Gucci. Se casó con un enchufado de Acarigua. ¡Más feo el pobre! En las redes lo destrozaron y a Jenny la acusaron de estar con él por dinero. ¡Pero por supuesto que sí!, ha debido responder. Allá está en Panamá con un spa, un salón de belleza y se ha dedicado a convocar a Dios. A las muñecas les ha dado por ahí, por darse golpes de pecho. Deberían aprender de Rita. ¿Por qué me estará sacando el cuerpo? A su boda no me invitó. Estuvo regia esa fiesta en República Dominicana, lo prueban catorce páginas y la portada de la revista *Chao*. Lástima que ese matrimonio duró tan poco. ¡Ja! Armas actuó de celestina. Contrató a ese guapo jinete sevillano para que entrenara sus caballos. Visto estaba que el chico era un gigoló, un desastre en sus relaciones con las mujeres. Imagino que Rita no tuvo otra que plantear el divorcio. El jinete dándose la gran vida siendo infiel, pasándola bomba en la mansión de ella en Punta Cana, y Rita sudándose sus reales en Dubái, Estados Unidos, México o en Holanda, donde uno de sus ex le aconsejó que debía registrarse como gestora. Rita mostró demasiada ansiedad por el matrimonio, cosa rara en la Barbie. Asumió los gastos de la boda, compró pasajes en *business* desde Europa y ofreció alojamiento en hoteles de lujo para la familia del novio y sus amigos. Ella se veía muy bien, aunque ya se le notan los años. Mujer después de los 25, no es gente. Pobre Rita, sufrir por un cazafortunas. ¿Se habrá enamorado? Sería con el primero que pierde dinero porque ella es una mujer controlada. Me dicen que estaba ilusionada, que le regaló caballos y un Lamborghini. Ya se recuperará. Esa niña ha sabido sortear momentos difíciles. La relación con el difunto la mantuvo sin heridas. El otro día la vi en una foto en Los Ángeles bastante delgada. Esa se va ir por el camino de la beneficencia. En España andaba con el cuento de los donantes de corazón. Ojalá esa sociedad la termine aceptando de una buena vez, aunque su pasado con Chávez pesa. ¡Bah! Ella tiene dinero suficiente para que la quieran. ¡Ay! Me duelen las rodillas. ¿Qué irá a pasar en este país? Por lo que uno ve en los noticieros extranjeros la cosa se está complicando para el gobierno. Si las muñecas vieran más televisión no serían tan ignorantes. Esta situación me ataca los nervios. Y eso que he ido tomando mis previsiones. No está mal mi actuación como jurado en el *reality* «Las bonitas latinas». Lástima que la agencia de modelaje que monté con Anastasia no va muy bien ¡Es que Miami no es fácil! En Estados Unidos hay que trabajar mucho. La cosa va a mejorar con Trump, ese es el hombre, aunque no lo digo más. Salí a defenderlo y casi me crucifican. Me viene a pasar a mí que nunca hablo de política, válgame Dios. Salieron como fieras a decirme que me callara. ¡A pueblo pa'malagradecido! El país de las mujeres bellas, ¡eso me lo deben a mí! Los problemas grandes se hacen pequeños, gracias al evento que elige a la más hermosa. Siempre habrá maricones y políticos que se interesarán por una muñeca, y yo estaré ahí. ¿Y si caen estos tipos? Entonces será necesario empezar a mostrar alguna sensibilidad. El presidente puede cambiar, pero los venezolanos no lo harán. El esnobismo permanecerá. Las masas mantendrán la fantasía de los concursos internacionales de belleza, participar en el Señorita Venezuela continuará siendo el sueño de las niñas ricas y pobres, y poseer su cuerpo será la aspiración de cada macho. Eso es más que una mina de oro. Por eso Ricardo Gámez y su canal Centrovisión salieron a copiarme comprando otro concurso, el Señorita Tierra Venezuela. Será de barro, porque esa franquicia es una porquería. Tengo que suavizar mi imagen. Eso se arregla en un acto. Abrazaré a muchachitos pobres y colocaré en las redes fotos de vírgenes y santos. Tranquilízate Romel, tienes la protección de amigos. Ser compadre del presidente del Tribunal Supremo de Justicia vale mucho. En buena hora la ex Señorita Mundo Venezuela, Samantha Minicci, se casó con Mickie Brown. También tengo amigos en la oposición. Sé los secretos de políticos, banqueros, empresarios, dueños de medios. Soy como la Harina Pan. ¡Yo soy Venezuela! Algún día me reconocerán colocando mi rostro en los billetes de este país. Lo merezco.

El aprecio a Maduro se fue reduciendo hasta convertirse en rechazo. Los seguidores de Chávez acusaron los embates de la crisis. En el gobierno se estableció la desconfianza. Hassam Fachal, en fuerte alianza con el general Nelson Requena, reforzó su relación con los militares desde la vicepresidencia. A Stalin Primavera en el Ministerio de la Defensa, resultó fácil burlarlo. Su atención estaba en engordar sus arcas. Y Domingo Carvallo se radicalizó aún más. Terminó profundizando las razones por las que Chávez y Fidel Castro le habían mutilado las alas de sucesor. «Tiene el corazón fascista», solía comentar el comandante en privado. Se refería a 1998, cuando Carvallo le propuso a Chávez al salir triunfante en las elecciones, que aprovechara su popularidad y eliminara el Congreso en ejercicio. El comandante descartó la idea con perplejidad. Ganas del control total tenía, pero también se proponía disfrutar el placer de caminar por la alfombra roja de la democracia.

Chávez retribuyó la lealtad de Carvallo confiándole el aparato partidista y la supervisión de las misiones sucias. El teniente, hombre vengativo, elemental y poco reflexivo, sumaba un problema: su avaricia. No por casualidad fue etiquetado como el personaje más corrupto del gobierno, aun cuando era probable que otros hubiesen robado mayores montos.

A Domingo Carvallo le será difícil evadir la culpa de la tragedia venezolana. Ha incidido en el fracaso de las políticas de seguridad y abastecimiento de alimentos y medicinas. Fue él quien manipuló designaciones en gobernaciones y alcaldías, colocó y removió a funcionarios en puertos y aeropuertos, tuvo injerencia en la empresa petrolera y los ingresos fiscales han estado bajo su control a través de Jairo Daniel, su hermano. Carvallo se convirtió en persecutor de medios de comunicación y periodistas, y se comportó como jefe de grupos paramilitares entrenados para agredir a los ciudadanos que molestaban al régimen. Los americanos lo han seguido de cerca. La impaciencia de quienes aspiran a que sea apresado, llevó a especular que Carvallo pudiese ser un agente encubierto de profundidad. No obstante, el expediente contra el militar no ha dejado de crecer. Decenas de testimonios de narcotraficantes y exfuncionarios del gobierno lo involucran en operaciones ejecutadas a través de las FARC con ruta hacia al Caribe y con destino Estados Unidos.

Casos de corrupción que responsabilizan a Domingo Carvallo no dejan de explotar. Cuando la empresa JBS, la mayor exportadora de carne del mundo, fue acusada de pagar coimas a políticos y por vender carne en mal estado tanto al mercado brasileño como al de exportación, trascendió que Venezuela venía comprando a esa empresa desde 2012 con la intervención directa de Domingo y su hermano Jairo Daniel Carvallo. En la operación se sumaron efectivos militares.

Odebrecht no dejó de embarrar a Domingo. Con la crisis que separó al chavismo, la fiscal Lourdes Orozco Diez denunció a Carvallo por cobrar cien millones de dólares a través de una empresa española registrada a nombre de sus primos. La denuncia la hizo en Brasil.

Domingo Carvallo se sabe cercado y está convencido de que solo en Venezuela puede mantenerse con vida y en libertad. Su apoyo a Maduro ha sido por necesidad, no por lealtad.

Como presidente de la Asamblea Nacional, Domingo Carvallo se había visto obligado a reagrupar su clan. Alberto Armas y otros aliados estaban fuera. El abogado Ricardo Gámez había hecho negocios con ambos. Su nombre estaba anotado para la compra del canal Centrovisión. Carvallo avaló la operación con la confianza de que detrás estaba su amigo Alberto. La compra se hizo efectiva dos meses después de la muerte de Chávez. La línea del canal de televisión fue modificada y el espíritu crítico de periodismo opositor se congeló. Raúl Gámez tomó el mando y estableció su propio juego. Las denuncias contra Gámez por extorsión, o las operaciones con títulos valores y cambio de divisas que significaron pérdidas para la nación, quedaron eclipsadas con la propiedad de un medio. Gámez reinventó su perfil. Se vendió como un hombre magnánimo, humanista, de origen humilde, con una gestión empresarial pura y desinteresada. La compra de Centrovisión le fue efectiva para convivir con gobierno y oposición. El canal le sirvió para su protección y para limpiar su imagen. El plan está diseñado para reproducir la fórmula en Estados Unidos y España, países en los que inició diligencias para adquirir nuevos canales. Avanza sin descuidar los negocios con la pareja presidencial que le ha confiado las finanzas de sus hijos y del sobrino consentido, Celso Eladio Méndez Flores. El abogado Gámez logró ser distinguido en Madrid con el premio a la Personalidad Iberoamericana del Año. Saborea ser un *outsider* en la política.

La ambición de Hassam Fachal incluía compras de otros medios. Una cadena de periódicos y el diario más antiguo del país quedaron en sus manos a través de Samuel Lorent y la ayuda de Florencio Miranda, dueño del Banco del Oeste Social.

Samuel Lorent, testaferro de Hassam, es de origen humilde, hijo de profesores de Delta Amacuro, al sureste venezolano. Junto a Hassam logró ubicarse como uno de los cinco hombres más ricos del país. Obtuvo contratos con Petróleos de Venezuela, Siderúrgica del Orinoco, el Ministerio de Relaciones Interiores, entre otros organismos públicos. Su nombre ha destacado en episodios de corrupción, como la importación de leche podrida desde China, caso bautizado como Pudreval.

Hassam Fachal y Samuel Lorent fueron sancionados por el Departamento del Tesoro. Las investigaciones determinaron que Samuel había utilizado el sistema financiero para abrir cuentas y crear empresas fantasmas con el objetivo de enviar dinero a Europa, en una compleja estructura de negocios, conformada por trece empresas entre Estados Unidos, Panamá, Reino Unido y Venezuela. Numerosas propiedades y bienes muebles fueron ubicados, entre los que destacó un avión Gulfstream 200. Para los agentes, el dinero provenía de negocios del narcotráfico. Tanto a Hassam como a Lorent les fueron bloqueados sus activos y existe prohibición de realizar transacciones con ellos.

La decisión sacudió a Hassam, quien solicitó a Lorent que contratara abogados en Estados Unidos para procurar un acuerdo. En Venezuela el golpe no lo arredró. Hassam continuó haciendo negocios con la importación de alimentos y desde la empresa petrolera.

En las investigaciones Hassam aparece involucrado por facilitar el envío de narcóticos desde Venezuela hacia México y Estados Unidos al controlar rutas de la droga, proteger a narcotraficantes y garantizar la utilización de bases aéreas en el país. El narcotraficante Walid Makled es uno de los que ha dado fe de ello. También refieren a Hassam miembros del cartel mexicano Los Zetas, así como el capo colombiano Daniel «el Loco Barrera», quien había mantenido una relación amorosa con la Señorita Zulia 2008, Eleonora Rosales, sentenciada a prisión en Venezuela.

Los vínculos de Hassam con Hezbollah han quedado expuestos y él no los oculta. Uno de sus planes de huida es hacia el Medio Oriente.

La lista de funcionarios venezolanos investigados es extensa. Los casos son clasificados por los montos y la gravedad de los delitos. La utilización de PDVSA para negocios ilícitos vuelve la cara hacia Sugar Rodríguez, David Rincón y otros jefes de la empresa petrolera. Las transacciones ilegales con divisas con países como Irán y las notas estructuradas, salpican a Douglas Molina. Maduro es deshonesto hasta para sus amigos de las FARC, cuyos jefes, en conversación grabada, dijeron hace años que Nicolás y Cilia eran un par de corruptos. El explosivo tema Odebrecht salpica a Venezuela igual que al resto de Latinoamérica. La publicista Mónica Moura, en testimonio ante la justicia brasileña por lavado de dinero, corrupción y evasión de impuestos, aseguró haber recibido pagos en efectivo de once millones de dólares —sin haber firmado contrato ni contabilizado— de manos de Nicolás Maduro para la campaña electoral de 2012 del ya enfermo Hugo Chávez. Maduro también ha negociado con la importación de alimentos con perjuicio para los venezolanos.

La primera dama aceleró los ajustes en el poder Judicial. El elegido para presidir el Tribunal Supremo de Justicia fue Mickie Brown, compadre de Nicolás Maduro y miembro de «la banda de los enanos». El prontuario de Brown indica que nació en 1965, es amante del boxeo y el kárate, y graduado en derecho en la Universidad Santa María. Ingresó como funcionario a la policía política en cuyo desempeño fue encontrado culpable de dos asesinatos. La primera vez obtuvo su libertad en funciones, con la segunda fue retirado del organismo policial sin pena alguna. Brown se aventuró a ser secretario de un juzgado en Caracas y alcanzó la posición de juez de control y presidente de la sala de apelaciones, donde consiguió un caso al que sacaría provecho: el asesinato de uno de ellos, del fiscal Danilo Anderson. «La banda de los enanos» saqueó la bóveda de Anderson el mismo día de su muerte. Brown también fue útil para el chavismo con el expediente de los «pistoleros de Puente Llaguno», unos oficialistas que fueron filmados disparando a ciudadanos el 11 de abril de 2002. El juez se encargó de absolverlos. Conflictos internos con colegas lo alejaron de tribunales, tiempo en el que Maduro como canciller lo protegió colocándolo en cargos consulares. Al llegar Cilia Flores al poder, lo ubicó en la sala penal del máximo tribunal del país. El paso siguiente fue la presidencia del TSJ. El día de la designación de Brown, lograda por unanimidad de 31 magistrados, Ricardo Gámez celebró en Madrid.

Poco antes de presidir el más alto tribunal, Mickie Brown se casó con Samantha Minicci. El idilio se inició en el Señorita Venezuela 2013. El jurado ignoró su gracia, no figuró. La ofensa fue corregida. Romel Bustamante la escogió para participar en el evento Señorita Mundo 2014. «La corona fue comprada», «trampa» protestaron los seguidores del certamen de belleza. «Samantha es muy plástica», «había mejores», escribieron los periodistas. Romel habló: «La elección de Samantha es un golpe de Estado que yo di y punto». En Londres, Samantha volvió a ser descartada para el cuadro final. El juez Brown la esperó para consolarla.

En agosto de 2015 se realizó la boda civil entre Samantha Minicci y Mickie Brown. La celebración de la ceremonia eclesiástica fue en La Romana, República Dominicana, en enero de 2016. El evento fue la comidilla de estilistas, modelos y amigos de la pareja. A los invitados se les prohibió tomar fotografías. Nadie mostró el vestido mandado a hacer en París, ni los lujos de la fiesta. Samantha y Mickie tuvieron una hija. Otra bebé que Romel Bustamante ha tenido a bien llevar a la pila bautismal.

Samantha volvió a ser noticia durante el juicio de los narcosobrinos. Ella, en abrazo fraternal, se mostró junto a Roxana Echeverría, esposa de Franqui Francisco Flores de Freitas, procesado por tráfico de cocaína. Las chicas no la pasaban mal, según el registro fotográfico de las redes sociales. Conocedores de la familia de la sobrina política de Cilia recordaron que era propietaria de un avión Cessna Citation 500, empresas constructoras y propiedades en Estados Unidos, entre ellas una villa en Kendall y un apartamento en Miami.

La navidad de 2016 Romel la celebró en París junto a sus compadres. Una foto en Instagram en la cuenta de Samantha lo muestra cuidando a una bebé. «Mi niñera particular», fue la leyenda.

El comisario Arias le informó a Margarita que quien disparó contra Tim estaba en la cárcel de Tocorón. El asesino, sentenciado por secuestro y robo, recibía un tratamiento privilegiado al disfrutar de permisos temporales de libertad.

La prioridad era recabar evidencias contra el autor intelectual que los agentes ya habían identificado. Arias no había querido revelarle a Margarita quién era el responsable. Ella tampoco insistió en indagar. Podían ser muchos. Tim había estado en contacto con personajes corruptos, militares y civiles, algunos en el gobierno, y otros fuera, cómplices que sacaban provecho al operar como testaferros o socios de fechorías.

—Comisario, el tipo apodado «Caníbal» está bajo nuestro control. Dígame qué deben hacer mis amigos. Usted sabe, ellos tienen sus métodos —informó Margarita.

—Tus amigos no deben actuar hasta que uno de nuestros agentes se encargue de lograr su confesión en el penal. Debes estar atenta a mi señal para que vengas a Miami, donde tendremos una reunión —respondió Arias.

El comisario sabía que a «Caníbal» lo había contratado un militar. Llegar al autor material había sido sencillo. El sujeto aún sin guantes apagó un cigarrillo en el jardín y había dejado cabello sobre Tim. De él tenían huellas y su ADN. Con sus antecedentes fue ubicado. Arias necesitaba que el sicario confirmara la evidencia. Su testimonio sería el elemento de mayor peso para esclarecer la autoría intelectual. El comisario quería detalles. ¿Cómo, dónde y cuándo, el militar lo contrató? ¿Cuánto le pagó? ¿Es la primera vez que hacía ese trabajo para él, o ha cometido otros asesinatos? La confesión sería grabada.

Un escueto despacho del penal de Tocorón registró a los pocos días la muerte de «Caníbal» en una reyerta. Le dispararon en la sien derecha. Se determinó que antes de su deceso había sido apuñalado para que se desangrara lentamente.

Margarita acudió a Miami para reunirse con el comisario en su modesta casa en Miramar.

—¿Quieres seguir trabajando para nosotros? —preguntó Arias.

—¡Claro que sí! —gritó Margarita con emoción.

—Debo repetirte los riesgos de este trabajo. El asesino de Tim sigue libre y eso no cambiará hasta que salgamos de este gobierno.

—Esto no es un gobierno, es un régimen, usted mismo me lo ha dicho —replicó Margarita.

—Es una dictadura, lo que aumenta el peligro. Debes cuidarte, Margarita —aconsejó Arias.

—¿Por qué mataron a mi primo?

—Por imprudente —dijo tajante el comisario—. Cometió el grave error de hacer público el contenido de su misión, contó experiencias, reveló hechos secretos y peligrosos. El criminal se enteró de que alguien sabía demasiado, que esa información la estaba divulgando y ordenó su muerte. ¿Entiendes que no puedo informarte sobre el asesino intelectual de Tim? De ese tema no vamos a hablar más, por tu bien y por tu seguridad.

—Asesinan por dinero y por poder, pero a veces también matan por el placer de hacerlo —opinó Margarita.

—Es verdad —admitió el comisario—. Y nosotros, que somos los buenos, tratamos de que en este mundo los malos respondan ante la justicia. Vamos, Margarita, no te pongas triste. Tim fue un gran personaje y su trabajo fue decisivo en nuestras investigaciones.

—Era muy feliz como agente encubierto. La emoción era tan grande que lo contó —explicó Margarita tratando de excusar a su primo.

La vedette fue caminando hacia la puerta en gesto de despedida.

—Mis amigos presos me enviaron el dedo índice derecho del asesino de Tim. Lo lancé al mar por aquí cerca, a ver si se lo comen unos tiburones —expresó Margarita con rabia.

—Que Dios te proteja, Margarita —la bendijo Arias—. Y no dejes de reportarte.

—Amén, comisario —dijo ella antes de irse.

Margarita se enamoró de Willy Millán, «flaco feo». Le decían así, por las marcas que quince balas habían dejado en su rostro. Willy había salido de la cárcel de Tocorón después de cumplir pena por tráfico ilícito de sustancias estupefacientes y lesiones. Consiguió la libertad plena. En un esfuerzo por desprenderse del delito, realizó un documental animado por computadora en el que Margarita participaba. Willy, que había aprendido a dibujar en la cárcel, se propuso narrar en imágenes sus padecimientos tras los barrotes.

Comenzó a ser frecuente ver a Margarita en Instagram besando a su amado o caminando en la playa en un atardecer. Su felicidad fue efímera. Una noche en la que Willy abordó la moto saliendo de su casa, un sujeto le exigió que le diera el vehículo.

«Flaco feo» se bajó de la Kawasaki modelo KRL-650 e intentó correr —huir era su instinto— y allí le dispararon. El proyectil ingresó por las costillas del lado izquierdo, el hombro y el brazo. Willy, a sus 34 años, murió en el sitio. El delincuente no se llevó la moto, lo que dejó dudas sobre el móvil de robo.

Su familia comentó que había recibido amenazas de muerte a raíz de sus documentales en los que mostraba la vida en prisión. Su mamá denunció que a su hijo lo había asesinado el gobierno porque sospechaba que tenía vínculos con la oposición.

La imagen de Margarita cargando el féretro de Willy se reprodujo de manera viral. Quienes escoltaron el cadáver fueron acompañados por dos docenas de motorizados, con cuatro de ellos haciendo «caballito». En el cementerio se reunieron cerca de cien amigos que iniciaron el ritual de lanzar disparos al aire. El grito desgarrador de la mamá de Willy superó el ruido generado por las armas. «¡No! A mi hijo me lo mataron las balas».

Entonces los amigos entre anís y cerveza cantaron:
«Quiero ser millonario
por eso salgo a la calle sin miedo a buscar la plata
Plo plo plo plo plo plo plo plo
Con mi automática y pendiente porque la envidia los mata»
Margarita estaba desconsolada. Encontró paz visitando a su suegra. Hacer de diyéi en fiestas la ayudó a superar su luto. Y antes de lo esperado, «el Chino» Camilo Correa, miembro de la banda «El tren de Aragua» y amigo de «Indio Cacique», ocupó su corazón. «El Chino» había sido noticia nacional por un espectacular escape. Lo habían acorralado mil quinientos funcionarios del CICPC, efectivos de Poliaragua y hasta una brigada de paracaidistas, en un operativo en San Vicente, al oeste de Maracay, y él se escabulló. Estaba solicitado por las autoridades.

A los pocos meses de haber comenzado esta relación, los organismos policiales registraron el hallazgo cerca de Caracas en la carretera hacia El Junquito, de un cuerpo envuelto en una sábana.

Margarita estaba preocupada porque «el Chino» nunca se desaparecía sin avisarle —ella es muy celosa y él lo sabía—, por lo que temió lo peor. Uno de sus amigos del penal le escribió para confirmarle que el cadáver encontrado era «el Chino». Los amigos de la morgue le enviaron una imagen que la aniquiló. No era un cuerpo, eran partes. La identificación se logró a través de las huellas dactilares que guiaron a su prontuario policial. No tenía heridas de bala. Los forenses informaron que estaba vivo cuando fue desmembrado con una motosierra. Los investigadores concluyeron que el móvil fue venganza.

Las vueltas de la vida terminaron vinculando a los narcosobrinos de la pareja presidencial con el crimen. La fiscalía del Distrito de Nueva York presentó durante el juicio copias de «chats» entre los acusados, con comentarios sobre fotografías del cuerpo de «el Chino». Refirieron que lo habían asesinado por el cobro de una deuda.

Las autoridades revelaron a la prensa que «el Chino» y Margarita eran pareja. Ella publicó un par de notas breves evidenciando su tristeza. Anunció que se ausentaría de la vida pública.

Margarita quedó bautizada como «la viuda negra». Abundaron reportajes que destacaron las relaciones de la vedette y su inclinación por chicos malos destinados a morir asesinados.

Estudiosos de la mente dibujaron el perfil de Margarita. Precisaron que sufría una extraña enfermedad que en psicología se define como enclitofilia: la atracción de las mujeres por asesinos. Explicaron que Margarita encuadraba dentro de una patología donde las féminas se enamoran de personajes peligrosos. Abundaron en ejemplos de criminales en serie asediados por fanáticas dispuestas a dar la vida por ellos.

Tim le preguntó días antes de morir si mantenía una relación con Hassam Fachal. «No», respondió Margarita mordiendo su labio inferior. «Yo me acuesto con los de abajo, primo». Tim no le creyó. Sabía que ella hacía ese gesto cuando mentía. «Está prohibido que hablemos de nuestro trabajo de espías», aseveró Margarita cerrando el tema.

Otra tragedia sumó Margarita una noche que había animado una fiesta como diyéi en el local nocturno Araya, en Pampatar. El lugar había estado a reventar y ella había disfrutado la visita de su amigo el «Castor» Chúo Angola. «Castor» estaba recluido en el centro Penitenciario San Antonio, en el estado Nueva Esparta, al oriente del país, penal que competía en privilegios con Tocorón. Había sido sentenciado por tráfico de drogas, porte ilícito de arma de fuego y desvalijamiento de vehículos. Su relación con la ministra Bilis Barrera le garantizó vivir fuera de la cárcel sin restricciones. Ese día estaba acompañado por cuatro escoltas. A las 5 y media de la mañana, a pocos metros del local, un par de sujetos disparó una ráfaga de más de sesenta tiros que impactaron en la parte baja y del lado del copiloto del vehículo donde estaba el «Castor», quien fue trasladado a un centro asistencial. Tenía cinco heridas de bala en el abdomen y una en el cuello. Cuatro horas después falleció. Guerra entre bandas, fue la explicación oficial del ataque.

«La viuda negra» volvió a ser noticia. Margarita optó por huir de Venezuela tratando de apagar la leyenda. Buscó alternativas para resolver su vida. Abandonó su trabajo de agente encubierta. Se paseó por la idea de contar su historia. El comisario, con quien seguía conversando, expresó su desacuerdo. Arrancó para ella un periplo en el exilio. Se fue reactivando en las redes con más seguidores que muchos políticos. Ha seguido cuidando su cuerpo con disciplina. Sus admiradores, mujeres y hombres, admiran su belleza. Cuando expresa una idea política, nadie reacciona. No la leen, solo quieren verla. Margarita terminó desmarcándose del régimen de Nicolás Maduro.

Una por una, las muñecas condenaron la violencia, denunciaron la tiranía y exigieron el restablecimiento de la democracia. Ellas conocían el monstruo por dentro. Solo Rita mantuvo el silencio conveniente. Amiga de Ricardo Gámez, seguía el ejemplo de estar bien con gobierno y oposición.

Orlando Arias y César Torres caminaban con lentitud. Los adelantaba Tim, divertido, saltando en la grama. A Torres le gustaba desarrollar ideas al ritmo de los pasos. Por ratos frenaba y entonces movía sus inmensas manos haciendo figuras en el aire, las agitaba señalando personajes sobre los cuales conversaba. Otras veces aceleraba el paso casi hasta correr, como si la velocidad empujara las neuronas, obligándolas a resolver las ideas. Torres había sido diputado, gobernador y ministro durante la democracia. En los últimos años destacó como un implacable persecutor de corruptos de los gobiernos de Chávez y Maduro. Sus denuncias estaban siendo procesadas por tribunales internacionales. Había escrito dos libros y un tercero venía en camino. En julio de 2017, en momentos aciagos para Venezuela, César andaba de paso por Miami. La cita con su amigo Orlando Arias era un plan de obligatorio cumplimiento. Por placer y por deber. Acordaron encontrarse en un parque a la orilla de un lago. En sus reuniones solían intercambiar visiones sobre hechos y personajes. El debate entre la apreciación de un policía y la de un político resultaba enriquecedor.

El general Nelson Requena había sido el autor intelectual del asesinato del estilista Joaquín Méndez, conocido como Tim Black. El criminal que había accionado el arma lo reveló primero a sus compañeros de celda y después lo narró de manera voluntaria ante un funcionario encubierto que había sido filtrado por la DEA. Los presos de la cárcel de Tocorón, donde estaba recluido «Caníbal», lo habían torturado y asesinado una vez que el agente federal se retiró. Uno de sus dedos le fue enviado a Margarita como señal de que habían hecho justicia.

Orlando Arias y César Torres querían profundizar en el móvil del crimen. Debían sustentar la razón por la cual Tim se había convertido en un sujeto peligroso para el militar, hasta el punto de ordenar matarlo. Estaban claros en que ese homicidio iba a quedar impune en la dictadura de Maduro. Fue evidente que las autoridades locales se habían apresurado a cerrar el caso como un suicidio. Desde la consumación del asesinato cuatro años atrás, Nelson Requena había afianzado el control militar desde el Ministerio del Interior y Justicia. Ahora dirigía las fuerzas represivas que habían asesinado a más de ciento veinte jóvenes y dejado más de diez mil heridos con detenciones y allanamientos ilegales. Los presos políticos superaban los seiscientos y en las últimas semanas, civiles eran procesados por tribunales militares.

La mayoría de los venezolanos dentro y fuera del país, estaba en pie de lucha para exigir elecciones. Maduro y su banda habían decidido, a través de una Constituyente, asumir el control de los poderes, lo que encendió las alarmas en el mundo civilizado. El proceso se mostraba cruento y complicado.

César Torres y Orlando Arias investigaban y alimentaban decenas de casos donde la jerarquía del régimen estaba involucrada en diferentes delitos. Evitar la impunidad garantizando la aplicación de justicia y lograr la repatriación de capitales, eran dos de sus objetivos.

Algún día el general Nelson Requena tendría que pagar por el asesinato de Tim, por ser narcotraficante, ladrón y violador de los derechos humanos. Todas las pruebas recabadas serían de utilidad.

Con el chavismo el general Requena operaba a sus anchas. Primero el comandante le había dado la bendición, y la alianza con Hassam había resultado fructífera para que Maduro lo reforzara. No obstante, a muy pocos lugares podría huir cuando se restableciera la democracia y recobrara el Estado de derecho. El expediente de la DEA tenía documentos irrebatibles contra él. Testimonios de jefes de carteles como Walid Makled habían aportado información valiosa sobre su vinculación con el tráfico de drogas. Su relación con Wilber Varela, «Jabón», miembro del cartel del Norte del Valle, una de las mafias más poderosas en Colombia y quien apareció asesinado en una cabaña en el estado Mérida, estaba registrada.

—A mí siempre me pareció extraño el homicidio de «Jabón». ¿Cómo un hombre tan poderoso aparece en un chalet vacacional con cinco tiros? Nadie escuchó disparos. Lo lanzaron ahí luego de matarlo —comentó César Torres.

—Quienes veníamos haciéndole seguimiento a Requena y «Jabón» sabíamos que el gobierno venezolano protegía al narco —acotó el comisario.

—¿Y por qué asesinarlo? —insistió César.

—Recuerda que estaba la recompensa de cinco millones de dólares. Esos tipos no tienen paz con la miseria —aseguró Arias.

—Puede ser también que «Jabón» comenzó a pesarles como un fardo. Liquidarlo podía servirles para intentar mostrar eficiencia en la lucha contra el narcotráfico —agregó César.

—Ese crimen fue una advertencia a bandas rivales. Nunca olvidaré la declaración del general sobre el homicidio de «Jabón» —recordó el comisario, tratando de modular la voz imitando al militar: «los narcotraficantes terminan presos o muertos por sus propios compinches». Requena estaba refiriéndose a él como compinche, y estaba amenazando a los miembros de otros carteles.

—Tienes razón. El mensaje iba dirigido a sus rivales del narcotráfico y a los de su propia banda. ¿Qué quiso decir? «¿El jefe soy yo?» —preguntó Torres.

—Quizás fue: «Su vida está en mis manos, tienen que pagarme bien. Puedo matar con total impunidad en Venezuela». «Jabón» se había puesto duro ante las mayores exigencias de las autoridades venezolanas que le brindaban protección. Cuando dejó de pagar, le retiraron sus servicios —aseveró Arias.

—Entonces el compinche Requena lo asesinó. Y en el caso del joven estilista, ¿por qué lo mató?

Aún conmovido, el comisario explicó.

—El querido Tim con absoluta inocencia colocó en su página de Facebook mensajes que llegaron a manos del militar. En el sueño de ser un héroe, mencionó escenarios de delitos con personajes cuyas historias él conocía muy bien a través de las muñecas. En su cabeza mezclaba realidad y fantasía, con el resultado de que lo que él pensaba era fantasía, también era realidad. Habló de un militar que había sido agente encubierto de la DEA, que había asesinado a varios, alertaba a los narcotraficantes sobre allanamientos y les facilitaba rutas para evadir puntos de control, que colocaba obstáculos para las investigaciones que se realizaban a los miembros de las bandas y que a los carteles de la droga brindaba protección.

—Está comprobada la cooperación de jefes del régimen de Maduro con los narcotraficantes. Las autoridades internacionales que combaten ese flagelo, han afinado la persecución de las bandas y cada vez hay más señales contra Venezuela —acotó César.

—Tim escribía en su página como si tuviera en sus manos el expediente que está en la Corte Federal Este de Nueva York, elaborado por fiscales estadounidenses. Era su imaginación con elementos de veracidad. El general Nelson Requena, con la cobardía que caracteriza a los asesinos, lo mandó a asesinar —agregó el comisario.

—Era inteligente el Tim —opinó Torres.

—Mucho, aseguró Arias. Era un buen muchacho. Y valiente. El último gesto de arrancar un pedazo de la revista *Chao* fue muy valioso en la investigación. Esa edición publicó una escandalosa celebración de la llamada boliburguesía, al sur del lago de Maracaibo. Era la boda del hijo de Requena. La fiesta fue un despliegue de derroche y mal gusto que quedó registrada como un evento social destacado. Así ha sido en los últimos años. La nueva casta venezolana es la de los corruptos, los narcotraficantes, los asesinos. Son ellos los que celebran y a quienes les gusta ser etiquetados como la alta sociedad.

—Y después se reúnen en Miraflores para hablar de socialismo con Maduro. Son unos hipócritas —sentenció César.

—Esa boda tuvo el despliegue de veinte páginas en la publicación para Venezuela —continuó Arias el relato. La suegra de ese hijo de Requena se llama Silvia Arreaza y es enfermera. Ha trabajado en una fundación venezolana para prevención y tratamiento antidroga. Lo adicional es lo relevante: ella administra los bienes confiscados a los capos de la droga.

—¿Fue ella quien tumbó a Makled? —preguntó Torres sin poder contener la sorpresa—. Vaya familia.

—El hijo y la nuera de Requena están en Argentina. Allá los mandó el general con cargos en la embajada de Venezuela. Lo hizo después de que miembros de su familia fueron secuestrados durante unas horas en su residencia por una banda de asaltaquintas que al verse cercados por más de doscientos cincuenta funcionarios, solicitaron mediación del Ministerio Público y la Defensoría del Pueblo para entregarse. Igual fueron liquidados —informó Arias.

—Le gustan los métodos no convencionales al general —comentó Torres con ironía.

—Le gusta el dinero y el poder, y para conservarlos es capaz de matar —aseguró Arias.

—Son unos enfermos. En nombre de un supuesto socialismo y utilizando a los pobres, jugaron con el dinero de los venezolanos. Contabilizaron el territorio venezolano y sus riquezas como su propiedad, como parte de su balance patrimonial. Esa élite de civiles y militares se ha repartido la renta petrolera —relató Torres, quien había investigado con profundidad el tema.

—Son unos sinvergüenzas, incultos, ignorantes, amorales, despiadados —soltó el comisario tratando de contener malas palabras.

—Cada vez será más difícil que se libren de la justicia. Tú como policía lo sabes mejor que nadie. El espacio para disfrutar tan inmensas fortunas se les ha puesto muy chiquito. Los acuerdos internacionales aumentan para castigar a los corruptos. La mayoría de ellos, además, ha cometido delitos que no prescriben. Fíjate lo que explotó con el principado de Andorra o con los *Panamá Papers*. Si bien es cierto que estos personajes son muy habilidosos para organizar complicadas estructuras financieras que esconden el origen del dinero y luego lo legitiman, también lo es que la aceptación universal de que la corrupción no es un delito sin sangre, le complica el flujo al dinero mal habido.

—Amigo —dijo el comisario—, el crimen de esos personajes afectó la vida de millones de venezolanos. Centenares de miles fueron asesinados directa o indirectamente por los jefes del régimen.

—Es realmente repugnante —aseveró Torres—. ¿Qué se hizo el millón de millones de dólares que entró a Venezuela en los últimos trece años con control de cambio? Un personaje clave de ese foco de corrupción es Sugar Rodríguez, su primo David Rincón y su red de cómplices, familiares, testaferros. Según la propia rogatoria de Andorra, en PDVSA no se movía una hoja sin que esta estructura mafiosa recibiera su tajada. ¿Y las notas estructuradas? Están implicados desde Toby Natera como el primer ministro de Finanzas que las implementó, pasando por el banquero rojo Florencio Miranda, seguidos por Douglas Molina, Alberto Armas y su pandilla de asaltantes, incluidos algunos del sector privado. Los negocios con el diferencial cambiario a través de bonos, papeles y endeudamiento externo ha sido grotesco. Las fortunas que detentan son una bofetada para la sociedad decente venezolana y para el pueblo en carestía. Lo que hicieron con los alimentos y las medicinas no tiene perdón de Dios. Decían que iban a llegar cien mil toneladas de carne y solo llegaban diez y lo demás lo robaban. En complicidad con el vendedor pagaban sobreprecio y si el producto llegaba o no y en qué condiciones, era lo que menos importaba. Eso se repetía en las importaciones de cualquier bien o servicio. Mucho tuvo que ver en esto Domingo Carvallo, quien fue montando una infraestructura de negocios con proveedores y con militares. Eso lo hizo junto a su hermano y un personaje llamado Giovanni Yépez, que ha sido desde 2014 jefe de Corpovex, experto en empresas de maletín que comercian con sobreprecios jabón, champú, afeitadoras, desodorantes y papel higiénico, hasta bombas lacrimógenas.

—¿Bombas lacrimógenas? —saltó el comisario.

—Bombas lacrimógenas —reiteró Torres—. En los últimos tiempos Venezuela ha sido muy mal pagador, así que las proveedoras usuales ubicadas en China, Brasil o la misma Rusia, se han negado a vender ante la deuda acumulada. En el aprieto, el general Giovanni ha propuesto hacer la compra a través de su empresa. Imaginarás de dónde sacó tanto dinero como para ofrecer este acuerdo. Es evidente que obtendrá mucho a cambio, porque el clan Carvallo, nunca hace nada gratis.

—No solo roban. ¡Además les gusta exhibir sus fortunas! A veces siento que lo hacen para humillar al pueblo que sufre la crisis creada por ellos. Es como una manera de dominación. En pleno estallido de las protestas que comenzaron en abril de este año, Mickie Brown, presidente del Tribunal Supremo de Justicia, celebró el cumpleaños de su esposa Samantha. Un *container* trasladó la comida y bebida. Ellos actúan como si tuviéramos el nivel de vida de Fráncfort o Zúrich, ¡qué sé yo! —expresó con furia el comisario.

—Necesitan exhibir que navegan en bienes: mansiones, carros, yates, aviones, y mujeres hermosas. Les complace restregar su dinero con marcas, en medio de un ambiente excéntrico y escandaloso. Por eso se muestran en las redes sociales y en publicaciones nacionales e internacionales. Es tan poco el decoro que el asunto raya en la vulgaridad. ¿Tú conoces el ritual de David Rincón? Al entrar a su lujosa oficina te quita el reloj que cargas, lo lanza en un gran bol de bronce y lo despachurra con un martillo. «Dime un número», te solicita. Según el que selecciones, te entregará un ejemplar Rolex de esa edición especial que podría estar cerca de los cien mil dólares. Son tan imbéciles e inmorales que imitan a Fidel Castro con su obsesión por esa marca de reloj. Ese nefasto personaje que encarnó la hipocresía, con la tenebrosa habilidad para convertir a un pueblo hermoso y rico, en apesadumbrado y miserable —precisó el comisario.

—No solo compran objetos, con las mujeres hacen lo mismo —acotó César.

—Lo de Romel Bustamante es un oprobio —sentenció Arias—. La sociedad venezolana entrampada en la banalidad y en una falsa realidad creada deliberadamente, ha terminado siendo cómplice de una masiva trata de blancas. En medio de esta orgía de corrupción que ha sufrido Venezuela, los jefes de la red delictiva exhiben como amantes o esposas, a reinas de concursos de belleza. Ellas son trofeos obtenidos al convertirse en millonarios. Son las muñecas de la corona. Estas glamorosas mujeres reciben dividendos económicos a cambio de favores con su cuerpo. Algunas otras logran ser las segundas o terceras esposas de esos personajes de poder. El gran organizador de esta venta o alquiler es Romel Bustamante, quien se encarga de ofrecer a estas jóvenes, a veces hasta niñas, a cambio de un beneficio económico. Es intolerable que diga que somos el país de las mujeres hermosas gracias a él. Un hombre que las desprecia, las prostituye, las violenta en su físico y en lo espiritual.

—También somos un pueblo de libertadores, no todo es tan oscuro —admitió César—. La tiranía será derrotada y tendrá que haber justicia. Nuestro trabajo es facilitar que eso ocurra. Por eso estamos acá, documentando lo necesario, para hacerlo público y presentarlo a las autoridades. Hasta ahí llegaremos nosotros, porque te confieso, mi apreciado amigo, me agobia la idea de pasar el resto de mi vida cultivando el sentimiento de venganza. Me preocupa, me asusta que el odio haya incubado en el alma de los venezolanos. Nuestra generación no logró defender la democracia. Debemos darles paso a quienes están más urgidos en construir una nueva Venezuela y quienes tienen un alma pura que no se ha contaminado con nuestra frustración y fracaso de estos dieciocho años. El país es de los muchachos y a nosotros lo que nos queda es apoyarlos. Una nueva Venezuela tendrá que renacer.

—Que así sea, porque el pueblo venezolano ha sufrido demasiado —asintió Arias, haciéndole a Tim el gesto de que ya era tiempo de regresar a casa.

«El Gallo» Carpio era anfitrión ese día. Él y su atractiva esposa recibieron a Domingo Carvallo, que de un helicóptero había descendido con su hermano Jairo Daniel y dos miembros de su equipo de seguridad. Otros diez hombres apertrechados con armas largas habían llegado temprano por tierra. Una franca sonrisa y un copioso vaso de whisky alejaron la tirantez previa. Se abrazaron como los compañeros de siempre. A Carvallo le había molestado que «el Gallo» hubiese opinado a favor de planteamientos jurídicos de la fiscal Lourdes Orozco Diez, con los que acusó al TSJ y a Maduro de violentar las funciones de la Asamblea Nacional. El conflicto subió de tono cuando la funcionaria abrió filas contra la Constituyente. Carvallo declaró a la Fiscal enemiga del gobierno. Ella había sido cercana de los dos. Habían operado juntos de acuerdo a sus intereses. En el 2014 la opinión de Carvallo fue decisiva para evitar que Cilia Flores expulsara del cargo a Lourdes. Fue ratificada como jefe del Ministerio Público por siete años más. «Pero vino Cilia y lo echó todo a perder. Ella que se cree buena abogado y cuando se junta con Mickie Brown se pone peor. Nada útil sale de ese par», dijo Domingo.

El decreto que violentaba la autonomía de los poderes les complicó los planes. Lourdes, Domingo y «el Gallo» aspiraban en su oportunidad, a sacar a Maduro de manera quirúrgica. La Fiscal, que ya venía descontenta con ciertos eventos, vio venir un escenario con el que no se podía retratar. Contra las presiones, tomó distancia de lo que calificó como dictadura. Lo hizo con fuerza, soportada en la Constitución y sin dejar de declararse chavista.

—Habla como si ella siguiera siendo una de nosotros. Ha tomado un espacio político importante. En el extranjero se nos fue de las manos —confesó Domingo a su amigo.

—¿Y por qué crees que la defendí?, saltó «el Gallo». Ella puede ganar. Tú reaccionaste sin pensar. No has debido allanar mi casa en Fuerte Tiuna, eso estuvo muy mal.

—Coño, hermano, usted se puso a declarar en CNN contra la Asamblea Nacional Constituyente. Si no actuábamos, Nicolás iba a sospechar.

—Te conozco, hermano. No dejas de ser «la Boa». Sé que me mandarías a liquidar si eso garantizara tu sobrevivencia —aseguró «el Gallo» con completa frialdad.

Nunca había quedado claro si el apodo de «la Boa» a Carvallo, originario desde que estudiaba en la Academia Militar, había nacido por sus ojos claros y la casi ausencia de cuello, o por su manera de ser. A nadie sorprende que Domingo sea asociado con un reptil carnívoro que para alimentarse espera con paciencia la ocasión para abalanzarse sobre su presa y rodearla con su sinuoso cuerpo enroscándose para estrangularla, aprovechando los instantes en que la víctima intenta respirar para oprimir más el cuerpo hasta lograr el sofoco total y engullirla cuando aún vive.

La fraterna y cómplice relación entre ambos llevaba años. En una época habían estado cerca de formalizarla, cuando el hijo de Carpio fue novio de la niña de Domingo. Carvallo era el único hombre hacia quien «el Gallo» había probado lealtad, además del comandante. Maduro lo sabía y por eso no confiaba en él. Lo trataba con cuidado, procuraba mantenerlo bajo control. El intento de sacarlo del país enviándolo como cónsul de Aruba se había visto frustrado por el operativo con el que Estados Unidos lo trató de detener en la isla del Caribe. Maduro no tuvo más remedio que recibirlo de regreso y defenderlo.

El encuentro de ese día era una especie de armisticio entre Domingo y Carpio. El par de amigos compartía su afición por las peleas de gallos. Los asistentes esperaban por los hermanos Carvallo para iniciar el combate. Como es costumbre, dejaron sus pistolas personales en la mesa redonda de la entrada, vigiladas por el numeroso equipo de seguridad. Era una regla impuesta luego de muchos muertos en disputas.

En su hacienda en Charallave, el general Carpio había construido la gallera más sofisticada que se conociera en el país.

Cerrada, con aire acondicionado, el techo de cemento estaba simulado por paja de choza. El espacio parecía una pequeña plaza de toros con el piso forrado por una alfombra roja. La sangre que los animales dejaban sobre ella después de la pelea, era limpiada con líquidos especiales importados. Para el primer círculo de espectadores estaban cincuenta poltronas idénticas a las del área VIP del circuito para Fórmula 1 Yas Marina del emirato de Abu Dabi. Los animales a enfrentarse descienden en una cabina manejada bajo control electrónico. Una lámina negra impide que los animales se vean entre sí. Al llegar al centro se levanta la cortina que los separa, se eleva el transportador y comienza la sangrienta pelea. «Hassam está con nosotros», aseguró Domingo a «el Gallo», mientras le encendía su habano.

La elección del concurso Señorita Tierra Venezuela se hizo en el salón Naiguatá del Hotel Tamanaco. La Fundación de Ricardo Gámez con su logo de luces sobre la cortina azul, dejaba claro quién era el propietario de este nuevo evento nacional de belleza.

La organización la encabezaban, como socios, una muñeca de concurso y Prince Alejandro, un joven diseñador, conocedor del Señorita Venezuela, escandaloso sobre unos tacones aguja quince centímetros y hábil en el uso de las redes sociales. Su estrategia publicitaria hizo antagonismo inmediato con Romel Bustamante al acusarlo de proxeneta. El efecto fue el deseado: se estableció una guerra de tronos entre Prince Alejandro y Romel.

Al espectáculo le faltó brillo y cursilería. Tal ausencia la equilibraron con accidentes convenientes, como un seno al aire de una de las candidatas y gritos de «fraude, esto fue comprado», «tramoya», de parte del novio de la primera finalista. Detalles de la triunfadora alimentaron la sazón. Su novio resultó ser un mexicano mencionado en los *Panamá Papers* por blanqueo de capitales, propietario de gasolineras, casinos y una lotería.

En líneas generales, el formato repitió el esquema del Señorita Venezuela. Los directivos de VistaTV llegaron a protestar en las redes la utilización de sus talentos. Las quejas y críticas importaron poco a los organizadores.

Al iniciar la transmisión, la presentadora a través de la pantalla de Centrovisión, explicó que estaban ante la primera edición de muchas futuras. Lo hizo bajo una calculada emoción. En realidad fue un editorial: «Nos preguntamos si estábamos en lo correcto al celebrar este espectáculo en momentos tan complejos para el país. Y sí. Esta velada es la mejor manera de decirle a Venezuela que nos tiene y que la vamos a reconstruir las veces que sea necesario».

El lucrativo negocio de las muñecas había crecido.

Made in the USA
Lexington, KY
13 December 2017